I0876463

PREMIERS SOUVENIRS

LITTÉRATURE ALEXANDRINE 4

PÉNÉLOPE S. DELTA

PREMIERS SOUVENIRS

Présentation, traductions et notes
Marie-Cécile Navet-Grémillet

Centre d'Études Alexandrines

Directeur de la collection : Thomas Faucher

ISSN : 2537-0197
ISBN : 978-2-490128-30-3

Maquette : Fatiha Bouzidi

Imprimé en Belgique par Peeters
Diffusion et distribution : Peeters

Pour les ventes en Égypte : Centre d'Études Alexandrines, 50 rue Soliman Yousri, 21131 Alexandrie, Égypte
Pour les autres pays : Éditions Peeters, Bondgenotenlaan 153, 3000 Leuven, Belgique – www.peeters-leuven.be

Sommaire

Introduction

Des souvenirs d'enfance alexandrins

1874-1889 : l'enfance de Pénélope Delta coïncide avec l'évolution d'Alexandrie, avec le développement de cette cité cosmopolite sous domination anglaise qui verra son apogée au tournant du siècle. La petite fille y grandit, dans une famille représentative à la fois de l'importance croissante des négociants et de la place particulière des Grecs dans la ville. Et le regard qu'elle pose sur son environnement offre au lecteur de ces *Premiers Souvenirs* une véritable plongée dans un monde à part.

Certes tous les souvenirs d'enfance présentent peu ou prou cette particularité, dans la mesure où ils évoquent les faits, les personnes et les lieux à travers le prisme du point de vue enfantin, déformant souvent, par un effet de loupe, ce qui pourrait sembler négligeable ou différent aux yeux d'un adulte. Mais, dans le cas présent, cette vision d'un individu très jeune ouvre toute une perspective de mondes à part : une maison grecque hors de Grèce, une bourgeoisie qui cultive l'entre-soi, une ville égyptienne indépendante au sein d'une Égypte détachée de l'Empire ottoman et de plus en plus liée à l'Empire britannique. Enfin, si l'exception alexandrine a été décrite de façon notoire par un certain nombre d'Alexandrins et d'étrangers, il s'agit généralement de la vision d'hommes adultes à la toute fin du XIXe siècle et au début du XXe. Or Delta nous donne un regard de petite fille sur la période antérieure, autour de l'année charnière qu'est 1882.

Ces souvenirs d'enfance ont donc le prix d'une denrée rare. Pourtant, ils n'étaient peut-être pas destinés à la publication.

Dans les années trente, Pénélope Delta est devenue un auteur de littérature enfantine reconnu et une dame de la haute société athénienne liée à Venizélos, à l'instar d'Emmanuel et Virginia Bénaki, ses parents qui viennent de mourir.

Pour les enfants grecs, y compris ses propres petits-enfants auxquels elle les dédie, elle est en train d'écrire *Ο Τρελαντώνης* (*Antoine le Fol*) et de terminer *Ο Μάγκας* (*Voyou*), deux récits qui mettent en scène des familles alexandrines et qui sont largement inspirés par son enfance et celle de sa fratrie (Antoine le Fol est son frère aîné, Andonis Bénaki). Parallèlement, vers 1931 semble-t-il, elle rédige ces *Premiers Souvenirs* qui resteront inachevés sans qu'on sache s'ils avaient vocation à être publiés du vivant de leur auteur. Les deux cahiers du manuscrit seront simplement insérés dans un dossier personnel qui regroupe ses écrits autobiographiques, destinés à ses seules filles, qui, elles aussi, ont été élevées à Alexandrie.

Pourtant l'intérêt du lecteur n'est pas uniquement dirigé vers la vie familiale des Bénaki et le développement de la personnalité de la petite Pénélope. Delta prend soin de poser le cadre géographique, social et culturel dans lequel elle a grandi. S'agit-il seulement pour elle d'expliciter certaines situations ou certains comportements ? Certes, l'Alexandrie qu'ont connue ses filles n'est pas celle qui l'a vue naître et il lui faut combler ce décalage pour qu'elles puissent se représenter la réalité de l'époque. Mais est-ce bien pour ses filles qu'elle signale que Gabari est à une demi-heure de voiture d'Alexandrie ou qu'on appelait « villages » les villes autres que le Caire et Alexandrie? Elles avaient entre seize et vingt ans lorsqu'elles quittèrent l'Égypte et devaient savoir cela. Ailleurs, Delta parle de « la fille de [son] frère », de ses « neveux et nièces ». Si elle ne s'était adressée qu'à ses enfants, elle n'aurait pas utilisé des termes aussi généraux. De fait, le lecteur étranger à la famille se sent toujours destinataire légitime de ces souvenirs, porté par les descriptions, les explications et les commentaires.

Certes, ces réflexions sont celles d'une grande dame grecque qui a quitté l'Égypte depuis plus de quinze ans et n'y est retournée que brièvement, à la mort de son frère en 1922. Mais elles mettent en perspective les souvenirs d'enfance, ceux de la jeune fille et de la jeune mère et ceux de 1912 à 1916, soit plus de quarante ans de vie alexandrine. Ainsi évoque-t-elle l'évolution du statut des fellahs ou des femmes de la bourgeoisie, celle de la Communauté grecque et même celle de l'urbanisme, pour faire revivre la situation et les événements antérieurs à 1890.

Car tel est bien, semble-t-il, le propos de Delta : revivre et faire revivre ces lointaines années pour retrouver son état d'esprit de petite fille qui lui permet de se mettre dans la peau de ses jeunes héros d'*Antoine le Fol* et *Voyou*. Mais ces *Premiers Souvenirs*, qui ne s'adressent pas aux enfants, reconstruisent sans indulgence et sans tabou le cadre de ce lointain passé qu'elle présente sous un jour plus gai et plus espiègle dans ses romans pour la jeunesse.

Reste la question du crédit que l'on peut accorder à de telles réminiscences que la vie a pu influencer ou déformer, faisant de cette relecture du passé un exposé de convictions présentes. Sans doute Delta nous donne-t-elle un point de vue très personnel sur son enfance. Mais si celui-ci a l'intérêt d'éclairer sa vie et son œuvre, il ouvre aussi une fenêtre particulière sur son environnement d'alors qu'elle ne peut pas vraiment modifier. Il n'y a donc aucune raison de mettre en doute son témoignage sur cette Alexandrie où elle vit. Bien au contraire, on peut y puiser une foule d'informations, d'autant plus vraisemblables que ce texte n'était qu'un premier jet, avec seulement quelques ajouts postérieurs, qui garde la fraîcheur des souvenirs tels qu'ils reviennent, jusque dans le multilinguisme.

Le récit se veut chronologique mais ne se déroule pas de façon sèche et systématique. Bien au contraire, Delta suit le fil de ses souvenirs et la relation des faits est entrecoupée de digressions, de portraits, de réflexions *a posteriori*, comporte des retours en arrière et même quelques redites. Ce mode d'écriture conduit nécessairement à des changements de ton et de style qui rendent le texte très vivant. Ainsi descriptions, anecdotes, dialogues et commentaires se succèdent-ils, offrant souvent des points de vue variés sur un même fait. L'exemple le plus flagrant est sans doute le long passage concernant les événements de l'été 1882 entre la révolte d'Orabi et le bombardement anglais. Les souvenirs de l'enfant, pleins d'excitation et d'amusement parce qu'on lui a caché les horreurs et qu'elle ne perçoit pas la gravité de la situation, contrastent avec l'analyse de l'adulte qui écrit un demi-siècle plus tard. Or, Delta met sur le même plan ses réflexions de 1930 et ses enthousiasmes de petite fille qui admire les soldats grecs ou participe aux jeux de ses jeunes compatriotes entassés avec elle sur un navire de guerre par mesure de sécurité. De plus, par la vivacité de ses souvenirs et le charme d'une plume alerte, elle entraîne facilement n'importe quel lecteur dans son monde de petite Grecque d'Alexandrie.

Une maison grecque hors de Grèce

Du fait de son âge, de son sexe et du fonctionnement très fermé de sa famille, il est naturel que la maison occupe une place importante dans les souvenirs d'enfance de Delta. C'est même par là qu'elle commence : une description minutieuse de l'appartement où elle vivra jusqu'à ses dix ans, soit la moitié de sa jeunesse alexandrine. Lorsqu'elle évoquera plus loin l'emménagement dans la grande et belle maison que son père a fait construire, elle en donnera la distribution des pièces sans la décrire précisément. Sans doute le souvenir détaillé de cette seconde habitation qu'elle avait connue jusqu'à l'âge adulte avait-il à ses yeux moins d'intérêt que celui du cadre de ses premières années. D'où l'importance de cette sorte de déambulation dans l'intérieur du logis.

Dès la première phrase, Delta place la demeure à Alexandrie. Elle ne dit pas qu'elle y est née. Et de la maison de Liverpool où elle vécut avant ses trois ans elle ne parle pas, bien qu'elle situe par deux fois son plus ancien souvenir dans un parc de cette ville. En revanche, l'appartement alexandrin est plein de meubles et d'objets anglais (certains directement désignés dans leur langue d'origine). Il en était ainsi chez leurs parents et amis, souligne-t-elle, expliquant d'ailleurs que ce mobilier avait été acheté à une dame grecque qui avait occupé le même immeuble.

Ainsi le décor est-il planté. Nous sommes dans une maison grecque hors de Grèce et fortement influencée par le mode de vie anglais. Au-delà du *sideboard*, du *tub* et de la *musical box*, le lecteur retrouvera tout au long du récit une foule d'objets et de produits de la vie courante venus d'Angleterre.

Et dans la *nursery* où les enfants passent le plus clair de leur temps sous la garde de nurses anglaises qui se succèdent au gré de leurs frasques ou de leurs fantaisies, entrent des jeux, des livres, des habitudes, des attitudes et une vision du monde qui mettent en valeur ce qui est anglais. Rien de très étonnant dans un pays où les Anglais sont déjà omniprésents et dans une famille qui travaille dans le négoce du coton en lien avec les villes de l'industrie textile anglaise.

Or, dès le début de ses souvenirs, rebondissant de l'un sur l'autre, Delta évoque aussi ce qui signe pour elle le *nec plus ultra* d'un intérieur grec : une maîtresse de maison originaire de Chio. Cela apparaît explicitement au début de son roman *Voyou*. Ici, l'île entre dans le récit par l'intermédiaire de la grand-mère Chorémi. La très vieille dame n'est que de passage à Alexandrie. Elle est d'abord une grand-mère facile à impressionner et attendrir, mais elle réapparaît plus loin, ainsi que son mari, à l'évocation de la guerre d'Indépendance et dans un parallèle avec les grands-parents Bénaki, également originaires de Chio mais dont le rôle fut nettement plus glorieux.

Voici donc une famille grecque dont les racines se trouvent, à l'époque, en dehors de l'État hellénique, comme le souligne Delta en parlant des vacances familiales à Chio de 1886. L'île doit son identité grecque à son passé, à sa langue, mais aussi à ces massacres de 1822 qui n'ont pourtant pas permis le rattachement à la « Patrie ». Pour beaucoup d'habitants de Chio, il a fallu partir ailleurs pour pouvoir être Grec. C'est le choix qu'avait fait le grand-père Bénaki, installé à Syra, une île alors récemment intégrée à l'État grec.

C'est de là – par le commerce des voiles de bateau que son père faisait venir de Manchester et Liverpool – que le tout jeune Emmanuel Bénaki a l'occasion d'aller en Angleterre. Yannis Chorémi, son futur beau-frère, avait pris le même chemin en partant directement de Chio, un chemin qui les mènera tous les deux en Égypte où ils s'associeront. Certains de leurs frères et sœurs s'y installeront aussi. Dès sa petite enfance, Pénélope sera donc entourée de tout un clan familial, un clan peut-être d'autant plus fermé qu'il se trouve hors de sa terre d'origine, et, malgré son âge, elle perçoit combien cette famille élargie peut peser sur ses différents membres.

Les Chorémi et les Bénaki ne sont pas les seuls Grecs de Chio qui aient abouti en Angleterre et à Alexandrie, et Delta nous conte quelques anecdotes à ce sujet. Mais la place de Chio dans son récit tient d'abord au rôle fondamental de la mère, gardienne du foyer et des traditions. Cela repose sur le souci d'une maison très bien tenue, très propre, et des denrées importées de l'île. Le savon pour la lessive, les olives, le mastic etc. sont des produits de base qui s'opposent aux objets anglais raffinés mais dont on sent qu'ils assurent la solidité de l'identité grecque de la famille.

Pourtant, la famille Bénaki ne retourne pas souvent dans son île d'origine. Elle ne va pas non plus systématiquement à Athènes où vivent d'autres frères et sœurs du couple. À travers l'enfant, on comprend que la capitale grecque n'est pas à la hauteur des désirs d'une famille habituée à fréquenter des métropoles et des villes d'eau occidentales. Les Athéniens lui paraissent mal dégrossis et elle a beau tenter d'idéaliser la « Patrie », celle-ci n'offre guère qu'un aspect trop rustre à ses yeux.

Delta explique que ce point de vue, adopté par les enfants, finira par changer du fait du développement d'Athènes, mais elle nous rend compte ici de ce qui était alors un petit pays, un très jeune État, objet de dénigrement, y compris de la part de ces Grecs alexandrins dont la Communauté avait plus de poids que les représentants officiels de la Grèce. Ce pouvoir de la *Kinotis* était dû non seulement au nombre de ses ressortissants, bien plus nombreux que les Italiens, les Français et les autres Européens, mais aussi à la forte personnalité et à l'entregent de ses dirigeants dont Emmanuel Bénaki sera plus tard un des meilleurs exemples.

Désireux de voir naître en Grèce le même esprit d'entreprise qui les avait portés et imposés dans la bonne société de la ville, ces Grecs d'Alexandrie éprouvaient une certaine difficulté à se situer entre un chauvinisme accentué par l'éloignement et le désir de briller dans la grande bourgeoisie.

C'est dans ce cadre qu'il faut resituer la place qu'occupent respectivement la langue grecque et la religion orthodoxe telles que les perçoit la petite Pénélope dans la famille.

On parle grec chez elle, et on y tient alors que ce n'est pas le cas dans toutes les maisons grecques d'Alexandrie. Mais il ne s'agit pas du grec puriste, de rigueur à l'écrit à cette époque, de cette catharévoussa enseignée par des maîtresses à domicile, dont la pédagogie laisse beaucoup à désirer, et que les enfants retrouvent dans des livres rébarbatifs. Cette langue artificielle dont ils ne voient pas l'utilité les incite à se tourner naturellement vers les autres langues que le cosmopolitisme alexandrin et le souci d'efficacité poussent leur père à leur faire apprendre : l'anglais de leurs nurses puis de leur maître, le français de leur maîtresse et quasi gouvernante, des langues à la fois parlées et écrites, celles de livres attrayants pour la jeunesse.

Delta décrit bien ce rapport ambigu à la langue grecque entretenu durant toute son enfance et qui la conduira à écrire ses premiers textes en français avant de revendiquer la démotique pour offrir aux enfants grecs une littérature immédiatement compréhensible, équivalente à celles venues de l'étranger dont elle avait pu profiter.

Ce mélange complexe de fierté d'être grec et de mépris pour une langue très minoritaire ne se retrouve pas dans le rapport que la famille entretient avec la religion orthodoxe. Il faut souligner que, si la mère y est très attachée, le père est parfaitement athée et le proclame, au moins dans l'intimité, limitant sa participation aux rituels et cérémonies au strict minimum imposé par son souci de ne pas s'opposer à ce qu'il considère comme un soutien moral pour certains et un soutien politique à l'État grec. Les enfants sont un peu déroutés par la divergence religieuse de leurs parents, mais finissent par adopter plus ou moins l'attitude paternelle entre respect et ironie face aux religions, qui ne sont guère que tolérées dans l'enceinte de la maison. Comme tous les petits Alexandrins, ils sont confrontés, par l'intermédiaire du personnel et des relations de leurs parents, non seulement à la religion orthodoxe mais aussi au judaïsme, au protestantisme et surtout au catholicisme.

En dépit de l'influence de quelques enfants qui les amène parfois à une conduite désobligeante voire inadmissible vis-à-vis d'autres confessions, nous les voyons s'en tenir à quelques propos amusés et distants. Car autant Emmanuel Bénaki aurait voulu que ses enfants sachent le grec aussi bien que les autres langues, autant il accorde peu d'importance à l'orthodoxie, au point de ne leur faire donner aucune véritable instruction religieuse. Tout juste font-ils leur prière avant de se coucher, quitte à adopter un moment pour celle-ci la posture protestante imposée par la nurse. D'autre part, on verra plus tard que Bénaki n'hésitera pas à donner sa fille à un associé anglais, donc protestant, et, avant cela, à inscrire son fils chez les jésuites parce que leur niveau d'enseignement est réputé.

Certes, cette décision va être l'occasion pour la famille d'éprouver à nouveau un douloureux sentiment d'infériorité. Mais cette infériorité n'est pas celle de la religion orthodoxe elle-même. Son fils ayant été l'objet, comme d'autres enfants non catholiques, de prosélytisme abusif et déplacé de la part d'un des jésuites, Bénaki veut faire un esclandre et s'il n'y parvient pas, s'il est obligé d'envoyer son fils étudier en Angleterre, ce n'est pas parce que la religion catholique serait vue comme supérieure à l'orthodoxie mais parce que l'autorité française en Égypte ne pèse pas assez lourd face à l'influence des jésuites. Delta raconte toute l'affaire en détail et l'explique ainsi, mais conclut à l'humiliation de ce membre important de la Communauté grecque qu'est alors Bénaki. Son bon droit et ses relations d'amitié avec le consul français ne l'emportent pas, en effet, sur le souci de ce dernier de ménager les jésuites. Le lecteur ne saura pas ce qu'ont décidé les parents juifs et protestants également concernés. Delta exprime seulement son sentiment d'infériorité d'être grec, sentiment dont on ne sait s'il était partagé par ses parents dans cette affaire. On ne voit pas que la mère, très religieuse, se soit insurgée contre ce prosélytisme et si le père réagit avec éclat, c'est au moins autant parce que le prêtre a suggéré à l'enfant de ne rien dire à ses parents qu'en raison de cette incitation à changer de confession. On peut donc se demander si l'humiliation subie par Bénaki n'est pas, davantage que celle du Grec face aux Français, celle d'un homme éminent dans la société alexandrine qui voit soudain les limites de son influence dans ce petit monde très fermé.

Une bourgeoisie entre-soi

Car tel est bien le deuxième cercle dans lequel ces souvenirs de Pénélope Delta nous font pénétrer à hauteur d'enfant. Cette grande bourgeoisie à laquelle le jeune couple Bénaki n'appartient pas encore quand elle est toute petite mais à laquelle il va accéder par deux voies parallèles, celle du travail et celle de la Communauté grecque.

Emmanuel et Virginia Bénaki ne sont pas très cultivés quand ils s'installent en Égypte et cela transparaît clairement dans le récit, même si cela évolue avec le temps et leurs fréquentations.

Emmanuel Bénaki est un autodidacte polyglotte dont les compétences sont d'abord circonscrites au monde du négoce. Entrepreneur intelligent et soucieux d'efficacité, il mise avant tout sur le travail, le sien et celui des autres. C'est ainsi qu'il apparaît aux yeux des enfants, toujours exigeant, toujours pressé, faisant durer les journées de labeur pour tous. À leurs yeux, l'importance du travail de leur père se mesure à son absence, quotidienne quand il est à Alexandrie, prolongée lorsqu'il se rend en Angleterre pour affaires. Ils ont parfaitement conscience dès leur plus jeune âge qu'ils doivent tout ce dont ils jouissent au travail de leur père et à l'économie, *stricto sensu*, de leur mère.

Car si Virginia, du moins aux dires de sa fille, n'a pas l'intelligence de son mari et si elle fait honte à ses enfants par son peu de connaissance des langues étrangères, elle se montre une redoutable et infatigable maîtresse de maison. Organisée et autoritaire, elle fait d'abord face à tout le travail ménager ou presque tant que le couple n'a pas les moyens d'avoir une nombreuse domesticité. Plus tard, elle régente le personnel en surveillant tout elle-même. L'image un peu caricaturale, parce qu'enfantine, qu'en garde le lecteur est celle d'une femme énergique qui parcourt la maison de haut en bas avec son trousseau de clefs, donnant des ordres mais donnant aussi de sa personne. Et elle forme ses filles à tenir ce rôle.

Le contexte économique s'y prêtant, le couple s'enrichit. Pour les enfants, le changement sera particulièrement sensible après 1884, lorsque leur père fait construire une grande et belle maison dans le « Quartier grec » d'Alexandrie, y fait entrer un second piano, à queue, et embauche une institutrice française à demeure. Mais le lecteur a déjà constaté auparavant que Bénaki a les moyens non seulement de louer une villa à Ramleh qui n'est pas encore une station balnéaire à la mode, mais aussi d'emmener ou d'envoyer toute sa famille en villégiature en Grèce et même en Autriche avec un oncle, une tante et la nurse.

Cette aisance grandissante ne signifie pas pour les enfants qu'ils voient davantage leurs parents, bien au contraire. Ceux-ci voyagent souvent séparément et ont d'autres obligations, mais nous ne les voyons pas dans ces circonstances qui échappent au regard de l'enfant.

En effet, parallèlement à leur enrichissement, les Bénaki vont connaître une ascension sociale dont il n'est pas la seule cause. La place du couple dans la Communauté grecque d'Alexandrie y joue un rôle important.

Quand Pénélope est toute petite, on ignore plus ou moins ce que fait son père au sein de la Communauté. On ne voit guère que la machine à coudre de la mère qui, entre les vêtements destinés aux siens, confectionne une grande quantité de draps pour l'Hôpital grec, privant ainsi ses enfants de son attention pendant de longues heures. Et Delta est obligée, pour donner un cadre à ces souvenirs amers, d'expliquer que ses parents étaient tous deux très impliqués dans les œuvres de la *Kinotis*. On devine peu à peu que la bienfaisance pose le couple dans cette microsociété et qu'il est dès lors invité à des soirées mondaines par les plus fortunés. Pour ne pas manquer l'occasion d'entrer dans ce cercle fermé sans pour autant montrer qu'il n'a pas les mêmes moyens financiers, Bénaki s'y rend souvent seul au début, parce que Virginia ne peut pas, sans déchoir, paraître plusieurs fois de suite avec la même toilette de bal.

Mais c'est encore à travers les yeux de la petite fille que le lecteur peut se faire une idée du luxe prodigué par certains, lorsque Delta décrit la fête autour de l'arbre de Noël à laquelle les Sinadino, bien avant leur faillite, invitent tous les enfants de la bonne société grecque. On comprend que même au faîte de leur fortune, Bénaki n'ira pas jusqu'à jeter ainsi l'argent par les fenêtres. Il sera en revanche de plus en plus généreux envers les œuvres de la Communauté (hôpital, orphelinat…), ce qui contribuera largement à développer son aura.

Il donnera néanmoins quelques fêtes aussi, dès cette période des années 1880. Delta en cite deux, espacées dans le temps et très différentes. L'une montre l'empreinte très forte d'une famille grecque et l'autre la marque du cosmopolitisme. Delta ne le souligne pas mais cela n'échappe pas au lecteur.

La première est présentée comme se répétant chaque année, même si la petite fille semble ne l'avoir vue qu'une fois, à la dérobée. Il s'agit du repas du 24 décembre au soir, offert par Bénaki aux employés du bureau de l'entreprise, non pas en raison de Noël mais pour sa fête (puisqu'il se prénomme Emmanuel), selon une coutume spécifiquement grecque. De même, la familiarité avec laquelle le couple traite ses invités, qui sont de fait des subalternes, relève-t-elle d'un particularisme grec. Delta insiste ailleurs sur la manière dont leur mère, comme toute Grecque et à la différence des maîtresses de maison d'autres origines, françaises notamment, a toujours considéré ses domestiques sans mépris, comme des membres de la famille.

À ce repas assistent des Grecs mais vraisemblablement aussi des Anglais, car on apprend ailleurs dans le texte qu'il y en avait dans le personnel de l'entreprise, voire des employés d'autres origines. Delta n'en dit rien ici, concentrée sur le souvenir ébloui de sa mère en tenue de soirée, parée de ses bijoux et tenant une coupe à la main pour porter un toast. Mais par ce biais le lecteur voit la manière dont les Bénaki pouvaient, en pareille occasion, faire montre à la fois d'un certain luxe et d'une vraie cordialité.

La seconde fête est le bal masqué de l'hiver 1886-1887 que Delta se rappelle comme « un conte des *Mille et une nuits* », auquel Bénaki avait convié « la société la plus choisie d'Alexandrie ». Elle cite un certain nombre de noms, à commencer par Mme Adib et Mme Debourg dont elle précise qu'elles étaient grecques et mariées à des étrangers. Et si elle note des personnes d'autres origines, dont bien sûr Tom Davies, son futur beau-frère, la plupart sont des Grecs qui formaient une société choisie à Alexandrie, de ceux qui invitaient les Bénaki quand ils n'étaient pas très riches.

Or ce bal masqué en soi n'a rien de grec, surtout si l'on considère les costumes, tous issus de références anglaises ou françaises, et les danses, celles des salons occidentaux de l'époque. La haute bourgeoisie grecque d'Alexandrie montre ici son aisance et sa familiarité avec les codes et la culture cosmopolite. Pour cela, elle imite ce que font les autres communautés ou ce qu'elle a pu voir lors de ses villégiatures en Europe. Et cette imitation forme la deuxième génération, celle qui, comme Delta, est née à Alexandrie, parle et plaisante en français, apprend le piano avec un maître corfiote et valse grâce aux leçons qu'un Italien donne à tous ces enfants réunis. La jeune Pénélope se livre à tout cela avec plaisir et apparemment sans arrière-pensée quant à cette acculturation qu'elle réprouvera plus tard.

Bénaki et les autres Grecs de sa catégorie sociale considéraient l'acquisition de cette culture occidentale comme nécessaire et la fréquentation de la société cosmopolite d'Alexandrie permettait à la fois de l'acquérir par mimétisme et de la pratiquer.

C'est pourquoi, en dépit de son caractère particulièrement clos sur lui-même et de sa maison « grecque », le clan Bénaki entretient des relations avec les autres bourgeois de la ville. Par le récit de Delta, on comprend que les enfants sont un peu maintenus à l'écart des mondanités cosmopolites tant qu'ils sont petits, l'acculturation se faisant surtout par le biais de l'éducation (nurses, maîtres, livres, musique…). En revanche, on peut s'étonner de la confiance aveugle des parents vis-à-vis de ces personnes étrangères auxquelles ils confient leurs enfants. Ils semblent se méfier davantage des fréquentations d'enfants étrangers que de ces Anglaises qui peuvent s'avérer brutales, alcooliques ou tout simplement écervelées. Et l'on constate que toute nurse chassée est très vite remplacée. S'agissait-il de faire apprendre à tout prix l'anglais aux enfants ou d'une question de statut social ?

Les Bénaki semblent avoir refusé le snobisme de bien des Alexandrins, mais on perçoit leur souci permanent d'être à la hauteur de leurs ambitions. L'éducation y participait et se devait d'être efficace. Peu importait la nurse, si les enfants apprenaient l'anglais à son contact.

Alors que Delta se montre très critique par rapport à cette « européomanie » alexandrine partagée par ses parents, ses souvenirs montrent combien cette imprégnation a été réussie. La meilleure preuve en est sans doute l'aisance avec laquelle les enfants voyagent en Europe. Ainsi les voit-on tout petits en Autriche, s'adaptant parfaitement et avec plaisir à un cadre très différent du leur. L'omniprésence à Alexandrie de tout ce qui est anglais et peut-être le séjour de dix-huit mois à Liverpool quand Pénélope était bébé expliquent la facilité avec laquelle la fratrie passe en 1889 de longues vacances entre cette ville et le Pays de Galles. Mais on note à quel point la culture occidentale est prégnante dans la famille lors du séjour à Paris, le même été, à l'occasion de l'Exposition universelle. Delta raconte comment elle s'y est sentie en terrain familier, ravie de comprendre tout ce qui se disait dans la rue, désireuse d'accompagner ses parents pour entendre tel artiste connu et profiter au mieux de cette occasion de baigner dans le monde pour lequel l'a élevée son institutrice française.

Ce voyage de toute la famille est très représentatif de l'entre-soi de la grande bourgeoisie alexandrine. Bénaki doit, comme souvent, se rendre à Liverpool pour affaires. Mais il a récemment fiancé son aînée avec son associé Tom Davies et il emmène femme et enfants pour, entre autres, rendre visite à la famille du jeune homme. De plus, à Liverpool comme au Pays de Galles, on retrouve la famille du frère de Bénaki qui réside en Angleterre, mais aussi d'autres familles grecques du même monde. Quant au passage par la France et l'Exposition universelle, il apparaît clairement comme une occasion de mettre les enfants en contact direct avec cette référence culturelle de la grande bourgeoisie européenne, entre couturiers parisiens et représentations à l'Opéra.

Alexandrie *ad Aegyptum*

De fait, la vie des Bénaki, entre ses racines grecques et la forte imprégnation occidentale est à l'image d'Alexandrie : *ad Aegyptum*. On a l'impression que, vivant dans ce grand port, ils sont toujours prêts à partir vers le Nord. Et si les voyages au-delà de la Méditerranée se répètent durant leur enfance, Pénélope et sa fratrie ne semblent pas être allés à cette époque dans l'intérieur de l'Égypte. Leurs déplacements s'arrêtaient à Ramleh, qui n'est qu'une extension d'Alexandrie. Le Caire et les autres villes mentionnées ne sont que des noms de lieux où le père se rend, où vivent quelques membres de la famille qu'on ne voit que lorsqu'ils viennent à Alexandrie, des noms de lieux qu'on ne se représente pas. Dans tout le texte, Alexandrie semble une entité en soi, correspondant à cette image ancienne de cité isolée entre la mer et le désert, que l'on quitte par bateau mais pas par la route.

Cela ressort d'autant plus que l'enfance de Delta est marquée à la fois par des voyages en Grèce ou en Europe pour les vacances d'été et par des embarquements précipités dans des situations d'urgence. Elle raconte en détail comment, au début de la révolte d'Orabi, les Bénaki et bien d'autres familles grecques s'enfuient et se réfugient à bord d'un navire de la marine hellénique avant qu'un autre bateau ne les emmène en Grèce attendre la fin des événements. De même, lorsqu'une épidémie de choléra se déclare l'année suivante, la famille embarque pour la Grèce de façon à l'éviter, ce qui lui vaut une longue quarantaine au large du Pirée. Pénélope a alors huit-neuf ans. On comprend qu'à cet âge s'ancre l'idée que le salut se trouve hors d'Égypte, qu'il s'agisse d'échapper aux chaleurs estivales ou à de réels dangers.

Isolés du reste de l'Égypte, les enfants le sont aussi des réalités du pays. Rien d'étonnant à ce qu'ils n'aient qu'une vision très partielle de la société égyptienne proprement dite, non seulement parce qu'Alexandrie compte une population étrangère particulièrement importante, mais surtout du fait de leur catégorie sociale. À l'exception des domestiques de la maison, ils ne connaissent pas non plus les Grecs pauvres ou modestes auxquels leurs parents viennent en aide par le biais de la *Kinotis*, et ceux-ci n'ont aucune place dans ce récit. En revanche, parce que ce sont des enfants, ils se font une image singulière des quelques mendiants qui circulent dans le quartier de leur première habitation et qui sont présentés comme des personnages un peu extraordinaires, tels le fellah Yakarim, le Soudanais ventriloque et le « *hodja* » aveugle et très digne de la rue Chérif Pacha. Le premier figure dans le souvenir de la petite fille comme une sorte de croquemitaine, le second comme un amuseur public et le dernier comme un vieux sage oriental. Ce qu'ils disent ou chantent reste incompréhensible aux enfants et cela ajoute au caractère mystérieux et un peu fantastique qu'ils leur donnent.

Il faut souligner ici qu'on perçoit bien, dans ses transcriptions approximatives, que Delta ne connaissait pas la langue arabe. Seuls son père, pour des raisons professionnelles, et plus tard sa petite sœur, qui vécut longtemps en Égypte, l'avaient appris. Dans notre traduction, les mots sont volontairement repris tels quels du texte grec. Or, comme nombre de ses contemporains, Delta désigne couramment sous le vocable « Arabes » les populations indigènes de l'Égypte. Mais on voit qu'elle utilise aussi pour cela le terme global de « fellahs », alors qu'il ne convient que pour les paysans. En revanche, elle distingue le « *hodja* » (professeur) comme un « sémite » respectable.

Car tous les « fellahs » appartenaient en quelque sorte à un monde différent, puisqu'ils étaient considérés comme du « bétail » par les adultes. Delta décrit en effet le comportement de tous les « blancs » d'Alexandrie à leur endroit, notant que cette attitude changerait par la suite, après la révolte d'Orabi et plus tard encore[1]. On comprend que les enfants voyaient ces gens de la même manière que leurs parents. Pourtant Delta souligne l'attachement des employés arabes de l'entrepôt à un employé grec, ce qui aurait permis que leur maison soit épargnée lors du soulèvement.

Mais parallèlement à cette évolution positive du statut des Égyptiens autochtones, la reconstruction d'Alexandrie, détruite en 1882 par les incendies et le bombardement anglais, en fait de plus en plus une ville européenne.

Delta n'a aucune prétention à faire le moindre exposé sur la question et dans ce texte elle ne décrit même pas les places les plus connues d'Alexandrie, mais ce qu'elle raconte permet au lecteur de se faire une petite idée de l'urbanisme et de l'architecture dans deux quartiers, avant et après 1882. Ainsi comprenons-nous l'importance des portes de la ville. Ainsi voyons-nous changer le quartier de la rue Chérif Pacha à proximité de l'okelle où habitaient les Bénaki avant 1884 et de celle, voisine, où se trouvait le bureau du père et où vivaient les Zervoudaki, simplement parce que Delta explique comment la vue très limitée qu'elle avait du balcon de la nursery s'était élargie de façon impressionnante à la suite des destructions. De même, en évoquant la construction de leur propre maison, elle décrit la naissance du fameux Quartier grec, près de

1 Navet-Grémillet 2019.

la porte de Rosette, avec ses belles maisons individuelles et leurs jardins arborés dont les pelouses n'avaient rien d'égyptien.

Ces espaces privés ont peut-être remplacé, pour les enfants, les jardins publics, dont celui d'Antoniadis, et les lieux de promenade tels que le canal de Mahmoudieh. Car si le lecteur, en compagnie de la petite Pénélope, circule peu dans les grandes artères de la ville, il parcourt, derrière les nurses, différentes allées de beaux parcs et quelques chemins bien poussiéreux.

Un autre coup d'œil sur l'urbanisme à cette époque nous est donné à propos de Ramleh. Lors des premiers séjours de la famille Bénaki, nous voyons les enfants se déplacer tant bien que mal juchés sur des ânes parce qu'il n'y avait pas de rues entre les maisons dispersées dans les sables. Même si une grande route menait à Alexandrie et s'il y avait déjà des gares de chemin de fer, on est encore très loin de la station balnéaire à la mode que Ramleh deviendra.

Dans cette Alexandrie « au bord de l'Égypte », les enfants grecs grandissent dans un cadre qui diffère peu des grandes villes européennes et de ce que sera Athènes beaucoup plus tard. Le climat égyptien, comme le climat grec, permet aux enfants de jouer souvent sur leurs terrasses réservées et aux parents de recevoir sur les leurs. Et si l'humidité ambiante rend l'entretien des planchers plus difficile qu'ailleurs, on voit que cela n'empêchera pas les Alexandrins d'adopter peu à peu les parquets des riches Européens, tout en gardant, du moins dans les maisons grecques, l'habitude d'enlever les tapis l'été. Quant au confort moderne, Delta souligne à quel point il fut introduit très tôt dans la ville, qu'il s'agisse du gaz ou du téléphone dont l'installation nous est narrée ici de façon amusante.

Enfants grecs vivant à l'européenne, les jeunes Bénaki se sentent pourtant « Égyptiens » quand ils découvrent le Pays de Galles, ce « pays de rêve » dont le relief, les pâturages et les marées sont si éloignés de leur langue de sable au bord de la Méditerranée.

L'Égypte à l'heure anglaise

Mais si Delta se sent « Égyptienne » en pareille occasion, elle ne dit jamais qu'elle vit en Afrique et n'évoque pas davantage les liens de l'Égypte avec l'Empire ottoman. Le nom du chef officiel du gouvernement n'apparaît chez les enfants que lorsqu'il est question du jardin du Khédive où ils se promènent et Delta ne mentionne qu'une fois Tewfik, dans son résumé *a posteriori* de la révolte d'Orabi, pour souligner, non sans une forme de parti pris, comment il aurait lui-même provoqué l'intervention des Anglais puis leur mainmise sur le pays. On ne sait pas du tout si elle entendit beaucoup parler des khédives Ismaïl puis Tewfik quand elle était très petite, notamment dans les heures tragiques. Il est vrai que ce sont des sujets qui ne concernent guère les enfants. Cependant on notera que les Anglais, véritables maîtres du pays bien avant 1882, du moins du point de vue économique, sont très présents dans le texte, qu'il s'agisse de souvenirs ou de réflexions au moment de la rédaction. Est-ce dû au négoce de Bénaki associé aux Anglais Mellor puis Davies de Liverpool ? Sans doute en grande partie. Comme nous l'avons vu, dans l'esprit des enfants l'Angleterre et les Anglais sont intimement liés aux affaires de leur père.

Avaient-ils conscience que les Anglais dirigeaient *de facto* le pays et que la Communauté grecque réglait ses problèmes principalement avec eux, que Bénaki avait gagné la confiance de Lord Cromer, le représentant de la couronne dès 1883, au point que son avis aurait un jour plus d'importance que celui du consul général de Grèce? Delta, qui évoque ce fait, explique que les enfants ne savaient rien à l'époque des relations de leurs parents avec les principaux représentants de la *Kinotis* et avec les « dirigeants du pays ». On constate néanmoins que dans ses souvenirs la place prépondérante des Anglais dans les instances au pouvoir est une évidence. Ainsi à la fin du récit évoque-t-elle sans éprouver le besoin de l'expliquer, la présence du régiment des Irish fusiliers dont certains jeunes officiers, amis de son futur beau-frère, sont régulièrement invités chez les Bénaki, y compris au mariage de sa sœur aînée. Pénélope avait à peine quinze ans et ne se rappellera que le charme de l'un d'eux qui fut son cavalier en cette occasion, sans se soucier alors de la politique anglaise en Égypte, trouvant apparemment comme allant de soi la présence de ce corps d'armée dans le pays.

Les années 1874 à 1889 relatées ici par Delta correspondent effectivement à une prise de pouvoir sur l'Égypte par les Anglais, depuis leur rachat des parts égyptiennes du canal de Suez jusqu'au maintien de leur présence faute d'un accord avec la Porte, mis en échec par les Français, en passant bien sûr par le bombardement d'Alexandrie lors de la révolte d'Orabi. Il est donc intéressant de constater comment un témoin aussi inconscient qu'un enfant va conserver le souvenir d'un pays dirigé par l'Angleterre, sans trace apparente de l'existence du gouvernement officiel égyptien, aussi fantoche soit-il.

Ainsi la fillette que Delta se rappelle avoir été nous fait-elle traverser cette série de cercles concentriques dont chacun constitue un monde à part qu'elle observe autour d'elle. Enfant, elle nous révèle une part du quotidien, quelquefois très prosaïque, de ce qui allait devenir la brillante diaspora grecque de la fastueuse Alexandrie sous protectorat britannique. Ces prémices et ce point de vue de l'intérieur offrent une vision très particulière du mythe alexandrin, de l'autre côté du miroir.

L'envers du décor

La notoriété exige une vitrine à exposer aux yeux du monde, de manière à se faire un nom. Cette nécessité échappe aux jeunes enfants pour lesquels importent seulement les relations qu'ils entretiennent avec leur entourage. C'est pourquoi le texte de Delta bouleverse complètement la hiérarchie sociale et la renommée de grands noms alexandrins.

Il suffit, pour s'en rendre compte, de mettre en regard la reconnaissance de la petite Pénélope vis-à-vis de la domestique illettrée qui lui apprend enfin à lire l'heure ou sa fascination pour le travail de la repasseuse qu'elle veut devenir à son tour et sa façon spontanée de se précipiter pour tendre la main et dire « Bonjour, Monsieur le Roi » à Georges Ier de Grèce, leur voisin de villégiature au Pirée, interrompant ainsi sa conversation avec un général.

Pour son lecteur, il est amusant de faire le parallèle avec la grande dame que deviendra Pénélope Delta et qui pourra se permettre d'aller trouver le roi Constantin en privé pour parler de la politique de la Grèce. De même voit-il ici en bébé gâté dont

Pénélope est jalouse la future Mme Argini Salvagou, épouse d'un autre fameux président de la *Kinotis*, en garçonnet faraud et téméraire le respectable Andonis Bénaki et en enfant timide et hypersensible le généreux Alexandros Bénaki dont Alexandrie pleurera la mort prématurée.

Pour Pénélope et ses frères et sœurs, les noms des grandes familles alexandrines sont d'abord ceux des enfants qu'ils croisent ou fréquentent un peu. C'est le cas, par exemple, de Périclès Anastassiadi, futur ami de Cavafy, ou des petites Menasche, filles de riches rentiers et banquiers juifs, qu'ils trouvent laides et auxquelles ils tentent de faire peur.

Parmi les personnalités de la ville qu'on croise dans ces souvenirs, figure le Dr Kartoulis, médecin de l'Hôpital grec, élève de l'Allemand Koch et reconnu au niveau international. Delta le présente ainsi, mais les souvenirs qu'elle rapporte le montrent sous un tout autre angle, celui d'un grand cousin qui joue avec les enfants tout en étant leur médecin et surtout d'un jeune homme victime d'interventions malencontreuses et intrusives dans ses projets matrimoniaux. Naturellement, les enfants ne rentrent pas dans toutes ces querelles, mais ils observent, entendent et se voient soudain privés de leur cousin si gentil mis au ban de la famille, jusqu'à sa partielle réhabilitation quand il sauve la plus jeune sœur de Pénélope.

Kartoulis n'est pas le seul à faire naître des projets de mariage à l'intérieur du clan familial. Pénélope, au fur et à mesure qu'elle grandit, mesure les tractations dont elle est le témoin sans comprendre encore les objectifs sociaux poursuivis. Elle ne voit que la tristesse de ces unions mal assorties de même qu'elle ne voit que son propre chagrin, sa propre solitude d'enfant qui manque d'affection parce que ses parents sont occupés à construire et affermir leur position sociale entre économie, philanthropie et mondanités.

Très tôt elle perçoit l'importance accordée par les adultes à leur réputation et ce qu'elle suppose de sacrifices, de dissimulations, d'arrangements. Elle voit des membres de sa famille, qui ne peuvent afficher un niveau de vie honorable, soutenus financièrement par son père ou son oncle Yannis Chorémi, soit en Égypte soit à Chio. Et dans la propriété familiale de l'île on relègue les brebis galeuses, tandis que Bénaki affiche son honnêteté en refusant d'intervenir en faveur d'un de ses beaux-frères momentanément inquiété par la justice.

Derrière la figure de la réussite économique et sociale du futur président de la Communauté grecque, le tout-Alexandrie ne pouvait pas voir le mécanisme de cette construction d'image aperçue ici de l'intérieur. Image qui se veut lisse et parfaite au prix de gros efforts demandés aux petits comme aux grands.

Et peut-être le symbole le plus juste de cet envers du décor est-il à prendre dans ce lessivage des planchers de toute la maison évoqué dans les dernières pages du récit, ce tour de force que Virginia, son personnel domestique et les enfants parviennent à accomplir ensemble, hors de la vue du père qui refuse d'affronter un tel dérangement.

Cet envers du décor que nous livre ici Delta révèle tout un pan caché de la vie bourgeoise alexandrine, celui des femmes et des enfants. Elle nous y fait entrer de plain-pied.

Note au lecteur

Le texte de ces souvenirs est la traduction d'un manuscrit inachevé rédigé en grec, où non seulement des noms propres mais bien d'autres mots apparaissent dans leur langue d'origine, en caractères latins. Nous avons voulu en donner au lecteur une image aussi authentique et exacte que possible, ce qui impose un certain nombre de mises en évidence :

- Toute transcription d'un nom propre grec tente au moins de respecter celle adoptée par Delta dans ses mémoires de 1899 rédigés en français et en anglais, alors que cette transcription n'est pas toujours constante (il lui arrive de décliner un prénom, par exemple : Yanni au lieu de Yannis). Comme les étrangers qu'elle fréquente, elle omet souvent l'habitude grecque de mettre les noms de famille au génitif quand ils désignent une femme (Artémis Aviérino au lieu d'Artémis Aviérinou). On a d'ailleurs pu garder cette même transcription en dehors du texte traduit, pour les noms des familiers de l'auteur. Cependant, un grand nombre d'entre eux étant des personnalités très connues à Alexandrie, on trouvera aussi d'autres transcriptions (généralement une francisation ou une anglicisation du nom et/ou du prénom). C'est ainsi que Bénaki pourra s'écrire aussi Bénakis, Bénachi ou Benacchi... Dans la plupart des cas, on utilisera Bénaki (transcription française la plus proche de la prononciation grecque et utilisée par Delta) pour les personnes, mais Choremi, Benachi & Co. pour la maison de courtage puisqu'elle apparaît ainsi dans tous les textes en caractères latins.

- Toute transcription d'un nom propre d'origine égyptienne ou arabe est conservée telle quelle si elle apparaît dans les textes en français ou en anglais de Delta.
- Delta écrit en grec, avec des mots en français, en anglais, voire en allemand, en latin. Pour plus de clarté, ceux-ci ne sont pas en italique (comme le voudrait la norme), mais en grisé pour éviter la confusion avec les titres d'œuvres qu'elle cite en grec.

Enfin, dans le souci d'aider la lecture sans l'interrompre par des notes de bas de page trop importantes, figurent en annexe :

- Un index locorum qui regroupe tous les noms de lieux par ordre alphabétique.
- Un index nominum qui regroupe tous les noms propres de personnes par ordre alphabétique.
- Des arbres généalogiques des familles Chorémi et Bénaki.
- Une chronologie de la vie de Pénélope Delta entre 1874 et 1890 avec quelques dates postérieures, en parallèle avec ce qui se passe en Égypte à l'époque.
- Un plan de la ville d'Alexandrie à l'époque, avec les principales rues et places citées dans le texte.
- Une carte de la côte comprenant Alexandrie et Ramleh vers 1885.

Premiers souvenirs

Notre demeure occupait un étage d'une « okelle » (immeuble) à Alexandrie. On pénétrait par l'entrée, meublée simplement mais comme dans une maison de maître, avec des bancs de bois, des sièges et un meuble à miroir, où l'on accrochait son pardessus et déposait dans un casier cannes, ombrelles et parapluies. Plus tard, une pendule avec un coucou qui sortait par une petite porte et piaillait les heures fut suspendue au mur à gauche de la porte d'entrée. Nous avons tous appris à lire l'heure sur cette pendule. En ce qui me concerne, ce fut un véritable tourment, je fus longtemps incapable d'apprendre et mon frère et ma sœur se moquaient de moi. Jusqu'au jour où, submergée par la honte, je demandai à Eugénia (notre femme de chambre qui servait aussi à table et resta chez nous de nombreuses années, une domestique illettrée et dévouée qui se maria et quitta la maison une fois que nous fûmes élevés et devenus grands) et elle vint un soir m'expliquer les heures et les minutes. Je me rappelle encore avec quel étonnement je découvris qu'il était si facile de compter cinq, dix, quinze, vingt minutes.

Beaucoup plus tard on ajouta dans l'entrée deux chiens de porcelaine, deux bouledogues, grandeur nature, l'un debout sur ses quatre pattes et l'autre assis sur ses pattes de derrière. Mon père les avait rapportés d'Angleterre, où il se rendait souvent pour affaires, et ils avaient un air si naturel qu'à notre grand amusement il arrivait souvent que les visiteurs prennent peur et même une où deux fois qu'ils partent en courant et dégringolent les deux étages de notre escalier.

À gauche de l'entrée, une porte fermée, qu'on ouvrait rarement, dans les grandes occasions. C'était le grand salon, avec ses rideaux de soie jaune damassée, ses meubles, canapés, fauteuils et chaises à dos en forme de médaillon, aux boiseries brun sombre et aux soieries jaune canari, ses poufs et ses tabourets, l'horrible ameublement de l'époque. Tous mes oncles et tantes (du moins ceux qui pouvaient avoir de beaux meubles) avaient le même salon jaune, comme tous les riches intérieurs de nos amis. Mes parents n'étaient pas riches à l'époque, mais leur intérieur fut toujours celui d'une maison de maître.

À côté du salon, à gauche de l'entrée, la grande salle à manger avec son lourd mobilier anglais en noyer, sideboard au miroir colossal qui couvrait un grand pan de mur, canapé et fauteuils de velours cannelle (un grand et profond fauteuil avec des accoudoirs où mon père s'étendait et faisait la sieste, l'après-midi, quand il en avait le temps[2], et un petit fauteuil bas sans accoudoirs) ainsi que dix-huit chaises à dos droit dont l'assise et le dos rectangulaire (à cadre de noyer) étaient recouverts du même velours cannelle foncé. La salle à manger était la pièce la plus utilisée. C'était là

2 C'est Delta qui souligne.

que ma mère cousait le soir, à la grande table couverte d'un tapis de flanelle rouge à ramages, c'était là que travaillait mon infatigable père, quand il rentrait à la maison, là que ma mère recevait ses amies qui apportaient leur ouvrage ; plus tard, un piano y fit son entrée, quand ma sœur aînée et moi-même apprîmes *do*, *ré*, *mi*, *fa*, *sol*. Sur le dessus du piano, on ajouta plus tard une poupée nègre avec des jupes courtes bigarrées, des jambes nues noires et un mouchoir de soie rouge sur la tête. Elle portait trois roses sur un plateau. Et quand on la remontait, cela faisait de la musique, la négresse ouvrait et fermait les yeux et la bouche, tournait la tête, et les roses tour à tour s'ouvraient et se fermaient. Une souris blanche courait tout autour de l'une, sur l'autre une tête de singe en cravate et faux-col ouvrait et fermait les yeux et la bouche, et sur celle du milieu tournoyait une petite ballerine en tutu, avec des paillettes sur la poitrine. Dans cette même salle à manger, on ajouta une cage dorée contenant un oiseau rouge qui, quand on le remontait, gazouillait comme un rossignol en tournant la tête, ouvrant et fermant le bec. En troisième lieu vint le meilleur, une musical box, une belle boîte avec des roues et un cylindre métallique plein de pointes qui mettaient en mouvement des petites dents musicales et jouaient des morceaux à la mode. C'est là-dessus que nous entendîmes pour la première fois le *Prophète* de Meyerbeer, la *Norma* et d'autres musiques, notamment des mélodies allemandes.

Cette salle à manger, avec ses lourds rideaux de velours brun foncé derrière lesquels une personne pouvait se dissimuler, est pour moi pleine de souvenirs, mélancoliques pour la plupart, parce que mon tempérament était mélancolique, peut-être parce que mes bêtises et mon indiscipline m'entraînaient dans des aventures qui finissaient toujours par une rossée et des punitions.

En face de la porte de la salle à manger, il y avait un long corridor, qui aboutissait à un grand balcon de bois et passait devant toutes les chambres à coucher. D'abord, près de la salle à manger, s'ouvrait la chambre d'amis avec deux lits dorés et des meubles anglais imposants. En second venait la « lingerie ». Je me rappelle un canapé bas avec de gros coussins, une table faite de planches et, je crois, un ou deux coffres grands et lourds, avec des couvercles de bois blanc poli où l'on mettait le linge sale, de grands placards le long du mur, où ma mère rangeait une partie de son linge de maison qui fut toujours très abondant et éclatant de blancheur.

Je crois qu'après venait la salle de bains de mes parents, mais je ne me souviens pas bien. Nous, on nous lavait dans un *tub* (une baignoire ronde) qu'on apportait dans notre chambre. À côté de la salle de bains (?)[3] la chambre des parents, avec un lit double en noyer, et des meubles anglais imposants et brillants, une armoire à trois portes, des lavabos, une commode, une toilette avec un grand miroir où l'on se voyait en entier, des tables, des chaises, une *chaise longue*, de très beaux meubles en bois veiné de sombre, vernis. Ils les avaient achetés, ainsi que la salle à manger, à madame Negreponte-Sinadino quand son mari mourut,

3 Point d'interrogation mis par Delta, qui doute vraisemblablement de l'exactitude de son souvenir.

qu'elle quitta l'étage en-dessous du nôtre et vendit tout ce que contenait son intérieur.

Cette chambre à coucher de nos parents était parmi les plus grandes et les plus belles de la maison, mais n'était pas en façade. Elle donnait sur une rue étroite, avec une autre maison en face et les fenêtres de l'une et de l'autre ouvraient en vis-à-vis comme dans toutes les chambres qui donnaient sur le long corridor. La tapisserie murale était très belle. Des chinoises en costumes multicolores descendaient le sentier d'une colline, et tandis que la dernière était loin et semblait toute petite, la première, au premier plan, atteignait un mètre, peut-être un peu plus, peut-être un peu moins, et toutes tenaient des éventails. Pour nous, les enfants, ces Chinoises dont la descente occupait tout un mur ou presque, constituaient toute une histoire. Et pas seulement pour nous. Une année où ma grand-mère Chorémi, une petite vieille toute mince, toute ridée, était venue, elle les regardait d'un air admiratif et avait dit :

– Ces étrangères ont un air très sérieux.

Ma grand-mère Chorémi, la mère de ma mère, était complètement illettrée à cause de la Révolution de 1821 au cours de laquelle elle avait grandi entre la peur, les massacres et les fuites dans la montagne, et naturellement sans école ni maîtres. Sa mère, au contraire, était une femme instruite qui tenait les livres de comptes du magasin de son mari puis de ses enfants, qui faisaient le commerce de la toile.

Mon grand-père Chorémi avait déjà été marié et avait eu deux enfants. Lors du massacre de Chio, il montait avec sa femme et ses enfants vers Saint-Minas[4] lorsque les Turcs le rattrapèrent et lui enlevèrent sa femme, qui était très belle, et ses enfants. Lui s'enfuit et on suppose que sa femme et ses enfants brûlèrent dans le navire amiral turc incendié par Canaris. Il se peut néanmoins qu'ils n'aient pas brûlé et que leurs descendants, nés Turcs et qui seraient nos cousins, vivent quelque part. Lui se cacha pendant des jours, des semaines, dans des tombeaux où il cachait aussi des enfants sans parents, et il sortait la nuit, pour trouver un bout de pain, puis retournait se cacher dans les tombeaux.

À trente ans, les cheveux tout blancs, il se remaria et épousa ma grand-mère, une fille de quinze ans, qui l'appelait respectueusement « Sior[5] Constandi ». Je me rappelle plus ou moins l'avoir vu, mon grand-père, dans ses longs habits, le costume de démogéronte[6], avec ses cheveux tout blancs, lors d'un voyage quelconque que nous fîmes à Chio, quand j'avais trois ou quatre ans. Mais le souvenir est très flou.

En revanche, je me rappelle bien ma grand-mère, qui était venue à Alexandrie, petite vieille ridée avec sa jaquette noire qui lui descendait jusqu'aux hanches, son châle en cachemire et sa

4 Saint-Minas, monastère, haut lieu de la résistance des Grecs lors du massacre de Chio en 1822.

5 *Sior* (au féminin, *Siora*) serait une forme plutôt vénète ou vénitienne de *Sor* (f. *Sora*), plus courante à Rome et en Italie centrale, employée devant un nom propre, un titre, ou un grade au lieu de *Signore*, *Signora*. Or on sait la forte présence des Vénitiens en Méditerranée orientale où leur parler a pu laisser des traces à Chio comme à Alexandrie.

6 Sous la domination ottomane, un conseil des anciens, les démogérontes, Grecs orthodoxes et catholiques élus tous les ans, gouvernait effectivement l'île de Chio.

mantille de dentelle noire sur ses cheveux blancs. Je me la rappelle assise dans le grand fauteuil de la salle à manger avec ses mains ridées jointes sur son tablier, sa bouche ridée et son doux sourire tout de miel. Les aînés de ses enfants étaient déjà vieux, Nicolis et Stamatis, avec des cheveux blancs et des visages décharnés, l'oncle Stamatis déjà courbé sous le poids des années. Ma mère était son dix-huitième enfant et avait vingt-six ans de différence avec Nicolis, l'aîné.

Je me la rappelle, ma grand-mère, enfoncée dans le profond fauteuil de velours, tandis que debout devant elle je lui récitais des poèmes : « Le Christ et le petit enfant » de Paraschos et « Le vent glacé du Nord qui souffle sur les petits agneaux » de Zalokostas, ainsi que « L'orphelin » de Paraschos. Ma sœur aînée était timide. Mon frère disait qu'il ne les savait pas. Si bien que c'était à moi qu'il incombait de les dire, chaque soir, quand nous allions lui dire bonne nuit. Chaque soir, ma grand-mère réclamait « Le Christ et le petit enfant », et, chaque soir, quand j'arrivais à

> « Christ, nous n'avons pas de pain chez nous, et je pleure,
> Vois dans mon petit panier si je te dis des mensonges... »

ma grand-mère aussi se mettait à verser silencieusement un flot de larmes. Je le savais, je les attendais, je les guettais. Et je pense que si une fois elle n'avait pas pleuré, cela m'aurait fait mauvaise impression. Je mettais tout le pathos possible dans les vers de Paraschos pour l'émouvoir et la faire pleurer. Mon frère et ma sœur me disaient ensuite que c'était « les paroles qui étaient émouvantes » pour calmer mon élan. Mais je persistais à les dire avec pathos comme si c'était moi qui provoquais son émotion.

Aussi loin que remonte mon souvenir, nous étions quatre frères et sœurs, Alexandra, Andoni, moi et Constantino. J'ai un souvenir flou d'un parc à Liverpool, avec un lac que je prenais pour la mer. Or, un jour, quelques oies se mirent à poursuivre Alexandra, toute habillée de rouge et complètement affolée. Elle s'enfuyait en criant et notre nurse anglaise se lança à sa poursuite, la ramena et essuya ses pleurs. Constantino était alors un bébé. Je devais avoir deux ans et demi. Mais je me rappelle bien Constantino à Alexandrie. Il était tout le temps malade et on le cajolait beaucoup. Sa nurse lui avait écrasé son petit pied, il était tombé entre les mains d'un médecin anglais qui l'opéra et l'estropia ; l'enfant ne s'en remit pas et mourut vers 15-18 mois. Je me le rappelle à Alexandrie, toujours malade, le pauvre.

Je me le rappelle un jour où il était assis sur le canapé bas de la lingerie. Nous allions partir en promenade et la nurse l'avait assis sur le canapé, entouré de nombreux coussins pour l'empêcher de tomber, et, le temps de se préparer elle-même, elle lui avait mis un morceau de sucre dans la main. J'avais faim, horriblement faim, parce que cette même nurse, pour me punir, me privait de nourriture. J'étais seule avec Constantino. Je lui pris son morceau de sucre et le mangeai. Il se mit à pleurer et je me le rappelle encore – dans sa petite robe blanche brodée étalée autour de lui, le cordonnet de soie bleu ciel à la taille, son chapeau rond en piqué avec des rubans bleu ciel au-dessus des oreilles – qui pleurait, et que je ne savais comment consoler puisque j'avais déjà mangé le sucre. Et Eugénia vint prendre l'enfant, lui fit faire un petit tour et le consola, mais, parce qu'il était malade et pleurait souvent, elle ne soupçonna pas que c'était moi la coupable, qui lui avais mangé son morceau de sucre !

Nous tous, les enfants, dormions avec la nurse, dans la chambre voisine de celle de nos parents. Notre chambre était à l'angle, la dernière du couloir, et l'une de ses fenêtres donnait sur le grand balcon de bois. Quatre lits de fer noir, pour la nurse et nous trois, les grands, avec leurs moustiquaires blanches bien propres et, à côté de celui de la nurse, le tout petit lit de Constantino, pour qu'elle prenne soin de lui la nuit quand il pleurait.

En face de la chambre à coucher, à l'autre angle de la maison, également avec une fenêtre qui ouvrait sur le grand balcon de bois, se trouvait la day nursery, la pièce des enfants, plus tard salle d'étude. Tous les drames de notre vie enfantine se déroulèrent là. C'est là que furent versées les larmes les plus amères, que se forma notre âme d'enfant, que prirent place les premiers problèmes du malheur enfantin, les émotions, les interrogations, les révoltes psychiques, les colères, les chagrins, les désespoirs, les resignations[7] face à l'implacable « c'est comme ça », les endurances philosophiques, les soumissions, les méchancetés, les réactions de haine face aux pressions exercées par les plus âgés et le caractère inexorable de la vie. Là et sur le grand balcon de bois.

7 En anglais dans le texte.

Ce balcon était à nous, les enfants. En façade, il y avait le balcon des adultes, en marbre, donnant sur la salle à manger. En dessous, venait danser et chanter un Soudanais avec de nombreux coquillages suspendus tout autour de la taille comme un pagne; il était ventriloque et criait d'une voix chantante : « *A ma cigarette tsimouanding*[8] *!* » Et avec sa voix venue du ventre, il disait : « Kououroang, krouakougrouang, kououroang, krouakougrouang. » Nous nous en amusions beaucoup, mon père lui jetait une ou deux cigarettes, il dansait, en remuant le bassin et les coquillages suspendus à sa taille cliquetaient.

Mais le balcon de derrière, en bois, au bout du couloir, était à nous. Nous y allions quand nous voulions, nous courions, jouions, riions, pleurions, nous nous disputions, nous battions, nous embrassions; les adultes ne nous entendaient guère, ils ne nous surveillaient guère.

Ce balcon de bois est resté dans mon souvenir sous des couleurs inaltérables. En dessous, il y avait une petite impasse étroite qui menait à une rangée d'écuries qui en fermaient le côté droit. Juste en dessous de notre balcon se trouvait un petit mur qui avait peut-être un mètre de haut et dont je n'ai jamais compris la raison d'être. Il séparait l'impasse et l'immeuble. À cet endroit, dans l'impasse, entrant à notre gauche, venait régulièrement un

8 À part « cigarette », il n'a pas été possible de retrouver ces mots que Delta a tenté de transcrire en grec ici.

mendiant, un fellah avec des cheveux sales, emmêlés comme de l'étoupe, pleins de poussière, vêtu d'une sorte de sac à rayures, avec un capuchon qui lui tombait sur le nez, laid, farouche, contrefaisant le boiteux.

Nous l'appelions Yakarim parce qu'il criait d'une voix chantante :

Ya karim ya rab!	Dieu du ciel
Saouab fil meskin,	Miséricorde pour le malheureux
Fouarat saouab.	(?)[9] miséricorde!

Et quand il nous voyait au balcon, il demandait :

Yekhalli baba!	Portez-vous bien, le papa!
Yekhalli mama!	Portez-vous bien, la maman!
Yekatar kheirhom saouab!	Que je vous remercie de votre charité[10]!

Quand nos parents nous donnaient quelque pièce de deux sous, nous l'enveloppions dans du papier et nous la lui jetions. Il se touchait alors le front de la main pour remercier et partait. Un beau jour, la pièce nous échappa et tomba de l'autre côté du petit mur.

9 Le point d'interrogation est de Delta, qui traduit en grec les paroles du mendiant mais ne savait pas l'arabe. La traduction exacte serait plutôt : « Ô Dieu le généreux, Bienfait pour le pauvre, Débordement de bienfaits. »

10 Ici aussi la traduction de Delta est approximative. Ce serait plutôt : « Qu'Il préserve ton papa, qu'Il préserve ta maman, qu'Il te récompense en leur accordant ses bienfaits. »

Mais Yakarim fit semblant d'escalader avec peine le petit mur, alors qu'il n'était pas boiteux du tout, et roula au pied du mur de notre côté, ramassa la pièce de deux sous et dégringola de nouveau du côté extérieur. Cela nous amusa terriblement et depuis lors, nous essayions à chaque fois de jeter la pièce de monnaie derrière le mur pour que Yakarim fasse la culbute. Et quand nous n'avions pas de pièce de deux sous (car nous n'avions pas de parrain et nos parents ne nous donnaient jamais d'argent, si ce n'est pour le jeter à quelque mendiant), avec la cruauté qui caractérise les enfants – cet âge est sans pitié – nous enveloppions dans du papier des morceaux de plomb cassés, provenant des soldats de plomb d'Andoni et nous les jetions derrière le petit mur. Mais nous avons eu très peur de Yakarim à partir du jour où, furieux d'avoir été trompé, il nous fit des grimaces et nous maudit. Nous le craignions aussi à cause de son air farouche et, quand en allant en voiture au Canal ou sur la route de Ramleh où nous nous promenions souvent, nous le voyions, nous tremblions de frayeur en croisant le blanc jaunâtre de ses yeux.

Le balcon de bois était mon refuge quand j'avais un gros chagrin. Et cela m'arrivait souvent.

L'éducation des enfants n'était pas alors ce qu'elle est aujourd'hui. Les enfants étaient élevés durement, sévèrement, sans caresse ni affection, sans plaisirs ni amusements, selon le sévère, l'inflexible principe du « c'est comme ça ». Aussi loin que remonte ma mémoire, je me rappelle notre père comme un homme sévère, grand, droit comme un pilier, très beau, avec de grands yeux noirs, des sourcils et des cheveux épais, et la barbe carrée. Quand il fronçait les sourcils, notre sang se figeait[11 12].

Notre mère, grande elle aussi, bien faite, avec une belle harmonie de teintes, des yeux bleus, des cheveux châtains, des lèvres rouges, un beau port, sévère elle aussi, se tenait loin de nous, comme une divinité qu'on adore sans tenter de l'approcher. Des câlins, nous n'en avions jamais de sa part, de même que jamais elle ne nous encourageait à lui confier nos chagrins[13]. Notre père avait la même attitude. C'étaient deux divinités qu'on adorait, qu'on craignait, mais on préférait rester loin d'elles.

Chaque matin, à l'heure où ils prenaient leur café dans leur chambre, nous, les enfants, lavés, peignés, bien propres, nous allions dire « bonjour » à nos parents. Nous les embrassions de façon convenue, toujours avec au fond de nous la crainte d'être grondé, tout particulièrement si nous avions sur la conscience une marque quelconque d'indiscipline, dont Eugénia avait connaissance mais qu'elle ne rapportait jamais ; ils nous embrassaient aussi, nous restions près d'eux une ou deux minutes au cas où ils auraient une recommandation ou une remarque à nous faire, puis nous partions en silence, sagement, en faisant en sorte d'éviter autant que possible qu'ils se souviennent de notre présence. Le soir, avant d'aller

11 Delta utilise une expression intraduisible : « Notre cœur partait à Koulouri. » Koulouri est l'ancien nom de l'île de Salamine, proche d'Athènes, où se réfugiaient les Athéniens (notamment femmes et enfants) en cas de grand danger. Aller à Koulouri signifie donc avoir très peur.

12 Notre père naquit le 15 novembre 1843. (Note de Delta.)

13 Notre mère naquit le 8 novembre 1848. (Note de Delta.)

dormir, une fois encore lavés et peignés, nous allions dire « bonne nuit » avec un baiser, notre mère nous embrassait (notre père rentrait tard à la maison, après notre coucher), c'étaient là les deux, et les deux seuls, baisers de la journée.

Quand avons-nous commencé à manger à table avec nos parents, je ne sais pas. De toute façon, c'était seulement à midi. Le soir nous mangions avec notre nurse à la nursery.

Je me rappelle un repas de midi, je devais être très petite, où mon père me fit lever de table, m'appela près de lui et, avec le grand couteau qui servait à couper le rosbif, me menaça de me couper le doigt. Je m'étais rongé l'ongle et le fait de se ronger les ongles était, avec le mensonge, ce qui rendait notre père furieux au plus haut point. Je me rappelle le couteau levé, les sourcils froncés de notre père, ses yeux noirs qui lançaient des éclairs, mes cris stridents, et je me rappelle encore le sentiment de panique qui me laissa sans voix quand je crus que le couteau allait tomber sur mon doigt emprisonné dans la main de mon père. Comment en vint-il à « me pardonner » et pourquoi, je ne me le rappelle plus. Je me rappelle seulement qu'il me dit de retourner à ma place, que je voulais y aller mais ne le pouvais pas, tant mes jambes tremblaient, que j'avais peur d'être à côté de lui et que je m'efforçais de bouger sans pouvoir y arriver. Je me rappelle qu'ensuite je grimpai sur ma chaise, qu'on me dit de manger et que je ne pouvais avaler à cause des sanglots qui ne cessaient de monter. Mon frère et ma sœur aînés me regardaient, terrifiés, et moi j'avais horriblement honte.

Cette habitude de me ronger les ongles fut la cause qu'on me rossa souvent. J'étais si petite que je ne me rappelle pas le jour où mon père me battit avec la cravache de son cheval et mes jambes se couvrirent de marques. Ma mère me le raconta quand je fus devenue adulte.

Et pourtant je me rappelle des choses de quand j'avais trois ans et moins encore.

Mon plus lointain souvenir est celui des oies qui poursuivirent ma sœur Alexandra à Liverpool. Je me la rappelle, avec son costume rouge, son chapeau tombé sur la nuque, qui courait pour échapper aux oies. Je ne pouvais pas avoir plus de deux ans.

Je me rappelle la mort de notre Constantino à Alexandrie. J'avais quinze mois de plus que lui et il est mort à quinze ou dix-huit mois, donc j'avais entre trente et trente-trois mois. Je me rappelle que nous étions dans notre chambre, la day nursery, et qu'Eugénia vint nous chercher, « pour voir Constantino, parce qu'on allait l'envoyer à notre "Papa" », comme nous appelions notre père. Notre père était de nouveau absent, en Angleterre où il allait souvent pour affaires.

J'avais deux ou trois mois quand mon oncle Yanni Chorémi dit à mon père qu'un des associés devait aller à Liverpool pour y organiser le travail. Mon père répondit aussitôt : « J'y vais, moi. » « Comment pourrais-tu y aller, toi, en hiver, avec Virginia et trois enfants en bas âge? » demanda mon oncle. Mais mon père l'interrompit : « Quelle importance ont femme et enfants? », répondit-il brusquement, « C'est du travail qu'il s'agit ici. » Ma mère était présente et en eut les larmes aux yeux, blessée jusqu'au fond du cœur. Elle n'oublia jamais ces paroles et jusqu'à la fin de sa vie, j'en ai peur, elle ne lui a jamais pardonné. Et nous partîmes. Nous allâmes à Liverpool où nous restâmes un an et demi à deux ans, puis nous revînmes à Alexandrie avec le quatrième enfant toujours malade. Et il mourut, le malheureux, alors que notre père était de nouveau absent pour un de ses voyages en Angleterre.

Eugénia vint donc nous chercher dans notre chambre pour embrasser, disait-elle, notre petit frère qu'on allait envoyer auprès de notre père en Angleterre. Je me rappelle Andoni, qui s'était assis par terre, derrière la porte, le dos au mur et qui, poussant des pieds le battant de la porte, refusait de suivre Eugénia. « On ne va pas l'envoyer en Angleterre », s'obstinait-il à répéter. « Je sais bien qu'il est mort et qu'on nous appelle pour aller l'embrasser. »

Je me souviens des paroles, de la position d'Andoni, de son air grave et buté, d'Alexandra qui le regardait, de ma propre interrogation sur ce que savait Andoni et en même temps sur la raison pour laquelle il ne voulait pas aller embrasser Constantino, en admettant qu'il fût réellement mort. Je me rappelle toute cette scène, le trouble de nos esprits et notre perplexité et je ne me rappelle pas l'enfant mort dans son cercueil blanc, posé sur la table de la chambre de notre mère, ni les roses qui recouvraient son petit costume blanc à ceinture de soie bleu ciel, ni son petit visage cireux, ni les cierges qui brûlaient, ni notre mère en larmes debout à côté de lui. Je ne me rappelle rien de cette triste image tant de fois décrite par ma sœur aînée. Je me souviens seulement d'Andoni, assis par terre, derrière la porte, qui, s'arc-boutant des pieds contre le battant de la porte pour se garder, refusait de suivre Eugénia pour aller embrasser notre frère mort.

Après la mort de l'enfant, mon père revint et, pour que notre mère, fatiguée et affligée, se remette, pour que nous, les enfants, nous allions un peu à la campagne, notre père loua une maison à Ramleh et nous y passâmes l'été. Notre mère avait craint, juste après avoir enterré notre Constantino, que je ne meure moi aussi, tant j'étais maigre et pâle, pouvant à peine tenir sur mes jambes. Notre mère fit venir Varenhorst, le meilleur médecin d'Alexandrie à l'époque, un Autrichien, et celui-ci, après m'avoir examinée sous toutes les coutures, n'y comprit rien, parce que, disait-il, j'étais en bonne santé et pourtant à demi-mourante. Il ordonna des fortifiants et des boulettes de viande crue, mais je ne me remettais pas. Un soir, une de nos grandes cousines, Helvétia Chorémi, vint nous voir dans notre chambre à l'heure du bain et me vit saisir l'éponge, aspirer l'eau et tenter de manger l'éponge. Elle alla le raconter à ma mère, lui dire que j'avais l'air affamée et assoiffée, et dès lors on surveilla la bonne anglaise et l'on découvrit qu'en guise de punition elle ne me donnait ni nourriture, ni eau, ni les fortifiants ordonnés par le médecin. On la renvoya sur le champ, on me nourrit, je me remis et nous partîmes pour Ramleh. Là vint nous voir notre oncle tout jeune marié, Lucas Bénaki, l'unique frère de notre père, qui avait épousé une nièce de notre mère, Artémis Aviérino. Je ne me rappelle absolument pas ma tante. Mais je me rappelle le très bel homme qu'était mon oncle dans une scène qui ne s'est jamais effacée de ma mémoire.

Ce devait être un dimanche après déjeuner, puisque mon père était présent alors qu'en semaine il ne parvenait pas à quitter le bureau pour venir déjeuner à la maison à Ramleh. Nous étions tous assis sur la terrasse couverte et mon père me dit d'ouvrir la paume de ma main pour qu'il y mette la cendre de sa cigarette et que j'aille la jeter dans le jardin. Moi j'avais peur et j'hésitais ; tantôt je tendais la main et tantôt la retirais. Mon père fronça ses terribles sourcils et dit : « N'as-tu pas honte ? De quoi as-tu peur ? Puisque je te dis de le faire, c'est qu'il n'y a pas à avoir peur. » En tremblant je tendis ma main et mon père y secoua sa cendre qui était un tout petit peu chaude mais ne brûlait pas. Mon oncle, debout, grand comme un cyprès, très beau, regardait ; et quand, effrayée, je retirai ma main, il se mit à rire. J'eus tellement honte et tellement peur que je me mis à pleurer et allai en larmes jusqu'à la rambarde jeter la cendre.

« Impossible ! » me dit ma mère, un jour où, devenue adulte, je lui racontai cela. « Impossible que tu te rappelles ton oncle. Tu avais à peine trois ans la première fois qu'il est venu après son mariage. » En fait, je devais avoir trois ans et quelques mois puisque je suis née en avril et que nous étions partis à Ramleh en mai ou en juin.

Devant l'incrédulité de ma mère, je lui décrivis la terrasse avec son auvent de bois, les treillis de bois tous peints en vert sur lesquels grimpaient des liserons, la cage des canaris suspendue à l'auvent, la salle à manger qui donnait sur la terrasse et ma mère reconnut la maison que nous avions louée à cette époque.

Aussi loin que remonte mon souvenir, nous avons eu des nurses anglaises, et jusqu'à ce que nous atteignions l'âge scolaire, ce sont elles qui nous ont élevés. Mais elles nous tyrannisèrent comme seules savent le faire les bonnes d'enfants anglaises.

Il y en eut une, très belle et très propre, dont la propreté avait conquis le cœur de notre mère. Cependant, un jour où cette dernière revenait d'une sortie, elle entendit un horrible son strident qui tranchait l'air. Elle entra dans la *nursery* et vit Alexandra, qui était encore toute petite, la tête et le nez dans son pantalon sali par le caca et attaché autour de son cou pour la punir de s'être salie. La nurse fut renvoyée immédiatement.

Une autre fois, nous en avons eu une qui ne nous battait pas et que nous aimions bien. Cela devait être après la mort de Constantino, juste après la naissance d'Alexandros, car nous avions un bébé à la maison et sa nourrice ne faisait pas de sorties avec notre nurse. Je me souviens d'un commerce (une pâtisserie ou une épicerie ?) dans une rue étroite, et de nous trois, les grands, debout à l'extérieur avec un sac de bonbons donné par notre nurse et que nous mangions avec grande satisfaction jusqu'à ce qu'elle sorte du commerce, nous reprenne et nous ramène à la maison. Je me rappelle qu'elle se laissait souvent tomber sur son lit et qu'alors nous jouions en toute liberté. Jusqu'au jour où une autre dame interrogea notre mère.

– Où vont vos enfants l'après-midi ?

– Au Canal, répondit notre mère.

– Non, Madame Bénaki, je les ai vus aujourd'hui dans telle rue, tout seuls, en train de manger des bonbons. Leur nurse n'était pas avec eux. Ils étaient tout seuls dans la rue.

Bouleversée, notre mère revint à la maison et nous trouva seuls dans la *nursery*.

– Où est *Mrs May* ?

– Dans la chambre avons-nous dû répondre, blottis les uns contre les autres, apeurés à l'idée d'être coupables. Notre mère se rendit dans la chambre et trouva la bonne sur son lit. Elle l'appela, celle-ci ouvrit les yeux et, tendant les bras, sur un ton caressant dit à notre mère qu'elle prenait pour notre bébé :

– Come, baby, come![14]

Elle était complètement ivre. Elle l'était tout le temps. Elle nous emmenait jusqu'à ce commerce où elle buvait comme une outre, après nous avoir donné des bonbons pour que nous restions tranquillement à la porte sans la voir. Elle aussi s'en alla.

Nous passâmes entre les mains de toute une série de nurses anglaises dont je ne me rappelle pas tous les noms. Une Degroushy, ivrogne et méchante. Une Miss Taylor, tête folle et coquette. Toutes nous battaient et nous menaçaient au point que nous avions peur de traverser le couloir qui séparait la pièce où nous jouions de notre chambre, quand il faisait sombre. Et au moment du coucher, quand on éteignait les bougies et qu'il ne restait qu'une chandelle, que la chambre se remplissait d'ombres, je tremblais tellement dans mon lit que je ne pouvais pas dormir. Alors je commençais à répéter à la file :

– Bonne nuit, Alexandra.

– Bonne nuit.

– Bonne nuit, Andoni.

– Bonne nuit.

14 « Viens, bébé, viens! »

– Bonne nuit, Alexandros (quand on l'eut mis lui aussi dans notre chambre, une fois sevré).

Mais au bout d'une ou deux fois, mes frères et sœur en avaient assez ou s'étaient endormis et ne répondaient plus. Et commençait alors la grande torture de la peur qui allait jusqu'à la panique et que je n'avouais pas, parce que j'avais honte à l'idée que mon père l'apprenne et me méprise. Car notre père était le non plus ultra (*sic*) de la bravoure. Impavide, inflexible, indomptable, grand, avec une belle prestance et de la poigne, il incarnait pour nous toute la beauté virile. Ce que voulait mon père se réalisait. Il ne venait à l'esprit de personne de lui résister ou de le contredire.

Au bureau de Liverpool, Thomas Davies était pour tous les employés « The Devil ». L'oncle Yanni Chorémi, à Liverpool comme à Alexandrie, était « Jesus Christ ». Mon père était seulement « Sior Benaki ». Tous les employés l'adoraient. Mais ils le craignaient terriblement aussi ! Quand il arrivait au bureau un murmure, tel un frisson, traversait tous les secteurs : « Le Sior Benaki… » et tous les employés, jeunes et vieux, depuis les plus importants jusqu'aux *boabs*[15] (portiers) se penchaient sur leur travail comme des écoliers.

L'oncle Yanni Chorémi arrivait partout avec le sourire. C'est pourquoi on l'appelait Jesus Christ (John Choremi). Mon père arrivait au bureau avec un air grave, sans sourire, terriblement sévère.

15 Les *bawabs/baouabs* vivaient et se tenaient à l'entrée des demeures dont ils étaient les gardiens. Ils étaient souvent originaires de Nubie ou du Soudan.

Au travail comme dans la direction de sa maisonnée, il était implacable. « Le travail, c'est le travail » disait-il. Mais tous ceux qui étaient sous ses ordres l'aimaient, employés comme domestiques, pour son sens de la justice et son autorité. Il s'imposait, je pense, autant par sa grande générosité que par son intelligence exceptionnelle et son honnêteté sans faille. Je crois qu'il leur en imposait du fait de sa profonde noblesse de caractère, mais aussi par son intelligence et son honnêteté inflexible. Sévère avec les autres, il l'était encore davantage envers lui-même. Autoritaire pour autrui, il était implacable pour sa propre personne. Les arrangements avec la conscience lui étaient inconnus. Il était d'un caractère entier. Il demandait beaucoup à ses employés. Mais il était encore plus exigeant avec lui-même. Infatigable, impassible, indomptable, il lui arrivait, les jours où il y avait un courrier, de travailler vingt-quatre heures d'affilée. Il revenait à la maison, prenait son bain, son déjeuner, et repartait sans avoir dormi. Rien ne l'arrêtait, rien ne le fatiguait dans son travail. Doué d'une mémoire gigantesque et d'un sens du commerce exceptionnel, il se rappelait tous les détails de ses affaires en remontant des années en arrière. Les employés redoutaient sa mémoire et malheur à eux s'ils commettaient une erreur quelconque. Mais il veillait aussi sur ses employés comme un père, juste, affectueux, chaque fois qu'ils en avaient besoin, toujours prêt à les soutenir et à les aider moralement et financièrement. Tous ses employés l'adoraient.

Quand l'oncle Yanni se retira des affaires, il resta deux associés : mon père et l'oncle Dimosthénis Chorémi, un homme au grand cœur, mais sans beaucoup de tête. Les têtes solides de la famille Chorémi étaient celles de mon oncle Yanni et de ma mère. Enfant, je n'aimais pas l'oncle Yanni. Je le connaissais peu et j'entendais souvent ma mère le donner comme « modèle de vertu ». Et rien n'est aussi haïssable que « la vertu ». Notre mère le donnait toujours en exemple à notre père. « Yanni ferait ceci, Yanni dirait cela. Mais Yanni est d'une autre trempe. »

Et j'ai eu de l'antipathie pour le « vertueux » oncle Yanni, jusqu'à ce que je me marie, que j'aille à Athènes, que je le connaisse de près et que je reconnaisse que c'était un homme supérieur, autant par l'intelligence que par le cœur. Il était extrêmement généreux, bon, compatissant, patriote, plein d'idéal.

Quant à la maison Choremi-Benachi, notre père la prit en main alors qu'elle était déjà florissante, mais en quelques années, il la fit grandir au point qu'elle devint la plus importante d'Égypte, un signe de la puissance et de la gloire des Grecs, avec des dizaines de succursales dans tout l'intérieur du pays et des centaines d'employés dont beaucoup s'enrichirent et tous gagnèrent de quoi être indépendants.

Notre père, nous autres les enfants, nous le craignions beaucoup trop pour pouvoir l'aimer. Il nous faisait trembler. Quand il arrivait à la maison, on n'entendait pas un mot dans la salle d'étude, que nous soyons petits ou grands. S'il nous arrivait de nous trouver dans l'entrée pour voir l'heure ou pour une raison quelconque au moment où notre père ouvrait la porte avec sa clef et entrait, nous allions sagement le saluer (il ne nous embrassait pas, il nous saluait d'un simple « Que fais-tu là ? Va dire qu'on serve tout de suite, je suis pressé »). Et nous nous en allions bien vite, de peur qu'il ne trouve quelque chose à nous reprocher.

Je me rappelle son apparence imposante, sa prestance, sa beauté, son corps élancé, bien bâti mais mince, droit comme un cierge, son épaisse chevelure noire et bouclée, sa barbe, assez longue et taillée au carré selon la mode de l'époque, ses grands yeux noirs en amande qui lançaient des éclairs, « les beaux yeux des enfants Bénaki » comme disait notre mère dans son grand âge, toujours avec adoration et émotion. Je me le rappelle, arrivant dans l'entrée et aussitôt, remplissant, aurait-on dit, la maison, je me rappelle mon admiration pour notre « père », ma fierté et en même temps notre rapidité à disparaître, avant qu'il ne trouve une raison de nous gronder ou de nous souffleter.

Les soufflets étaient fréquents, on en donnait facilement et je me souviens encore aujourd'hui du sentiment de honte, d'humiliation, autant que de l'étourdissement faisant suite à chaque gifle qui nous donnait le tournis. Notre père nous souffletait de temps à autre mais plus rarement que notre mère, qui vivait davantage à la maison et par conséquent nous corrigeait plus souvent et plus facilement.

Notre père était emporté, irascible, arbitrairement autoritaire, despotique. Il savait ce qu'il voulait et l'imposait. Il ordonnait et les autres obéissaient. Il s'imposait. Et les autres s'inclinaient. C'était un maître. Quelquefois un tyran. Mais d'une profonde noblesse. Et c'était un homme honnête, autant dans sa pensée que dans ses transactions. Il était sincère et fier, droit, inflexible, implacable pour ce qui regarde la « conscience ». Nous le sentions, nous les enfants ainsi que tous ceux qui le connaissaient. Notre père était une « personnalité ».

Plus tard, j'ai appris à le connaître et à l'estimer. Jusqu'à la fin de sa vie il resta pour moi une divinité inaccessible. Mais il demeura aussi le dernier grand amour de ma vie, quelque chose qui relève de la vénération, du culte. J'ai beaucoup pleuré à cause de lui. J'ai pleuré toute ma vie. Il n'a cessé de me contraindre et de me tyranniser, consciemment ou non. Et jusqu'à la fin sa volonté et sa tyrannie ont pesé sur mon existence. Et pourtant il demeura le dernier grand amour de ma vie.

Je me rappelle qu'un jour, à midi, (avais-je 9 ou 10 ans?) un pêcheur ouvrait des huîtres à la porte de derrière de notre maison (la nouvelle, notre propre maison). Notre père en mangeait quelques-unes et le pêcheur ne cessait d'en ouvrir et les rangeait sur un plat pour le service de table, notre père en choisissait une et la mangeait. Et quand le plat fut plein, notre père les compta, compta combien il en avait mangé et les lui paya six piastres la douzaine au lieu de quatre, prix qu'on les avait payées une autre fois.

– Elles sont grosses et très fraîches, me dit-il en montant l'escalier de derrière vers la salle à manger. Le pêcheur avait remercié avec un sourire jusqu'aux oreilles, se frappant le cœur et le front à plusieurs reprises.

– L'as-tu payé? demanda notre mère, quand nous pénétrâmes dans la salle à manger.

– Oui.

– Combien de douzaines?

– Tant, lui dit-il.

– Et combien les as-tu payées ?

– Six la douzaine.

– Mon pauvre Manoli ! C'est quatre, le prix.

– Elles sont grosses et très fraîches.

– Tu as mal agi ! Très mal ! Ainsi tu lui donnes de mauvaises habitudes et à l'avenir il réclamera toujours six piastres !

Mon père répondit avec bienveillance : « Oh, ma pauvre femme ! Et comment vivra-t-il, lui, si on ne lui paie pas sa peine et son temps ? »

Ces mots ont marqué une étape dans ma vie. Jusque-là, en marchandant, comme cela arrivait souvent, les salades à cuire et d'autres choses, je n'avais songé qu'à l'économie de la maison et à mon confort, à gagner une piastre sur le dos du marchand qui frappait à la porte. Pour la première fois j'envisageai l'autre aspect du problème, à savoir que, à côté de l'économie de notre maison, il y avait aussi pour l'autre la nécessité de vivre, de gagner son pain, que son travail soit payé à sa juste valeur.

Et je me mis à adorer mon père comme un être supérieur. Je ne l'approchais pas cependant. Je ne l'aimais pas avec tendresse. Il se tenait loin de nous, comme une divinité inaccessible, mais une divinité.

Ma mère, je l'adorais. Dès mes premières années, aussi loin que remonte mon souvenir, je l'aimais d'une passion maladive.

Grande, belle, toujours bien mise, même si elle était habillée simplement, d'un abord facile pour tous exceptés ses enfants, notre mère se tenait aussi loin de nous que notre père. Nous la craignions davantage parce qu'elle était plus proche, davantage présente à la maison, davantage prête à punir que notre père qui était absent toute la journée. Notre mère aussi était sévère, despotique, tyrannique, imposante. Sa parole avait force de loi. La domesticité et les enfants étaient menés à la baguette. Souffleter et tirer l'oreille étaient ses moyens les plus immédiats de se faire obéir au doigt et à l'œil.

De nous tous, Andoni est celui qui a été le plus rossé. Turbulent, vif, désobéissant, plein d'« idées », de vie et d'activité, il se jetait sans cesse dans des aventures qui se terminaient par des soufflets et des oreilles tirées. Il rougissait alors jusqu'à la racine des cheveux, était mortifié, souffrait dans son amour propre, dans son orgueil qui était grand, mais ne disait jamais rien et ne pleurait jamais, ne s'abaissait jamais à s'en tirer par un mensonge ni à protester. Il levait crânement la tête, subissait la correction sans répondre.

Et nous, les filles, nous éprouvions pour lui une sorte de « hero worship[16] ». À ses côtés, je faisais moi aussi des sottises et me faisais rosser d'importance. Alexandra était la moins punie, parce qu'elle était toujours sage et ne se mêlait pas à nos bêtises. Sa voix était toujours la voix de la sagesse :

« Maman va vous gronder pour ce que vous faites là, vous allez vous faire rosser. »

Mais le moyen qu'Andoni l'entende quand ses folies le prenaient. Et à ses côtés, je faisais moi aussi des sottises, et les coups pleuvaient.

Entre nous, les trois grands, il y avait aussi force de coups. Mais aucun de nous ne dénonçait l'autre. Depuis tout petits nous savions

16 « Vénération pour le héros. »

que le rapporteur était puni comme le menteur. Rapporter était « vil », « ignoble », « répugnant ». Le mensonge était « le plus déshonorant » de tous les péchés. Le mot « mensonge » salit la bouche, selon notre père. Et Andoni portait haut cet étendard : non seulement il ne disait jamais de mensonges, mais il avouait bravement, alors que nous, les filles, tremblantes, nous nous taisions souvent. Nous nous querellions et nous nous battions. Mais nous nous aimions terriblement et la correction que subissait l'un de nous nous faisait souffrir et nous punissait tous les trois.

L'éducation qu'on nous donnait était rude, sans joie mais solide. Tous les Chorémi étaient des parents durs ; ils rossaient, ils punissaient, ils giflaient. Néanmoins les mères nées d'autres lignées compensaient la sévérité des pères. Les Bénaki, à part notre père et la tante Marietta qui n'avait pas d'enfant et était, en femme, l'exacte copie du caractère de notre père, étaient des parents plus doux et plus tendres. Aussi, de tous les cousins, du côté Chorémi comme du côté Bénaki, étions-nous les plus durement élevés et nous distinguions-nous de nos cousins et cousines par nos manières et notre apparence. Le moyen de nous présenter mal peignés, avec un habit déchiré ou un tablier sali ! Nous brillions toujours comme un sou neuf, nos vêtements, nos chaussures, nos tabliers étaient impeccables. Le « s'il vous plaît » et le « merci », les bonnes manières, un maintien convenable étaient « de règle », indispensables !

Nous étions un peu gênés quand notre cousin Stamos Chorémi se moquait de notre discipline. Mais si nous avions pu, comme nous aurions aimé faire autrement ! D'un autre côté, pourtant, nous blâmions entre nous l'apparence peu soignée et désordonnée des enfants de l'oncle Dimosthénis, qui occupait l'étage au-dessus dans la même demeure, et de ceux de la tante Méropi Sareyanni (née Bénaki), quand ils venaient de leur village de Birket el-Sab où ils habitaient. Leur air mal peigné, surtout, qui les faisait paraître sales, nous dérangeait.

Nos parents n'étaient pas riches, mais leur maison fut toujours digne d'une maison de maîtres. Nous avions seulement une cuisinière et Eugénia qui servait à table et faisait en même temps office de femme de chambre pour toute la maison. Nous avions aussi la bonne anglaise qui s'occupait de nous. Cependant la maison resplendissait, les miroirs et l'argenterie étincelaient, les meubles, toujours fraîchement cirés, semblaient sortir des mains de l'ébéniste. Notre mère faisait elle-même l'argenterie. Elle portait des vieux gants de notre père pour ne pas gâter ses mains qui étaient blanches et belles, et elle frottait, frottait si bien que cela brillait comme un sou neuf. Quand Eugénia cirait les meubles, là encore, notre mère mettait ses gants, ceignait sa taille d'un tablier et frottait elle aussi. Toute la couture de la maison, raccommodage et linge de corps neuf, tout passait entre ses mains. Nos habits, notre linge, c'était elle qui les confectionnait. Sa machine à coudre ne s'arrêtait pas. Elle était, comme notre père, infatigable à la tâche. Et quand elle ne cousait pas, elle brodait des habits pour ses plus jeunes enfants ou des napperons pour les buffets et les plateaux.

Je me rappelle les habits qu'elle nous confectionnait et nous essayait avec le tour de main d'une personne du métier.

Je me rappelle en particulier un après-midi dans la salle à manger où ses amies étaient réunies, avec leurs ouvrages. Elles cousaient toutes et notre mère me faisait des essayages. L'essayage dura longtemps et apparemment je ne me tenais pas comme il faut, puisque ma mère s'énerva et, élevant la voix, me dit :

« Mais vas-tu rester tranquille ? Tu t'agites comme la rainette[17] ! »

Les dames se mirent à rire et je fus horriblement gênée. Je regardais mes mains, que j'avais jointes bien serrées pour ne pas bouger et au fond de moi je me disais et répétais : « Tu t'agites comme la reinette… Tu t'agites comme la reinette » et je cherchais à comprendre comment la pomme reinette peut s'agiter, elle qui se tient bien tranquille dans le compotier. Et j'entendais les conversations des dames qui donnaient en long et en large leur point de vue sur l'éducation, la sévérité, la caresse et la punition, et ma mère, après avoir exposé sa propre conception de l'éducation prononça deux maximes qui ne me sont plus jamais sorties de l'esprit :

« L'enfant ne doit jamais savoir combien son parent l'aime. » Et « Je préfère que mon enfant pleure quand il est petit plutôt que pleurer moi-même quand il sera grand. »

Ces deux maximes qui étaient l'alpha et l'oméga de l'éducation que nous donna notre mère laissèrent une profonde blessure dans mon âme d'enfant.

17 Mot à mot : « Tu tournes comme un moulin ! » Il faut tenter de rendre ici le jeu du grec entre deux mots qui se prononcent tous deux « milo » : μύλο (le moulin) et plus loin μήλο (la pomme).

Je ne discutais et n'abordais jamais ces questions avec mes frères et sœurs. Seule sur le balcon de bois, je les ressassais et les laissais me meurtrir le plus possible, quand le soir tombait et que le crépuscule concentrait toute la mélancolie dont mon âme et mon esprit débordaient.

À gauche du balcon, dans une cour voisine, il y avait un grand arbre où venaient se percher chaque soir un très grand nombre de moineaux.

Je connaissais chaque branche de cet arbre, chaque feuille, à force de l'avoir observé. Durant la journée, je l'aimais pour son feuillage dense, pour sa verdure exceptionnelle (en Égypte les arbres ne sont jamais très verts), pour l'ombre qu'il répandait dans la cour ensoleillée. Mais le soir, quand les moineaux se rassemblaient et commençaient leur piaillement strident, des milliers de stridulations « tsi- tsi- tsi- tsi- tsi », monotones, métalliques, comme le bruit de ferraille d'une machine mal huilée, qui vous sciait les oreilles, je le détestais le grand arbre qui concentrait tant de chagrin, tant de mélancolie dans son feuillage gris cendre. Toute la tristesse, tout le malheur, la douleur, le désespoir, la révolte de ma vie tourmentée se retrouve, aujourd'hui encore, dans le crépuscule et la stridulation vespérale des moineaux qui se rassemblent avant de dormir. Leur piaillement nocturne me poursuivit toute ma vie comme une malédiction, jeune fille désespérée, quand les moineaux se rassemblaient dans le grand arbre de notre jardin en face de ma fenêtre, femme adulte, et mère, quand les moineaux se perchaient sur le grand caoutchouc à petites feuilles voisin de notre immeuble. Et aujourd'hui encore, à la fin de ma vie, le piaillement des moineaux au crépuscule me fait l'effet d'un ongle dans une plaie ouverte, me ramène tout le « stimmung[18] » du chagrin de mon enfance, de ma peine de ce que ma mère ne m'aimait pas.

Tout petits nous avions appris à lire et nous lisions en anglais et en grec. Nous détestions nos livres grecs. Pédants, écrits en catharévoussa, incompréhensibles, ils représentaient pour nous la leçon pénible et austère qu'on n'apprend pas mais qu'on répète comme un perroquet, comme une série de sons dépourvus d'image et de sens.

Nous répétions comme des perroquets, Alexandra et moi, un interminable poème qui commençait ainsi : « De vie et terre nelle, source des eaux rigines, créateur de la nature… » et je ne me rappelle pas la suite. Il fallut que nous atteignions huit-dix ans pour que nous comprenions soudain que ce n'était pas « De vie et terre nelle, source des eaux rigines, … » mais « Source éternelle de vie, origine des origines… » etc.

Mais nous dévorions nos livres anglais. J'y trouvais de quoi nourrir et cultiver la tristesse et la solitude de mes années d'enfance. Dans ces livres, partout, tout le temps, les mères prenaient leurs enfants dans les bras, les embrassaient, les cajolaient, les aimaient. Après chaque semonce ou correction que nous recevions, se posait toujours la même question : « Pourquoi les mères aiment-elles leurs enfants seulement dans les livres et non pas dans la vie ? »

18 « Humeur, disposition d'esprit » (en allemand dans le texte).

Dans un journal illustré avait paru une grande image. Un petit enfant pâle, convalescent, en costume bleu, était assis sur un banc dans un jardin vert, et sa mère, vêtue de blanc, était assise dans l'herbe et, entourant tendrement son enfant de son bras droit, l'attirait contre sa poitrine. En dessous, il était écrit : « My darling is better[19]. » Ce « My darling is better », insipide, pseudo-romantique et sentimental était pour moi le non plus ultra (*sic*) de la beauté de la vie. Notre père avait fait encadrer l'image et on l'accrocha dans la salle d'étude au-dessus du canapé, un divan bas. J'ai passé des heures et des jours à regarder la mère, blonde et de blanc vêtue, avec ses manches courtes, les petits volants retombant sur son bras nu, son bracelet doré et tout particulièrement son tendre sourire et ses yeux caressants et émus. Et j'étais en extase devant cette composition sans comprendre comment l'enfant pouvait rester assis, ses bras tout pâles croisés sur son tablier, sans les jeter autour du cou de sa mère et sans s'écrier : « Je t'aime, je t'aime, je t'aime ! » au lieu d'accueillir passivement les enlacements et les baisers de sa mère.

Et je fuyais la salle d'étude pour me réfugier sur le balcon de bois et je ressassais ma soif de tendresse, d'amour, de baisers, d'affection, de passion. La passion ! Où déverser la mienne qui me gonflait le cœur à le faire éclater ?

Sur la droite du balcon, il y avait un tonneau avec un rosier qui donnait de belles roses cent-feuilles et condamnait cet angle.

Sur la gauche, il y avait un ou deux pots de basilic. Ils ne gênaient pas, ne prenaient pas de place.

19 « Mon chéri va mieux. »

C'est dans ce coin gauche que je me réfugiais au crépuscule quand j'avais reçu une correction ou une punition et que j'avais beaucoup de chagrin parce que ma mère ne m'aimait pas. Et j'entendais les moineaux striduler dans l'arbre voisin, et je regardais l'arbre avec son épais feuillage, et je me penchais au-dessus des basilics et de la rambarde ; je voyais en bas la ruelle de Yakarim et je songeais : « Est-ce que ça fait très mal de tomber là en bas ? »

J'étais attirée par l'idée de la mort, qui ferait pleurer ma mère. Car les mères pleuraient toujours quand un de leurs enfants mourait, donc la mienne pleurerait si je mourais. Et j'entendais le chant stridulent des moineaux et je me demandais si cela faisait très mal de tomber, et je me languissais des larmes de ma mère et d'un éventuel baiser qu'elle me donnerait. Cependant, je craignais d'avoir mal et je calculais comment escalader et franchir la balustrade, comment ouvrir les mains et me laisser tomber… « Mais est-ce que ça fait très mal ? » Et j'avais peur, et j'entendais les moineaux, et je souffrais autant qu'un enfant peut souffrir et éprouver de regret.

Place Méhémet Ali, près de l'Église anglaise, il y avait un autre grand arbre où les moineaux se rassemblaient le soir. Et s'il arrivait que nous passions par là en promenade et que je les entende, mon âme s'emplissait d'idées noires et de chagrin, et je pensais avec nostalgie au balcon de bois d'où je pouvais me laisser tomber pour me tuer, et jamais, pas même devenue adulte, je ne suis passée le soir près de cet arbre sans que la tristesse et l'angoisse m'envahissent et sans le désir de mourir, sans le chagrin qu'éveille en moi, encore maintenant, le chant vespéral des moineaux perchés dans les arbres.

« Tu te tenais toujours les bras au garde à vous, recroquevillée, comme si tu avais peur et tu étais complètement perdue » me racontait toujours ma mère, une fois que j'eus grandi. Mais jamais au grand jamais elle ne vit ni ne devina, jamais elle ne pressentit le drame qui se jouait dans l'âme de son enfant.

Je formais de nombreux rêves; dans mon imagination, des histoires romanesques allaient et venaient. Mais la réalité n'était jamais loin non plus, je n'en sortais jamais complètement. J'eus toujours aussi le sens pratique; mon imagination, mon romantisme n'effaçaient jamais complètement la réalité.

Ainsi quand je rêvais de mourir, je savais bien qu'une fois morte, je ne verrais pas les larmes de ma mère. Ainsi quand je décidais de quitter la maison avec un petit baluchon où je mettrais un petit pantalon… mais pas de tablier inutile… et une paire de chaussettes, je me demandais si tout cela m'appartenait. N'était-ce pas à Maman, à la maison? Quand je montais toute une histoire romanesque, imaginant où et comment je frapperais aux portes, disant : « Je suis un enfant orphelin » ou « Mes parents ne sont pas mes parents, ils m'ont enlevée à une gitane » ou encore « Mes parents ne m'aiment pas, je me suis enfuie de la maison », mon instinct pratique me disait que la rue était pleine de dangers, qu'un Arabe pouvait m'enlever, me frapper, me tuer, que si j'allais dans une maison où l'on me connaissait, on me ramènerait et alors quelle rossée m'attendrait, que les nuits étaient sombres avec des ombres sur la route, que je pouvais rencontrer le terrible Yakarim… Alors j'avais la chair de poule et une sueur froide m'inondait et je regardais les murs de ma chambre et je pensais à Eugénia qui, si je le lui demandais, me donnerait une tranche de pain et deux-trois olives, sans que j'aille frapper à des portes étrangères. Et ma fugue me paraissait un mensonge comme les tendres mères de nos livres anglais.

Et mes frères et sœurs? Eurent-ils jamais à faire face à de tels drames?

Ma sœur aînée, qui avait deux ans et demi de plus que moi, ne semble pas avoir souffert d'un manque de tendresse. En tout cas, lorsque, une fois adultes et mariées, nous en discutions, elle me dit souvent :

« Où vas-tu chercher tout cela? Si seulement d'autres enfants avaient des parents aussi tendres! »

Cependant, aussi bien elle qu'Andoni ou moi, nous adorions être malades, quand notre mère allait et venait sans cesse dans notre chambre, mettait sa main sur notre front, s'asseyait à notre chevet pendant qu'on nous prenait la température, arrangeait draps et oreillers, nous parlait avec douceur.

Je me rappelle lorsque j'eus le typhus, à cinq ans, et que le thermomètre se brisa sous l'effet de la forte fièvre, je me rappelle son air affolé quand elle demanda au docteur Kartoulis, alors tout jeune et qui avait perdu son sang froid : « Que se passe-il, Stéfanos? Qu'est-il arrivé au thermomètre? » Et celui-ci de répondre : « Rien, je l'avais mis de travers. » Je me rappelle mes hallucinations, où une fille cherchait à m'attacher à une roue. Je criais, ma mère vint et je lui dis ce que voulait faire la fille et elle me dit :

– N'aie pas peur, il n'y a pas de fille.

– Si, Maman, voyez comme elle me regarde!

– Ne t'inquiète pas, je vais rester ici, personne ne te touchera.

Et elle s'assit à mon chevet et me tint la main, tandis que je regardais « la fille » qui s'était installée du côté opposé, à ma gauche et tenait la roue en me regardant de travers d'un air mauvais, prête à venir me prendre dès que « la maman » serait partie. Et en effet dès que « la maman » partit, la fille vint avec sa roue et je me mis à crier. Vint alors notre nurse, Mrs May l'alcoolique, et elle s'assit à mon chevet et de nouveau la fille à la roue se mit de l'autre côté, à gauche, et elle me regardait de travers d'un air mauvais. Et moi je la regardais, et mon cœur tremblait à l'idée qu'elle revienne près de moi quand Mrs May s'en irait. Mais je n'osais pas demander « Pourquoi maman ne la chasse-t-elle pas? », tant était éloignée de nous l'idée d'oser demander le pourquoi et le comment de ce que faisaient nos parents. Mais j'étais gravement malade et ma mère était souvent près de moi et je savais que tant qu'elle était là, la fille à la roue n'osait pas m'approcher. Et je voyais ma jolie maman dans sa robe de nanzouk blanc, et je l'aimais jusqu'à l'adoration!

Andoni n'a peut-être pas souffert non plus du manque d'affection dans notre maison. Encore n'en sais-je rien. Une fois, alors qu'il avait déjà vingt ans et moi dix-neuf et que nous traversions tous les deux un drame amoureux (le sien dura trois-quatre semaines, le mien un an et demi-deux ans, mais à ce moment-là il souffrait beaucoup lui aussi), il me dit, après un long silence, alors que nous étions seuls mais sans nous être fait de confidences, il me dit d'un air sombre : « Tu peux souffrir autant que tu veux, ma pauvre sœur. Nos parents n'ont jamais rien compris à l'amour. »

A-t-il donc éprouvé, lui aussi le manque de tendresse de notre maison?

Je me rappelle une image qui ne s'est jamais effacée ; c'était une nuit de Noël.

À chaque Noël, mon père, qui s'appelait Manoli, invitait tous les employés de son bureau d'Alexandrie à dîner chez nous. La salle à manger était grande, on tirait la table de fabrication anglaise en mettant des rallonges, et les vingt à vingt-quatre invités pouvaient s'y tenir. Un soir de Noël (cela devait être après la mort de Constantino et avant la naissance d'Alexandros, ou quand Alexandros était bébé et qu'on l'avait mis dans la chambre d'amis, parce que nous n'étions que nous trois, les grands, dans notre chambre à coucher). Une nuit de Noël, donc, je me réveillai et j'entendis des éclats de voix et des acclamations. La chandelle brûlait, mon frère et ma sœur dormaient, il n'y avait ni nurse ni Eugénia dans la chambre, et la porte était ouverte.

Je me levai et, en chemise de nuit, pieds-nus, j'allai jusqu'à la porte et jetai un coup d'œil hors de la chambre.

Au bout du couloir, dans l'entrée, dans la salle à manger, dans le salon, toutes les lumières étaient allumées. Debout, à l'extrémité de la table, un verre de champagne à la main, se tenait notre mère. Elle portait une toilette de velours pensée[20] avec une longue traîne et des dentelles de couleur crème autour du col et de ses manches courtes. Sur la tête elle portait un bijou en diamants et avait une étoile de diamants au corsage. Un bracelet d'or brillait comme des écailles à son bras nu, des bagues de diamants étincelaient sur sa main qui tenait son verre levé qu'elle penchait à chaque instant

20 La couleur « pensée » évoque les nuances de violet de la fleur du même nom.

pour choquer les verres tendus par les invités, qui buvaient à sa santé ainsi qu'à celle de mon père, invisible à l'autre bout.

Médusée, je regardais notre mère comme une reine de conte de fées, parée, belle, souriante, sémillante, avec un tel port de reine, élancée dans sa toilette de velours pensée, belle, belle comme une fée, comme dans un conte, comme dans un rêve.

Et je me rappelle le sentiment qui m'envahit, un sentiment de joie d'avoir une si belle maman, un sentiment d'adoration pour cette maman qui se tenait debout dans sa robe de velours, une divinité, une idole, le summum de la beauté, de la douceur, de la bonté et du rêve. Et je regardais, regardais, enivrée par ce que je voyais. Jusqu'à ce qu'Eugénia arrive de je ne sais où et que je retourne en courant me fourrer dans mon lit et que je me mette à pleurer à chaudes larmes, des larmes du trop plein d'amour qui m'envahissait pour cette maman toute belle avec sa robe en velours pensée, qui se tenait comme une reine de conte de fées vêtue de pourpre et parée de diamants, un verre de champagne à la main.

Notre mère n'était pas seulement belle. Elle était aussi charitable et philanthrope.

Nos parents n'étaient pas riches à l'époque. Mais notre père fut toujours à la tête de toutes les actions philanthropiques, de toutes les tentatives communautaires pour améliorer le sort des pauvres grecs. Il était toujours le premier à faire des dons, et notre mère, en fidèle épouse, le secondait dans tous les cas.

Je me la rappelle dans la lingerie, au milieu d'un océan de tissu blanc, en train de tailler des draps pour notre Hôpital grec et de tous les coudre elle-même, avec sa machine qui travaillait toute la journée. Ces jours-là, il fallait ne pas se trouver dans les parages, ni faire de bruit. Les jours où notre mère avait beaucoup de travail, le plus sûr pour nous était de disparaître. Les gifles tombaient plus facilement et les punitions se multipliaient. Les travaux de couture pour l'hôpital ou pour les pauvres furent pour nous, les enfants, l'occasion d'amères expériences. Ces jours-là il fallait disparaître, nous faire oublier. De même quand notre mère avait mal à la tête – or elle souffrait beaucoup et souvent de migraine, se jetant alors sur son lit dans l'obscurité et cela la tourmentait toute une journée – ou quand elle avait beaucoup à faire, il fallait qu'on n'entende pas un mot dans la salle d'étude. Nous parlions à voix basse et nous marchions sur la pointe des pieds dans le couloir, comme des petites souris silencieuses.

L'après-midi, quand notre mère sortait, la maison était à nous. C'est alors qu'on jouait à chat perché ou à d'autres jeux mouvementés dans le long corridor, notamment à l'heure du goûter.

Notre en-cas habituel consistait en une grosse tranche de pain et un peu de *kasséri*[21]. Quelquefois du pain et des olives que nous frottions sur notre tranche de pain, quelquefois un peu de beurre sur notre pain, saupoudré de sucre candi. Je n'aimais pas du tout le *kasséri* et je le donnais à mes frères et sœurs. Si notre mère était absente de la maison, j'allais à la cuisine demander à Eugénia un peu de sel dont j'aimais beaucoup saupoudrer mon pain. Si au

21 Fromage grec à pâte dure, fait à partir de lait de brebis, de chèvre, quelquefois de vache.

contraire notre mère était à la maison, aucun d'entre nous n'entreprenait de telles expéditions. Nous allions alors sur notre balcon de bois et nous mangions tranquillement notre goûter ; je donnais mon fromage à mes frères et sœurs et c'est ainsi que je découvris un jour combien le pain sec est bon, meilleur encore que le biscuit le plus fin. Ce fut une découverte. Et par la suite, je l'ai préféré seul plutôt qu'avec des olives ou du sel.

Quand mourut notre grand-mère, ou peut-être avant, voire en sa compagnie, je ne m'en souviens plus, sa vieille domestique, la bonne de notre mère quand elle était enfant, Fotini, vint chez nous pour un bref séjour.

C'était une petite vieille toute ridée, vêtue de noir, avec un fichu noir, des milliers de rides autour de la bouche et de ses yeux oblongs. Petite vieille calme, souriante, gentille, affectueuse, silencieuse, elle venait s'installer dans la salle d'étude et de son doux regard tout de miel suivait nos jeux aussi bien que nos bêtises.

Un jour, j'étais sans doute punie et n'étais pas en promenade avec mon frère et ma sœur et j'étais sortie sur le balcon de bois, le cœur gros, gonflé de larmes contenues ; et Fotini vint s'installer sur le balcon avec moi.

Je détestais les promenades de notre enfance ; ou bien nous allions en voiture au Canal avec notre nurse anglaise, dans l'un des trois grands jardins, « The Arab Garden » qui n'était pas entretenu, plein de poussière et de grands arbres, le jardin du Khédive (plus tard jardin de Nouzha), plus soigné, où allaient de nombreux enfants, notamment de familles juives, ou le jardin Antoniadis, qui était le plus beau mais qui n'était ouvert au public qu'une fois par semaine (le vendredi), ou bien nous allions à pied en ville ou dans un quartier non bâti, avec des monticules de terre sans aucune verdure et qui quelquefois sentaient mauvais à nous donner la nausée, parce que les fellahs se soulageaient de leurs besoins naturels partout où la police ne les pourchassait pas. Je détestais ces promenades que nous faisions, quand nous marchions « sagement », Andoni et moi devant, Alexandra aux côtés de notre bonne, comme des petits soldats disciplinés, des promenades ennuyeuses, mélancoliques, et dont la privation aurait été une joie, une libération s'il n'y avait eu auparavant la réprimande et les soufflets qui nous laissaient toujours un sentiment de honte, de dépréciation et d'humiliation de notre ego.

Cet après-midi-là je me souviens qu'il était particulièrement triste, lorsque Fotini vint s'installer près de moi et s'accouder à la balustrade du balcon. Elle commença alors à me parler de notre mère quand elle était enfant, à me dire combien elle était charitable, combien elle aimait les pauvres : une fois elle avait enlevé le ruban rouge qui tenait ses cheveux pour le donner à une petite fille ; elle accourait dans la cuisine, à Chio, et criait à Fotini : « Donne-moi un morceau de pain, que je le donne au pauvre ! » Elle allait trouver notre grand-mère ou notre grand-père pour leur demander de l'argent quand elle entendait passer un mendiant. Elle demandait sans cesse de vieux vêtements pour quelque enfant pauvre et ne cessait de donner, donner, donner.

J'écoutais, médusée, et j'essayais d'imaginer notre mère « petite », et les vers suivants me venaient à l'esprit :

Sur l'escabelle juchée,
Près de sa table installée,
Notre Catina penchée
Se débat avec ses poupées…

Notre mère, elle, ne se débattait pas avec ses poupées, elle ne faisait que donner du pain, des vêtements, de l'argent…

On appela Fotini et je demeurai seule, face au feuillage épais de l'arbre où les moineaux stridulaient leur chant du soir, mon cœur plein de tristesse et du désir de donner comme notre mère.

Mais que pouvais-je donner ? Nos vêtements n'étaient pas à nous mais à maman. Au moindre accroc, c'était la catastrophe et une pluie de soufflets. Des rubans… Le moyen d'en perdre un seul ! Du pain, il arrivait que nous en demandions pour le jeter à Yakarim avec des restes de macaroni emballés dans le papier grossier de l'épicerie, s'il venait à passer un après-midi. Mais il n'y avait pas de pauvres enfants grecs à venir jusqu'à nous ; nos parents leur venaient en aide par le biais de la Communauté qui s'occupait des écoles, de l'hôpital et des pauvres.

Mais nous, les enfants, nous n'en savions rien. Et toute seule sur le balcon je songeais.

Je songeais à notre table où chaque midi et chaque soir il y avait deux plats, trois ou quatre sortes de fruits et des hors-d'œuvre : toujours du caviar (il était bon marché à cette époque-là) et des sardines en saumure, des olives de Chio, que notre mère aimait beaucoup et qui dégoûtaient tant notre père qu'il ne nous laissait même pas en manger quand nous étions assis à côté de lui et qu'il n'acceptait jamais de faire passer le ravier.

De l'argent, il ne nous en passait jamais entre les mains. Je savais que les sardines mises à table coûtaient deux petites piastres par jour (quand elles quittaient la table, elles étaient mangées en cuisine). Si j'avais ne serait-ce que ces deux petites piastres, si on se privait juste de sardines à table ! J'imaginais monts et merveilles, et qu'avec deux petites piastres j'achèterais le monde entier, je sauverais l'humanité !

Quel rôle jouèrent dans mon imagination les deux petites piastres dépensées chaque jour en sardines ! Comme j'avais envie de les demander, de dire à notre mère : « Ne mangeons plus de sardines ! Donnons les deux petites piastres à Yakarim… » Mais comment l'un d'entre nous aurait-il pu oser exprimer une demande et plus encore un conseil ? Nous connaissions d'avance la réponse : « Occupe-toi de tes affaires ! » ou bien « Cruchon ! Tu vas me donner des conseils, maintenant ? » ou encore « Tes parents savent ce qu'ils ont à faire… » Et nous connaissions tout particulièrement le ton de notre mère, glacial à vous donner des sueurs froides ou fâché à vous remplir le cœur d'effroi. Et nous savions avec quelle facilité partait le soufflet qui vous secouait le cerveau dans la boîte crânienne si notre mère s'imaginait qu'il y avait de l'insolence derrière l'un de nos propos.

Car notre mère était emportée, autoritaire, despotique autant que notre père. Je pense que seule la volonté de ce dernier pouvait l'emporter sur la sienne, et encore, peut-être au bout du compte l'emportait-elle toujours « à sa façon ».

Car les femmes, alors, n'étaient pas ce qu'elles sont aujourd'hui. Elles n'avaient ni liberté d'action, ni liberté de décision, pas même la liberté de pensée. Les femmes d'alors étaient soumises à l'homme. Elles n'avaient pas de volonté propre, ni d'opinion personnelle, ni de pensée différente de celle de l'homme. Une fois mariée, la femme cessait d'exister en tant qu'individu. Elle se déplaçait, agissait, parlait, se comportait dans le monde selon la volonté de son maître. S'il était mondain, il fallait qu'elle fût mondaine, elle aussi, que la fréquentation du monde lui plût ou non. Si son mari la voulait enfermée à la maison, il fallait qu'elle restât enfermée même si elle adorait aller dans le monde. Les visites étaient autorisées. Mais ces visites réciproques ne se faisaient qu'entre femmes. La femme ne voyait pas d'hommes si ce n'est lors de repas (rares à cette époque), aux bals (encore plus rares), à la promenade ou dans la rue.

La dissimulation était de règle. Une femme mondaine, par exemple, qui avait un mari qui ne l'était pas, devait non seulement ne pas aller dans le monde mais encore dire qu'elle n'aimait pas cela. Et vice versa : « Puisque ça lui plaît à lui d'aller dans le monde, elle doit le suivre. »

Le moyen qu'une femme voyage seule à cette époque ! « Puisqu'elle l'abandonne, c'est bien fait pour elle s'il prend une maîtresse. » Toute la société la réprouvait et jetait l'anathème sur elle.

Il ne fallait pas non plus que la femme soignât trop son apparence. Aucune n'avouait aimer le luxe, les belles toilettes, les bijoux. « On m'en a fait cadeau et je les porte parce que c'est un cadeau » disait ma mère quand il lui arrivait de porter une parure.

« C'est cela! Des toilettes, maintenant! », disait aussi notre mère si l'une de ses amies lui suggérait de se confectionner ceci ou cela qui était à la mode. « Une femme qui a un mari et des enfants n'a pas de temps à consacrer à la mode. » Ces choses-là étaient pour les écervelées, les « parias » de la société. Il y en avait aussi, et on les montrait du doigt. Vaines toilettes, vous disait-on. Des femmes de rien.

Il y en avait pourtant qui étaient élégantes, belles, bien habillées, poudrées et qui portaient des bijoux. Mais la préparation, le soin, la parure se faisaient en secret dans la chambre à coucher, derrière les portes closes. Toute femme qui regardait un miroir était écervelée. Quand les femmes et les jeunes filles se trouvaient en présence d'un miroir, il leur fallait faire semblant de l'ignorer, de ne pas se regarder, d'y être indifférentes. Hors de la chambre à coucher où elle se parait, la femme était supposée ne pas s'intéresser à son apparence.

Mais comme à cette époque-là aussi une femme était une femme, les coups d'œil discrets, les discrètes remises en ordre de la coiffure ou de la toilette, les discrets pincements des joues pour leur donner des couleurs, le discret arrangement d'un chapeau ou d'un col allaient bon train.

Et, fatalement, les enfants critiquaient, jugeaient, condamnaient. Quand notre père entrait dans la maison et accrochait son chapeau au portemanteau, il jetait un coup d'œil rapide au miroir, arrangeait son épaisse chevelure avec la brosse et le peigne qui étaient sur la petite étagère, remettait sa cravate en place si elle s'était mise de travers, brossait rapidement son costume et pénétrait dans la salle à manger en donnant l'ordre toujours pressé : « Servez rapidement. »

Mais notre père était le maître, il n'avait de compte à rendre à personne. Ce qu'il faisait, il le faisait ouvertement.

Cependant quand il m'arrivait de voir notre mère se regarder en douce dans le miroir, ou relever en douce un petit cheveu sous la résille qu'on portait à l'époque sur le front, replacer en douce la petite dentelle qu'elle portait au cou ou tirer sur sa jupe froissée, j'avais honte. Et j'ignorais pourquoi j'avais honte. On nous avait appris à nous aussi que c'était mal de se regarder dans le miroir. Mais si c'était mal, pourquoi maman le faisait-elle ? Et si ce n'était pas mal, pourquoi le faisait-elle en douce ?

Notre père se regardait dans le miroir et corrigeait sa tenue. Mais lui, il le faisait sans se cacher. Lui, il avait toujours une bonne raison de le faire. Tandis que maman le faisait en douce, donc c'était mal, donc cela n'aurait pas dû être.

Je me rappelle encore le malaise, le tourment moral qui me saisissait et me travaillait chaque fois qu'il m'arrivait de surprendre notre mère en flagrant délit d'un tel geste discret. Et à quel point j'avais honte de l'avoir vue, d'autant plus que, si notre mère s'en rendait compte, elle se fâchait et éclatait en une quelconque réprimande.

– Que viens-tu faire ici ? Pourquoi entrer ainsi en douce dans ma chambre ? Va vite dans la salle d'étude avant que je ne te donne une correction.

Et je filais au galop. Qu'est-ce que je cherchais à voir ! Qu'est-ce que je cherchais dans la salle à manger ! Qu'est-ce que je cherchais pour entrer « en douce » dans la chambre ! Nous marchions toujours discrètement pour ne pas faire de bruit, qu'on ne nous entende pas, en dehors des heures où nous avions le droit d'entrer dans la salle à manger ou la chambre des parents.

Et je me repliais sur moi-même, apeurée. Et si mon frère et ma sœur m'interrogeaient : « Que t'est-il encore arrivé ? Qu'as-tu fait pour qu'on te gronde ? » Je ne disais rien, par honte, par un sentiment de déchéance que je ne savais expliquer mais qui me blessait profondément parce qu'il touchait notre mère, la « divinité » adorée qui faisait des choses qu'on ne devait pas faire, que j'avais vues alors que je n'aurais pas dû les voir.

Blessures enfantines tout ça, et qui ne guérissent jamais.

Notre mère était autoritaire, despotique. Parfois elle était dure aussi. Mais elle pliait toujours devant notre père lorsqu'il le lui imposait. Au fond, avec le temps, adroitement, elle l'amenait toujours dans ses vues, elle en faisait ce qu'elle voulait. Et nous, les enfants, nous le sentions, sans savoir ni comment ni pourquoi, mais nous savions qu'à la maison le commandement et le pouvoir appartenaient à notre mère. Et, comme elle se pliait en apparence à la volonté de notre père, elle prenait sa revanche à l'intérieur de la maison et sur ses enfants, elle s'imposait comme despotique, tyrannique, souvent dure et ne laissant jamais de liberté.

Quand je me rappelle ma mère dans sa vieillesse, après la mort d'Alexandros, quand je me rappelle sa douceur, sa bonté, son indulgence, sa tendre compréhension pour la douleur d'autrui, quand je me remémore son sentiment all understanding[22], y compris face à la méchanceté et que je compare avec ce qu'il en était auparavant, je dis qu'à coup sûr la mort d'Alexandros a brisé son âme hautaine.

Notre mère était hautaine, tyrannique, souvent implacable. Par tempérament, les Chorémi se comportaient durement et sèchement avec autrui. Et notre mère était une Chorémi jusqu'au fond de l'âme. Quand elle pensait qu'une chose était juste ou utile, elle suivait sa route, allait droit au but, indifférente au fait qu'elle piétinait des cœurs, ruinait des vies.

C'est ainsi qu'elle maria presque de force Catina Kalambokidi avec Amira pour que Stéfanos Kartoulis ne l'épouse pas mais épouse Helvétia Chorémi, que finalement il n'épousa pas, et que ces trois vies furent brisées. Ainsi, en apportant son soutien à son frère Nicolis, contribua-t-elle pendant des années à empêcher le mariage de Stamatis Chorémi (fils de Nicolis) avec Mary Casanera, si bien que cette dernière en eut assez, trouva un autre parti et l'épousa, abandonnant Stamatis qui était allé en prison pour dettes parce qu'il avait nourri toute sa famille à elle et qui manqua de se suicider quand elle le quitta. Et il passa le reste de sa vie misérablement. Ainsi maria-t-elle Alexandra Kalambokidi avec Costi Aviérino, son neveu, sans que ni l'un ni l'autre le désire, mais parce que cela « faisait un beau mariage ». Ainsi en maria-t-elle beaucoup, en rendit certains heureux et d'autres malheureux, toujours avec le prétexte de leur faire faire un « bon mariage » et l'inexorable

22 « Compréhensif en toute chose. »

conviction que « les parents » (ou « les plus âgés ») « savent mieux » et que les jeunes n'ont pas leur mot à dire.

Notre père aussi considérait sèchement la question de l'amour. « Les amours sont des sottises! » disait-il avec mépris. Et tous deux allaient de l'avant, en accord avec l'idée que toute la vie est réglée par « il faut » et « il ne faut pas », que la logique, le discernement, le bons sens l'emportent, que le « sentiment » était à la fois stupide et dangereux et qu'il ne fallait pas le prendre en compte.

Et tous deux piétinèrent, ruinèrent des existences, particulièrement notre mère qui se mêlait davantage de telles affaires, et ils moururent sans jamais prendre conscience, sans jamais s'interrompre ni même se demander si ce qu'ils faisaient n'était pas criminel.

La vie d'alors était dure, particulièrement pour la femme. Mais elle forgeait des tempéraments. On méprisait le « je ne peux pas ». Aucun de nous ne le disait, pas même une fois vaincu. Complètement écrasés, en loques, soumis, nous faisions de nécessité vertu et feignions de vouloir[23] notre malheur, par fierté, repoussant la pitié.

Il y avait aussi, bien sûr, des faibles qui courbaient l'échine, pleuraient et soupiraient. Ceux-là, on les méprisait, on les considérait comme des ratés.

Dès tout petits, nous apprenions à ne pas partager nos chagrins avec d'autres, pas même nos frères et sœurs. Si mon frère et ma sœur aînés ont éprouvé de la peine, s'ils ont souffert, je ne l'ai jamais su, ils ne se sont jamais plaints. Si plus tard, j'ai eu connaissance des

23 C'est Delta qui souligne.

chagrins d'Alexandros, c'est parce que j'en ai provoqué moi-même l'aveu, d'abord parce que je constatais moi-même les injustices à son encontre au profit d'Argini, l'enfant gâtée qui avait quatre ans et demi de moins que lui, et ensuite parce que j'avais moi-même quatre ans et demi de plus que lui, que je lui en imposais et que je l'amenais à me les confier, en fondant en larmes, le pauvre petit!

Mais nous, les trois grands, nous nous enfermions dans notre silence digne. Jamais nous ne reconnaissions qu'une rossée ou une oreille tirée nous faisait mal. Silencieux, honteux, nous essayions de dissimuler l'un à l'autre le picotement que trahissait la joue rouge ou s'il n'y avait pas moyen de le dissimuler, nous recourions à une fanfaronnade telle que « la main de maman ne fait pas mal », alors qu'elle faisait très mal, belle main fine avec de longs doigts, main énergique qui s'attelait à toutes les tâches, qui dirigeait tout et faisait tout aller de l'avant.

Mais tout ce que nous ne disions pas, le balcon de bois le voyait. Et si cette maison existait encore, celle de Carlo Cesere? Que de drames aurait à raconter ce balcon de bois, s'il pouvait parler!

En face, entre les constructions, apparaissait un tout petit bout de la rue Cherif Pacha. Le bruit des voitures parvenait jusqu'à nous, de même que les cris. Y passait souvent une étrange forme humaine, à la fois mystérieuse et sympathique à nos yeux.

C'était un « *hodja*[24] » (je suppose), aveugle, la barbe noire soignée, les traits fins et la peau blanche, (un Arabe, pas un fellah, c'est-à-dire un Sémite), avec un turban blanc, une longue galabieh

24 Professeur en sciences religieuses.

blanche immaculée et des chaussures jaunes, des « babouches ». Il avançait lentement, tâtant les cailloux de la route avec son long bâton pour se diriger, sa main gauche tendue droit devant lui comme un livre ouvert, la tête rejetée en arrière, il avançait en chantonnant un appel très mélancolique : « *Allah! Fim Allah! Akher Allah! Allah, mousabin Allah! Allah!...* Dieu! il y a un dieu! un Dieu miséricordieux! Dieu, Dieu tout puissant! Dieu[25]!... ». Sa voix, grave, riche, douce et son beau chant triste nous plaisaient beaucoup à tous, et nous aurions bien voulu qu'il vienne dans la ruelle sous notre balcon de bois, pour lui donner quelque chose. Mais il ne condescendait pas à mendier ainsi. C'était un mendiant, mais un mendiant de la plus haute volée. Il avançait en chantant, et les passants lui donnaient leur obole dans sa main tendue qu'il plongeait immédiatement dans son giron et retendait comme un lutrin, sans interrompre son chant.

« Mousabin Allah », comme nous l'appelions, m'émouvait particulièrement. Dès que de loin j'entendais sa voix chaude et grave, j'accourais sur le balcon de bois pour le voir, ne fût-ce qu'un instant, silhouette mince et blanche, passer majestueusement entre les maisons de pierre qui bouchaient la vue.

Après la révolte d'Arabi[26] pacha, quand ces maisons eurent brûlé et surtout qu'elles se furent effondrées, et avant qu'elles aient été reconstruites, la vue sur la rue Cherif Pacha s'élargit

25 La transcription de Delta reste obscure, et il est quasi impossible de savoir à quels mots arabes correspondent certains éléments de sa « traduction ».
26 Comme un certain nombre d'Occidentaux à l'époque, Delta écrit Arabi (et non Orabi ou Urabi).

considérablement et quand « Mousabin Allah » passait je le voyais pendant assez longtemps et sa voix dans sa mélopée mélancolique parvenait plus facilement jusqu'à notre balcon.

Je me rappelle un après-midi particulièrement mélancolique. L'un de nos oncles, Mikè Chorémi, s'était trouvé mêlé injustement et au-delà de toute justice à une affaire de meurtre. Un certain Krokidas, à Mansourah où demeurait mon oncle, avait des relations inavouables avec un jeune homme ; il le violentait, dit-on, et le jeune homme le tua. Entre ma tante et la femme de Krokidas, il y avait des histoires de jalousie à propos de toilettes et de places à l'église. Et quand on trouva Krokidas assassiné, sa femme accusa mon oncle d'avoir, soi-disant par vengeance, envoyé le jeune homme tuer son mari. La justice grecque arrêta mon oncle et le transféra dans la prison d'Alexandrie où deux fois par jour notre mère, accompagnée de notre tante qui demeura chez nous pendant cette période, allait lui rendre visite et lui porter à manger.

Un jour qu'elles s'y étaient rendues, elles ne l'y trouvèrent pas. On l'avait emmené « en pantoufles » tel qu'il était dans sa cellule et on l'avait embarqué pour Athènes où l'on allait le juger[27].

27 Il s'agit du procès pour l'assassinat du vice-consul Krokidas, procès qui se déroula à Athènes en décembre 1884. Le jeune Evanghélos Natsios fut condamné à mort, mais le tribunal décida de dissocier le procès des autres accusés, Mikè Chorémi, Ioannis Dimas, Nicolaos Natsios, qui furent jugés un peu plus tard. Nicolaos Natsios, oncle d'Evanghélos, fut finalement condamné à mort par contumace à Syros. Le procès de Mikè Chorémi se serait-il tenu là aussi et non à Athènes comme le dit Delta ? (Note de Pavlos Al. Zannas pour l'édition grecque.)

Il y eut d'inénarrables scènes à la maison. Ma tante (sœur de Kartoulis), plutôt provinciale, estimait qu'il était juste qu'elle exprimât son chagrin à tue-tête. La maison s'emplit de cris, de pleurs, de hurlements. Notre mère, très digne dans son chagrin comme dans la joie, avait beaucoup pleuré mais sans cris et sans démonstration, et elle essayait, à la force de sa volonté qu'elle montrait encore plus ferme dans les heures difficiles, de donner du courage à l'hystérique tante Marioga.

La justice de l'époque, en Grèce, était d'un piètre niveau. On avait suggéré à mon père de donner une certaine somme d'argent qui pourrait faire libérer son beau-frère sans procès. Notre père prit feu et flamme. « Je ne donne pas un sou ! répondit-il. S'il est coupable, qu'on le guillotine. Mais s'il est innocent, le tribunal l'innocentera, bon gré mal gré, et lui rendra son honneur par le biais de la justice[28]. »

La maison était néanmoins sens dessus dessous. Les cris de la tante, les larmes silencieuses de notre mère endeuillaient la maison et ses habitants. Je m'étais réfugiée sur le balcon de bois et le front appuyé sur la balustrade en fer, je regardais l'arbre voisin et j'entendais les cris des moineaux. Et je songeais à la leçon du matin que nous avait donnée la méchante madame Sophia, notre institutrice grecque, une fille mère qui nous assommait de coups, la leçon de « catéchisme ». Elle nous avait lu les paroles du Christ selon lesquelles les gens heureux sur terre iraient en enfer et les

28 L'oncle Mikè fut jugé à Athènes et innocenté, mais il ne revint plus en Égypte. Il vécut à Chio où il mourut bien des années après. (Note de Pénélope Delta.)

malheureux, après leur mort, au ciel. Et j'avais envie d'aller dire à ma mère et à ma tante :

– Ne pleurez pas, réjouissez-vous au contraire, parce que lorsque l'oncle Mikè mourra, il ira à coup sûr au ciel.

Mais je ne le fis pas. Je connaissais, je pressentais la réponse de notre mère : « Cruchon! Va t'occuper de tes affaires! Nous ne t'avons pas demandé de conseils... » et son regard sévère qui me glaçait d'effroi jusqu'au fond de moi...

« Mousabin Allah » passa alors dans la rue Cherif Pacha et sa mélopée, ample, chaude, mélancolique me remplit de tristesse, d'une telle tristesse que je ne pouvais même pas pleurer. Et je restai là, accrochée à la balustrade, le front appuyé sur le fer forgé, malheureuse, miserable[29], pitoyable, un bloc de douleur enfantine indicible qui ne savait ni ou ni comment s'épancher.

Comment « nous apporta-t-on le nouveau bébé », Alexandros? Nous n'y vîmes que du feu depuis la chambre voisine où nous dormions. C'était le mois de septembre (1/13 1878[30]) et notre père partait chaque matin à la chasse aux tourterelles, à Gabari avant que le jour soit levé, parce que les tourterelles passaient au point du jour et que Gabari était loin. Notre père était un chasseur passionné et le meilleur fusil d'Alexandrie. S'il y avait « du passage »,

29 En anglais dans le texte.

30 Alors que la Grèce a désormais adopté aussi le calendrier grégorien quand elle écrit, Delta donne à la fois la date en vigueur chez les Grecs (calendrier julien) et celle en vigueur chez les autres Européens à Alexandrie (calendrier grégorien) quand son frère est né.

c'est-à-dire beaucoup d'oiseaux, il en tuait toujours davantage que tous les autres chasseurs. Il aimait beaucoup ce sport, qui était, je crois, sa seule véritable distraction et qui durait à peine trois semaines en automne.

Donc, à la saison des tourterelles, même s'il avait beaucoup de travail et même s'il s'était couché tard, il se levait à quatre heures du matin, et partait en voiture à Gabari, à une demi-heure d'Alexandrie. Notre mère lui faisait chauffer un café au lait sur le petit réchaud dans sa chambre, lui faisait cuire deux œufs à la coque (sa mesure était la durée d'un « *Credo* » et les œufs étaient toujours mollets), elle l'accompagnait à la porte et se recouchait jusqu'à sept heures et demie, moment où elle se levait elle-même.

Ce matin du 1/13 septembre, notre mère prépara le petit déjeuner de notre père et l'accompagna à la porte. C'était un jour de grand « passage ». Chargé de tourterelles suspendues par le bec, notre père rentrait à huit heures du matin quand il vit en face de lui Eugénia, qui lui dit d'un air gai, joyeux : « Le fils porte bonheur, Monsieur ! » « Quel fils ? » fit notre père en lui donnant le produit de sa chasse et en posant son fusil contre le mur.

– Le nouveau fils. Madame a accouché.

– Que dis-tu ? Tu parles sérieusement ?

– Oui, Monsieur, vous avez un beau petit garçon.

Et c'est ainsi que nous apprîmes, nous autres, qu'il y avait eu un grand « passage » ce matin-là et que notre père avait trouvé, à Gabari, une petite corbeille avec un petit garçon dedans, et nous l'avait rapporté à la maison avec le tas de tourterelles tuées.

Ce petit garçon, je l'ai vraiment beaucoup aimé. Il avait une nourrice originaire de Goritza[31], Francesca, une femme bonne, fidèle, qui se dévoua à l'enfant et à notre foyer et qui nous aimait bien nous aussi les trois grands et nous protégeait autant qu'elle le pouvait. C'est elle qui dit à notre mère à quel point l'institutrice grecque qui n'était pas à demeure, madame Sophia, nous maltraitait, frappant mon frère et ma sœur sur la tête avec les maillets de bois de notre jeu de croquet, leur piquant les mains avec des épingles et moi, me tirant tellement les oreilles que par deux fois elle déchira mon oreille gauche derrière l'attache du pavillon, que le sang coula et laissa des blessures qui firent croire à ma mère que j'avais attrapé la gourme.

Notre mère souffrait beaucoup de rhumatismes. L'été suivant la naissance d'Alexandros, en 1879, notre père l'emmena à Aix-les-Bains, tandis que la tante Marietta Mitaraki, sœur de notre père, nous emmena au Pirée avec la nourrice et notre bébé Alexandros. Nous eûmes tous la coqueluche ; nous les trois grands, qui l'avions déjà attrapée bébés, pour la seconde fois, et Alexandros pour la première fois. Elle a dû passer du bon temps, la tante Marietta, elle qui n'avait pas d'enfant et était irritable, despotique, distribuant facilement des gifles de sa petite main potelée qui ne faisait pas bien mal, et son mari aussi, l'oncle Georgis, qui était la bonté

31 Aujourd'hui Gorizia, dans le Frioul, en Italie. Goritza est sans doute la graphie la plus correcte à l'époque de Delta, quand cette ville n'était pas encore italienne mais autrichienne et portait son nom slovène (Goritza/Goritsa signifie petite montagne).

et la patience incarnées. Nous avions pour médecin notre autre oncle, Georges Kalambokidi, le mari de la tante Argini, la sœur chérie de notre père, la plus jeune. Ils habitaient au Pirée. Mais en dépit de leurs bons soins, la coqueluche nous fit fondre, comme en témoigne une photo prise à l'époque où nous nous tenons debout trois petits maigrichons autour de notre tante replète et souriante qui tient dans ses bras le quatrième petit maigrichon mélancolique, notre bébé Alexandros.

Il était blond, tout blond, Alexandros, avec de grands yeux bleus de la forme propre aux Bénaki, grands et en amande et de la couleur de ceux de notre mère, mais plus gris que les siens et toujours avec une expression pensive, presque triste.

Alexandros, nous l'aimions tous. C'était un bébé si doux et si calme, au point que l'impatiente tante Marietta n'avait pour lui que sourires et baisers. Et pourtant, alors qu'il était encore bébé, notre père le frappa une fois sauvagement.

Nous étions revenus à Alexandrie, parce que la scène se déroula dans la chambre de nos parents. On avait assis Alexandros sur le canapé avec sa jupette blanche brodée étalée autour de lui, et nous venions dire « bonjour » nous aussi. Notre père s'habillait. Il avait déjà mis son pantalon et sa chemise et dit à Alexandros :

– Dis bonjour, toi aussi.

Qui sait pourquoi, le petit répondit : « Non. »

– Dis bonjour, insista notre père qui n'acceptait pas que quiconque lui dît « non ». De nouveau, le petit refusa. Notre père qui était en train de nouer sa cravate devant le miroir se retourna et lui donna un soufflet. « Dis bonjour immédiatement ! »

Alexandros éclata en sanglots.

– Dis bonjour, ordonna notre père.

Je me souviens de la scène et de notre frayeur, de notre père qui enfilait son gilet et s'interrompit pour donner un autre soufflet à Alexandros, et l'enfant, qui s'était empêtré dans un entêtement effrayé dont il voulait mais ne parvenait pas à sortir. Et les soufflets pleuvaient de plus en plus furieux et le malheureux petit hurlait au point qu'il ne pouvait plus reprendre haleine et nous, nous regardions terrorisés, tremblants, et nous voyions la pauvre petite tête blonde secouée par les soufflets et les yeux bleus effarés, rivés sur notre père en colère, et nous étions prêts à fondre en larmes ; seule la frayeur nous retenait.

C'est alors qu'Eugénia entra et à ce moment notre mère saisit Alexandros et le lui passa. Eugénia sortit précipitamment et nous derrière elle.

Notre père était silencieux, comme honteux, tel que je me le rappelle maintenant, même si, sur le moment, nous gardâmes l'impression qu'il était si en colère qu'il ne disait rien et qu'il avait raison « puisque Alexandros était si entêté ». Furieux comme il l'était, notre père aurait pu tuer l'enfant sans en avoir conscience, à ce que m'en dit ma mère plus tard, quand j'eus grandi. Elle n'avait pas osé prendre l'enfant jusqu'au moment où Eugénia entra et qu'elle le lui passa.

En 1882, eut lieu la révolte d'Arabi pacha. C'était l'été et notre père avait loué une maison à Ramleh. Il nous arrivait souvent de séjourner ainsi l'été à Ramleh et les différentes maisons se mêlent dans mon souvenir. Ramleh était alors une étendue de sable où l'on enfonçait jusqu'aux chevilles ; il y avait des résidences d'été disséminées ici et là avec de grands ou de petits jardins. Il n'y avait pas de rues. Pour aller d'une maison à l'autre, pour gagner les différentes petites gares[32], il fallait de petits ânes. La vie y était alors très peu chère. Je me rappelle que chacun d'entre nous avait son petit âne dans une écurie telle qu'il s'en trouvait dans tous les jardins, et que notre ânier s'appelait Derviche, et qu'avec son accent arabe il appelait notre mère « Siti Virgounia ». On nous avait envoyé un grand et bel âne blanc de Mansourah et nous l'appelions « the Mansura donkey ». C'était l'âne d'Alexandra et notre père le montait le matin pour aller à la gare prendre le train qui le descendait à Alexandrie. L'âne d'Andoni s'appelait « Napoléon ». Je ne me rappelle pas le nom du mien. Un jour il eut un mouvement convulsif qui fit tourner la selle sous son ventre et moi, attachée et suspendue entre ses quatre pattes, je reçus je ne sais combien de coups de pieds de ses pattes arrière sur le visage et sur le corps jusqu'à ce qu'on l'arrête et qu'on me délivre. Je me souviens encore de la douleur et de l'angoisse.

Quant au « Mansura donkey », il était mauvais. Il était têtu. Un jour il jeta Alexandra à terre si méchamment que ses dents se plantèrent dans ses lèvres et qu'elle fut défigurée pendant des jours, la pauvre.

32 On utilisera le mot « gare » à l'époque du train pour les distinguer des « stations » à l'époque du tram. Les cartes postales en français indiquent d'ailleurs la « gare de Ramleh » à Alexandrie ainsi que d'autres « gares ».

Je ne me rappelle pas si c'est arrivé la même année qu'Arabi. La révolte éclata soudainement. La prétendue volonté d'Arabi était de délivrer l'Égypte des Européens. Mais la volonté de l'Angleterre était de s'emparer de l'Égypte. Qui sait quel rôle joua la « Perfide Albion » avec la « cavalerie de saint Georges[33] » dans ce « réveil patriotique des fellahs »? Ce qui est certain c'est qu'Arabi ne fut pas puni pour tout le sang qu'il fit verser, au contraire il vécut très riche et très heureux dans l'île paradisiaque de Ceylan, revint en 1904 en Égypte où il mourut en 1911, entouré de mille soins par les dirigeants anglais, et que les Anglais prirent et gardèrent l'Égypte.

Dans le port d'Alexandrie était arrivé un navire de guerre grec, l'*Hellas*, ainsi qu'un autre, plus petit, le *Georgios*.

Ce jour-là, le 11 juin 1882, les officiers de l'*Hellas*, avec Canaris, leur commandant, vinrent déjeuner chez nous à Ramleh. Grande émotion pour nous, les marmots, qui allâmes les saluer, après le repas, sur la terrasse où ils fumaient et prenaient leur café. Des officiers grecs, avec des épaulettes dorées, des galons, des épées! Quel excitement[34] pour notre petit monde et quelle émotion patriote! Nous ne nous lassions pas de les regarder!

Ils se levèrent pour partir par le train de trois heures de l'après-midi. Mais nos parents les retinrent avec leur hospitalité coutumière. « Comment, vous allez déjà nous quitter? Restez donc causer un peu! C'est une joie si rare pour nous que de voir des officiers grecs… »

33 Référence à la livre sterling avec l'effigie de saint Georges.
34 « Excitation. »

Les officiers se rassirent, manquèrent le train de trois heures et prirent le suivant.

L'insistance, l'hospitalité de nos parents leur sauva la vie. À Alexandrie la révolution avait éclaté, les fellahs armés de gourdins et de couteaux massacrèrent les Européens, coururent à la gare et massacrèrent tous ceux qui étaient descendus en ville depuis Ramleh par le train de trois heures. Quand les officiers descendirent par le train de quatre heures, la gare d'Alexandrie était désormais déserte.

La ville, en revanche, était sens dessus dessous. Partout des assassins. Quelques fellahs avec leurs *nabouts*[35] (gourdins) se jetèrent sur les voitures des officiers, mais les officiers renversèrent les cochers et l'un d'eux prit les rênes tandis que les autres protégeaient les voitures. Et ils descendirent en grande hâte au port où leurs chaloupes les attendaient.

Dans l'intervalle, nos parents avaient été informés qu'on massacrait en ville. Venus de différentes villas, les oncles et tantes Chorémi s'étaient rassemblés chez nous avec leurs enfants, l'oncle Dimosthénis, l'oncle Mikè (c'était avant l'affaire Krokidas), je ne sais s'il en vint d'autres.

Notre père était un brillant chasseur et il eut toujours la passion des armes. Bon tireur, il avait différents fusils, revolvers et de nombreuses balles. Les oncles Chorémi n'avaient jamais touché un fusil. En la circonstance, notre père les arma et leur montra le maniement du fusil. Je me rappelle les allées et venues, nos oncles

35 Longs bâtons.

armés, debout aux fenêtres, notre père, grave mais calme, les femmes apeurées et, à chaque instant, un coup de fusil résonnant au loin. Nous ne savions pas ce qui se passait mais nous percevions une inquiétude inhabituelle et, entre nous, cousins et cousines, nous cherchions à savoir ou à deviner.

Un fils de l'oncle Mikè, Stamos, savait toujours tout. Nous l'entourâmes et l'interrogeâmes. « Pourquoi ont-ils des fusils? Qui est-ce qui tire dehors? Pourquoi les oncles se tiennent-ils aux fenêtres? »

Stamos en savait autant que nous. Néanmoins, il n'hésita pas à nous donner la réponse. « Des chiens enragés ont envahi Ramleh et nos parents les guettent. N'entendez-vous pas les coups de fusil? On les chasse aussi d'autres maisons. »

Nouvelle excitation au sein de notre petit monde. Là où nous pouvions y atteindre, nous regardions nous aussi par une fenêtre ou l'autre de nos chambres et, à chaque chien errant que nous voyions (et Ramleh en regorgeait) nous frissonnions d'émotion dans l'attente de voir notre père ou un oncle tirer. Mais rien ne se passa et Eugénia nous fit dîner et nous mena nous coucher sans que nous ayons eu la satisfaction d'assister à la chasse aux chiens enragés.

À deux heures du matin, un ami de notre père, Giglio, siffla sous les fenêtres de nos parents. Notre père sortit sur le balcon et Giglio lui dit de partir immédiatement avec sa famille, que les choses se gâtaient et que le lendemain il serait trop tard. Lui-même partait immédiatement avec sa famille et il lui enverrait une voiture avec un cocher de confiance; que notre père parte sans délai. Notre mère était réticente : « Comment lever les enfants, des tout petits, à pareille heure, les faire sortir en pleine nuit… »

Pourtant, avec l'aide d'Eugénia, elle empaqueta toutes les affaires indispensables, vêtements et autres, prit ses bijoux et, à la fin, elles nous levèrent, nous habillèrent et nous partîmes au point du jour.

Une grande route descendait de Ramleh à Alexandrie. Ce fut celle que nous prîmes, entassés dans la voiture, et nous gagnâmes le port. Partout ce n'était que sauvagerie et désolation. Les chaouchs (policiers) nous menaçaient sur un ton très insolent : « Attendez de voir demain ce que vous allez subir ! »

Armé de son revolver, notre père fit passer la voiture par l'une des portes qui fermaient la ville d'Alexandrie et nous mena au port sains et saufs.

Je me rappelle le trajet dans le crépuscule du matin, mais rien ne m'impressionna particulièrement, peut-être parce que je dormais à moitié, peut-être parce qu'Eugénia me couvrit les yeux. Andoni, lui, vit sur la place des murs et des portes tachés de sang. C'était là qu'avait eu lieu le grand massacre. Les Européens s'étaient défendus depuis les balcons et tuèrent de nombreux fellahs. Mais quiconque se trouva dans la rue quand les hordes meurtrières descendirent des quartiers arabes fut massacré sans pitié.

Au port, des chaloupes appartenant à divers navires de guerre étrangers attendaient, rassemblées là. Nous, une chaloupe grecque nous emmena à bord de l'*Hellas*.

Comment et où ce petit navire de guerre put-il nous loger tous, je l'ignore. Car il avait accueilli une foule de familles grecques. Je ne sais pas non plus combien de jours nous restâmes à son bord. Notre père descendit à terre deux ou trois fois pour mettre de l'ordre dans ses affaires et au sein de ses employés, bien que notre mère le suppliât en pleurant de ne pas aller risquer sa vie. Le danger n'a jamais arrêté notre père dans ce qu'il considérait comme son devoir.

Le port était plein de navires de guerre. Arabi avait commencé à prêcher la révolte dès février et, le khédive Tewfik, après avoir cédé sur de nombreux points, voyant augmenter les exigences d'Arabi et croître le danger, demanda l'aide de l'Angleterre et de la France ; et les deux puissances envoyèrent leurs flottes.

Les Anglo-Français, bien qu'ayant la force et les moyens de réprimer les troubles, eurent les mains liées par leurs rivalités, laissèrent les massacres se perpétrer et les consuls de Grèce et d'Angleterre ainsi que le vice-consul d'Italie être blessés, sans débarquer un seul matelot dans la ville insurgée.

Leurs conversations aigres-douces durèrent un mois entier. Et c'est seulement lorsque les Français refusèrent d'avoir recours à la force et qu'au son de la *Marseillaise* ils firent appareiller leurs navires, que l'amiral Seymour commença à bombarder les forts d'Alexandrie et que quelques obus tombèrent en pleine ville, le 10 juillet. Ce fut le signal de nouveaux massacres. On ouvrit les prisons, les malfaiteurs en sortirent, massacrèrent autant de chrétiens qu'ils purent et mirent le feu aux quartiers européens. Et il fallut que le général Wolseley vînt livrer la bataille de Tel el-Kébir pour mâter les Arabes. On arrêta Arabi et Tewfik le condamna à mort. Mais les Anglais s'interposèrent, lui sauvèrent la vie et l'envoyèrent à Ceylan !!! Et ils occupèrent l'Égypte.

Autour de notre maison, presque toutes les autres avaient brûlé. La nôtre demeura entière. On avait tenté d'y mettre le feu et notre balcon de bois montrait des traces de feu ici et là. Mais la maison fut épargnée, peut-être grâce au grand dévouement de notre *boab* (portier), qui, après avoir monté la garde tant qu'il le put, ferma la grande porte extérieure semblable à celle d'une forteresse, donna les clés à un employé de confiance, Costas Xénakis, que les Arabes adoraient et qu'ils sauvèrent, et s'en alla rejoindre sa patrie berbère, après avoir mis force graines et beaucoup d'eau dans la petite cage de notre canari et dans la grande cage du merle. À notre retour, le petit canari, plus fragile, était mort. Mais le merle, avec toute son eau devenue verdâtre au bout de tant de jours et de semaines, était toujours vivant, et quand nous rentrâmes, il nous accueillit avec les huit premières notes de la *Marseillaise* que notre père lui avait apprises en sifflant.

Nous, cependant, la marmaille, qui ne savions pas quels drames se déroulaient sur la terre ferme, menions joyeuse vie sur l'*Hellas*. Navire de guerre grec, drapeau grec, officiers gradés et matelots grecs, parler grec dans tous les recoins du bateau, galons, casquettes, sabres, que d'enthousiasme patriotique ! Je me rappelle qu'un jour où l'*Hellas* tira vingt et un coups de canon, qui sait pour quelle salve, nous avions atteint un tel degré d'excitation et d'exaltation patriotique que nous nous sentions grands et fiers comme si nous avions pris part à une bataille navale et que nous en étions sortis vainqueurs. Seul Andoni ne put jouir de cette « heure de gloire ». C'était l'après-midi et il dormait si profondément que les vingt et un coups de canon qui faisaient tanguer le petit bateau ne le réveillèrent pas. Plus tard, que n'entendit-il pas de notre part, le pauvre, de la part de Stamos, surtout, qui avait le même âge que lui ! Vexé, mais toujours la tête haute, il nous regardait, nous écoutait et se taisait crânement.

Les canons du navire étaient notre grande fierté, les matelots nos meilleurs amis. En début de soirée, nous nous réunissions tous, les enfants, à la proue, et les matelots venaient s'asseoir là et racontaient. Certains d'entre eux se trouvaient à terre au moment des premiers massacres et quelques-uns (nous, nous pensions que c'était le cas de tous) avaient pris des coups de couteau, et un ou deux, notamment, nous montraient une cicatrice au cou. *A posteriori*, j'imagine qu'ils n'avaient pas été blessés à Alexandrie le jour où ils disaient l'avoir été, parce que leur plaie ne serait pas parvenue à cicatriser aussi vite, à paraître aussi ancienne. Néanmoins nous les écoutions raconter comment une nuée d'Arabes s'était jetée sur eux, comment ils s'étaient défendus et les avaient battus, comment ils en avaient réchappé et nous les admirions, nous les admirions, le cœur gonflé de fièvre patriotique.

Nous étions toute une troupe d'enfants à nous être rassemblés, apparentés de naissance ou par alliance. Il y avait, par exemple, la famille de Mikè Chorémi et celle de Giorgis Kartoulis (ma tante était une fille Kartoulis), tous entassés dans un secteur qui devait être un petit salon puisqu'il n'y avait pas de couchettes le long de la cloison et qu'on nous avait installé divers matelas par terre. L'aîné des fils Kartoulis, Stamatis, était nettement plus âgé que nous. C'était un très beau garçon (il faisait sa médecine, brillant sujet et homme de devoir, il attrapa un typhus exanthématique en prison en visitant les prisonniers malades et mourut très jeune, avant la trentaine) et nous le considérions un peu comme notre chef. Tous en chemise de nuit nous nous asseyions ensemble autour de nos matelas, le soir avant de dormir, et nous bavardions comme des moineaux babillards. Un soir Stamatis entra, très beau dans ses vêtements de nuit tout blancs, et les bras tendus s'exclama : « Nous sommes tous comme des fées. »

Cette déclaration fit grande impression sur nous et Stamatis monta encore plus haut dans notre estime.

À cette époque Eugénia nous tenait lieu de bonne. Alexandros, qui allait sur ses quatre ans, n'avait, naturellement, plus de nourrice. Et nous, après les deux dernières expériences malheureuses avec des nurses anglaises, nous avions échappé à ces harpies étrangères.

L'avant-dernière, Miss Taylor, n'était pas une harpie. Elle n'était pas très méchante et ne nous battait pas beaucoup. En revanche elle nous provoquait de terribles frayeurs. Plutôt jolie, élégante, toujours habillée comme une figurine de mode, coquette, écervelée, elle cherchait à s'amuser, à trouver un parti, comme l'avait fait sa sœur, la très belle Miss Dora, et à se marier. Et, pour que nous soyons obéissants et soumis, elle nous tenait la bride avec des histoires de voleurs et de fantômes. Nous tremblions d'avoir à traverser l'étroit corridor qui séparait notre salle d'étude et notre chambre. Et pour moi les nuits étaient terribles.

L'été où nous avions pour nurse Miss Taylor, nos parents retournèrent à Aix-les-Bains et en Angleterre, et notre tante Marietta nous emmena avec l'oncle Georgis Mitaraki à Gratz[36]. Alexandros

36 La graphie de Gratz en « tz » est la graphie courante en français au XIXe siècle (comme en témoigne le guide Baedeker de 1878), mais on la rencontre toujours aux XXe et XXIe siècles. Le nom de cette ville autrichienne est slovène.

approchait les deux ans (c'était l'été 1880), mais il avait encore sa nourrice Francesca. Nous avions aussi avec nous la fille de notre tante Argini Kalambokidi, Clio, jeune fille d'une quinzaine d'années, très belle, blonde avec de grands yeux de velours brun sombre, bonne, douce, compréhensive, se comportant comme une enfant avec nous. Elle s'amusait beaucoup avec Alexandros et lui apprenait en français :

Tu es belle comme la rose,
Mais la rose pour un jour,
Et toi, mon ange,
Tu l'es pour toujours.

Quels étaient ces vers et d'où venaient-ils? Je l'ignore[37]. Nous, nous ne savions pas le français et nous étions pleins d'admiration, nous récitions cela avec Alexandros auquel Clio avait aussi appris une petite chanson grecque qu'il répétait avec sa prononciation de bébé :

L'amour est une épingle
Fichée dans le cœur
Il m'a piqué, tchik, moi aussi
Et je n'ai pas de remède[38].

37 Ces vers sont naturellement en français dans le texte. Nous n'avons pas trouvé non plus leur origine.
38 Extrait d'une chanson traditionnelle d'Asie Mineure.

Personne ne pouvait convaincre Alexandros que le « tchik » ne faisait pas partie de la chanson. Et Clio, qui s'amusait beaucoup de son ton enfantin, l'encourageait.

Notre hôtel, Hotel zum Osterreicher Hof, donnait sur une place, qui, à tort ou à raison, paraissait très grande à nos yeux d'enfants. Là, une ou deux fois par semaine, se tenait le marché. Ces jours-là étaient les plus beaux de notre séjour à Gratz. Le matin, les paysannes arrivaient avec leurs costumes bariolés et leurs fichus colorés; elles ouvraient et installaient d'énormes parasols et sur de petites tables pliantes elles étalaient leurs produits : pommes, pommes de terre, verdure, fromages, fruits, sucreries, œufs, laitages etc. qu'elles avaient apportés dans de petites carrioles basses tirées par des chiens. Toute la journée, les paysannes demeuraient sous leurs parasols et vendaient; leurs chiens, étendus près de l'étal, montaient la garde s'il arrivait à leur maîtresse de s'absenter.

Ces jours-là, la place était pleine de vie et de mouvement et nous, la marmaille, nous ne décollions pas du balcon où venait aussi le bon oncle Georgis qui partageait notre plaisir. Le soir, avant que le soleil ait tourné, les paysannes ramassaient les produits restants. les rangeaient dans leurs petites carrioles, repliaient tables, chaises et parasols, les entassaient au-dessus, attelaient leurs chiens et s'en allaient. C'était pour nous l'heure la plus intéressante de la journée.

La place offrait cependant d'autres attractions. Tous les cortèges funèbres passaient par là. Et quand mourait un officier de la garnison de Gratz, le cortège funèbre avec musique, fusils baissés en berne, drapeaux et panaches, passait sous notre balcon.

Cela émouvait et attirait particulièrement Alexandros qui ne rêvait que d'une chose : devenir officier, mourir, et qu'on le porte en terre en musique. Et son désir était tel qu'il nous le transmit et que nous ne rêvions de rien d'autre pour lui que devenir officier, mourir et être porté en terre en musique. Si bien qu'à la fin de notre séjour, quand nos parents vinrent nous chercher pour nous ramener en Égypte, notre père entendit son souhait et lui dit :

– Mais mon pauvre bêta, puisque tu seras mort, tu ne verras et n'entendras plus rien.

Et c'est ainsi que s'évanouirent nos rêves ambitieux de voir le cortège funèbre d'Alexandros avec musique, fusils aux canons tournés vers le sol, drapeaux, panaches et pas cadencé et nous n'y fîmes plus jamais allusion.

Alexandros ne devint pas officier. Mais il mourut à cheval, jeune et beau, et il fut accompagné en musique, même si ce n'était pas de la musique militaire et toute la société alexandrine suivit son cortège funèbre, ainsi que tous les pauvres d'Alexandrie qui se lamentaient en pleurant et disaient : « Nous avons perdu notre père, nous sommes orphelins!... »

Mon souvenir le plus vivant de Gratz, c'est son parc. Comme c'était l'été, nous allions nous y promener. Si ce parc existe encore et que je le revoyais, je retrouverais, j'en suis sûre, mes chères pelouses avec leurs innombrables boutons d'or (buttercups) disséminés partout, les petites marguerites (paquerettes), les parties boisées, les bosquets de trois ou quatre arbres au bout de la pelouse, mais surtout les boutons d'or, les frais boutons d'or jaunes et luisants avec leurs feuilles épaisses, comme de véritables petites coupes de beurre, beaux, beaux... Je me souviens de moi, petit bout de bonne femme de six ans, qui me tenais à l'extrémité de la pelouse, subjuguée par la beauté du gazon vert et du bouton d'or jaune que j'aimais avec la passion que je mettais dans tout. Je me souviens de l'appel irrité de Miss Taylor: "Will you come, when I call you?"[39] et de mon soupir, de mon chagrin parce que je devais la suivre, m'éloigner de ce spectacle enchanteur, l'herbe verte et les petites coupes de beurre, tellement, tellement belles, éclatantes et gaies. Ce jaune vif disséminé sur le tapis vert de l'herbe... Pendant des années, dans Alexandrie jaunie sous le soleil, je me suis rappelé cette pelouse avec les boutons d'or jaunes, et je regrettais douloureusement la verdure des pays du nord. Je n'ai jamais revu d'herbe (grass) et de boutons d'or (buttercups) sans me ressouvenir de Gratz avec la même douleur nostalgique[40].

La tante Marietta avait une robe de soie violette, très large, très évasée, richement ornée, avec beaucoup de falbalas, que nous avions surnommée « the unlucky dress[41] » parce qu'il suffisait qu'elle la portât pour qu'il se mît à pleuvoir. Et, naturellement, excursion, promenade ou toute autre sortie était alors remise à plus tard parce que sous la pluie cette robe de prix aurait été gâtée.

39 « Veux-tu venir quand je t'appelle? »
40 Dans ce texte inachevé, Delta a noté entre parenthèses le nom des végétaux dans la première forme qui lui vient à l'esprit, en anglais ou en français mais pas en grec.
41 « La robe qui porte malheur. »

Un soir, nous étions partis en direction du parc tous ensemble, entassés dans un landau, la tante, l'oncle, Clio, Miss Taylor et nous, les trois grands. Notre tante s'était sanglée dans son unlucky dress à notre grand désespoir parce que nous allions voir un feu d'artifice qu'on devait tirer dans le parc et grande était l'excitation de tous. Clio supplia notre tante de ne pas porter sa belle robe et nous avions joint nos prières à la sienne pour qu'elle ne mette pas the unlucky dress. Mais c'était l'été et nous allions à un rassemblement festif. Notre oncle nous expliqua en plissant ses bons yeux dans un généreux sourire qu'il fallait que notre tante mît ses beaux atours. Et nous partîmes.

Mais c'était une unlucky dress. En route, nous fûmes pris dans un orage épouvantable avec du tonnerre, des éclairs et des trombes d'eau et nous rebroussâmes chemin, serrés dans la voiture fermée, tous désespérés.

Miss Taylor en avait pris de l'humeur. Et son humeur retomba sur nous! Ce même soir, ou un autre semblable dont le souvenir est lié à the unlucky dress, nous faisions notre prière, en rang, tous les trois agenouillés par terre. À Alexandrie, nous faisions notre prière tous les trois côte à côte, debout, en chemise de nuit; c'était la dernière chose que nous faisions avant de nous mettre au lit, quelquefois en présence de notre mère si elle était à la maison, la plupart du temps avec Eugénia. Nous disions le *Credo*, le *Sanctus* trois fois, le *Pater noster*, et nous terminions par « Bonne Mère, mon doux Jésus, protégez mon papa, ma maman », et suivait tout un chapelet de frères et sœurs, oncles, tantes, parents, connaissances puis « tous les chrétiens ». Les Juifs et les Arabes pouvaient aller au diable. Nous ne priions pas pour eux. Le *Pater noster*, quant à lui, nous laissait perplexes matin et soir à cause du « *Libera nos a malo* » qui nous évoquait « nos cent melons[42] », ces melons qu'on vendait sur les bords de route. Quel rapport le *Pater noster*, avec toutes ses supplications que nous ne comprenions guère qu'à moitié, avait-il avec les melons que nous mangions souvent à table ? Cela resta pour moi un mystère qui me titilla jusqu'à ce que je sois devenue grande. Mais je n'ai jamais posé de question. J'avais honte de faire voir que j'ignorais la place que pouvaient tenir les melons à côté de nos péchés et du Mal.

À Gratz, donc, où Miss Taylor avait davantage d'autorité sur nous, elle nous faisait faire notre prière selon l'habitude protestante, à genoux et les mains jointes, paume contre paume les doigts dressés vers le haut. Nous étions tous les trois en train de réciter avec recueillement le *Pater noster*, à genoux en chemise de nuit, quand Miss Taylor, qui se tenait derrière nous, poussa un cri :

– Un tigre ! Sous le lit !

Fini le *Pater noster*, fini le recueillement. Bondissant sur nos pieds en hurlant, nous courûmes vers Miss Taylor et nous accrochâmes à son cou, criant et pleurant ; Francesca, Clio et la tante Marietta accoururent. Mais le moyen de nous calmer ! Nous pleurions, nous étions tout tremblants, affolés. L'oncle souleva les

42 *Credo*, *Sanctus*, *Pater noster* : Delta cite les prières dans le grec d'église, byzantin, et nous rendons ici le décalage linguistique pour les enfants par le latin qui correspond exactement au même décalage. À l'oreille, la petite Pénélope croit reconnaître le mot « oursins » en démotique. Il a donc fallu trouver l'équivalent.

couvertures de tous les lits pour nous montrer qu'il n'y avait pas de tigre. Rien à faire ! Il y avait un tigre ! Sûr, il y en avait un !

Cependant l'explication que donna Miss Taylor nous empêcha de donner notre propre version des faits justifiant notre frayeur inexplicable.

– Ces enfants sont stupides, répondit-elle aux interrogations de notre tante. Ils disaient tranquillement leur prière quand soudain ils ont bondi en criant qu'il y avait un tigre sous le lit !

Comment aurions-nous pu, nous, la démentir en disant que cette « Anglaise soucieuse de vérité » nous avait fait peur, que c'était elle qui avait vu un tigre sous le lit ! Pauvres innocents nous eûmes à subir une nouvelle semonce de la tante Marietta à cause de notre stupidité, de notre poltronnerie, du bruit que nous avions fait, de tous les dégâts qui s'en étaient suivi. Nous nous retirâmes et Miss Taylor nous mit au lit en se moquant elle aussi « for our cowardice[43] ». Et nous nous couchâmes sans prière, étouffant nos sanglots, notre tremblement et notre honte sous nos draps, sans être pour autant convaincus que le danger avait disparu, qu'il n'y avait pas de tigre sous le lit. Et le lendemain, le surlendemain et toutes les nuits, du moins en ce qui me concerne, avec l'obscurité revenait aussi la peur du tigre, la peur qu'il soit de nouveau sous le lit.

Pour quelle raison Miss Taylor s'en alla-t-elle ? Je l'ignore. En revanche, je me rappelle son départ de notre maison d'Alexandrie, ses adieux avec sa promesse de revenir la semaine suivante. Mais

43 « De notre couardise. »

alors que le soir commença de tomber et que les moineaux stridulaient leur chant nocturne dans l'arbre voisin, je pensai avec nostalgie à Miss Taylor. Je me rappelai toutes les autres nurses parties avec la promesse de revenir et qui n'étaient jamais revenues. Je compris qu'elle était partie pour toujours et me mis à pleurer. Je pleurais, pleurais, inconsolable et je répétais à Eugénia qui cherchait à me calmer par des promesses : « Je le sais, je le sais qu'elle ne reviendra plus. »

Il faut que mon désespoir ait été grand (les enfants aiment tous ceux qui vivent auprès d'eux, y compris ceux qui les tyrannisent) puisque Eugénia alla dire à notre mère qu'elle ne parvenait pas à me calmer. Notre mère vint et me trouva tout en pleurs. Elle me dit d'un ton sévère : « Qu'as-tu à pleurer ? C'est parce que Miss Taylor est partie ? Comme si tu n'avais ni père ni mère ? »

J'eus terriblement honte ! Mais je ne compris pas. Ma mère me grondait et la honte m'étouffait. Et je ravalai mes larmes parce que j'avais honte de pleurer « alors que j'avais un père et une mère ». Mais je ne comprenais pas quel rapport il y avait entre le fait d'avoir un père et une mère et mon chagrin du départ de Miss Taylor. Le seul résultat fut qu'à mon chagrin s'ajouta la honte de l'indélicatesse dont je faisais preuve en pleurant le départ de Miss Taylor alors que j'avais un père et une mère. Quand je me mis au lit, sous mes draps, en cachette, silencieusement, sous ma moustiquaire, je pleurai, pleurai, pleurai jusqu'à ce que le sommeil me prenne.

À la coquette Miss Taylor, qui dans le parc de Gratz avait toujours auprès d'elle un ou deux beaux officiers – je me rappelle l'un d'eux qui me prenait sur ses genoux et me donnait un sac de bonbons jaunes, tout ronds avec une fleur rouge en sucre à l'intérieur et qui, tandis que je mangeais, contait fleurette à Miss Taylor en fumant d'excellents cigares. Leur parfum, chaque fois qu'il arrive que quelqu'un fume un de ces fameux cigares, me renvoie l'image du bel officier et de Miss Taylor, les yeux baissés, parlant à voix basse pour que je n'entende pas – à la coquette Miss Taylor, donc, succéda Miss Degroushy, un grand échalas, sèche, décharnée, laide, méchante, les cheveux rares et raides, tirés et ramassés en chignon serré sur sa nuque disgracieuse. Je pense que notre mère l'avait choisie laide pour éviter le retour de flirts comme ceux de Miss Taylor. Mais elle ignorait sa méchanceté et pendant longtemps n'imagina pas qu'elle était ivrogne et que dans son ivrognerie elle nous rouait de coups.

Il fallut que nous partions l'été (c'était en 1881), que nous allions au Pirée, de nouveau avec l'oncle et la tante Mitaraki, que nos parents viennent nous y chercher pour que notre mère prenne conscience de ce qu'était cette femme.

Elle nous torturait littéralement. Sa main, osseuse et sèche, frappait comme un battoir sur notre dos, notre tête, notre visage, au petit bonheur la chance.

Nos parents partirent l'été pour l'Europe – pour que notre mère prenne les eaux et pour les affaires de notre père – et l'oncle et la tante Mitaraki vinrent nous chercher pour nous emmener au Pirée où nous logeâmes de nouveau dans la troisième des sept maisons de la rue Schiller tandis que le roi Georges Ier occupait la première, la grande.

C'est alors que le chien du roi, Don, un grand lévrier, mordit Andoni à la lèvre supérieure, grand événement, fait historique dans notre petit monde à nous, les enfants. Ce fut la même année qu'Alexandros dit « Toi, alors! » à l'officier qui passait à cheval et qui rit. Cette effronterie d'Alexandros fit date dans notre vie et empoisonna ses années d'enfance, le pauvre. Car chaque fois qu'Andoni voulait le contraindre à faire quelque chose qu'il ne voulait pas, il le menaçait de dire à maman qu'il avait dit « Toi, alors! » à l'officier. Et bien qu'aucun d'entre nous ne rapportât jamais, la menace faisait toujours son effet et, fondant en larmes, le pauvre Alexandros se soumettait au despotisme de son aîné.

Ce fut la même année que, passant avec toute l'école militaire, un Cadet dit à Alexandra : « Tu viens? Tu viens avec moi? » Et qu'elle manqua d'étouffer de honte. La même année que je vis le roi discuter avec Chatzipétros (le père), que je courus, lui pris la main et lui dis « Bonjour Monsieur le Roi » et qu'il me dit agacé : « Bonjour, remonte chez toi pour ne pas prendre froid! » Ma tante me punit en me privant de riz au lait et je ne compris jamais pourquoi on me punissait puisque j'avais dit poliment « Monsieur le Roi ». Grands événements que tout cela pour notre petit monde.

Lors d'une promenade que nous fîmes à Castella, cet été là, Miss Degroushy s'enivra, nous rossa tous, nous balafra le visage, et nous ramena à la maison tant bien que mal, se mit au lit complètement ivre. Notre mère qui était revenue au Pirée avec notre père la vit, ainsi que notre oncle, le docteur Kalambokidi, tirer de sous son oreiller une bouteille de cognac et boire. Alors elle la chassa. Et à partir de ce moment nous échappâmes aux nurses anglaises. C'est pourquoi au moment de la révolte d'Arabi, nous nous retrouvâmes sur l'*Hellas* avec Eugénia comme bonne, sans aucune mégère anglaise.

Les choses se gâtaient à Alexandrie ; il ne pouvait être question de retourner chez nous. L'*Hellas*, cependant, ne pouvait plus nous contenir tous ; de nouvelles familles arrivaient sans cesse d'Alexandrie ou de l'intérieur du pays. Avec quelques autres familles, notre père affréta un petit bateau grec, l'*Argolis*, et nous partîmes pour la Grèce.

Le bateau était petit, exigu et avait été armé en toute hâte pour le voyage. En quelques heures il se remplit et déborda de monde. En plus des familles qui l'avaient loué, arrivaient en rangs serrés des familles grecques qui, prises de panique, suppliaient pour monter à bord, pour partir en Grèce. Il était impossible de le leur refuser et elles s'entassèrent comme elles purent dans les salles à manger, les coursives et même sur le pont. Pour éviter d'avoir encore d'autres passagers, le capitaine leva l'ancre rapidement et nous appareillâmes avec les vivres que contenait le bateau.

Nous fîmes un voyage épouvantable. Au lieu des trente-six heures que devait mettre le bateau pour aller en Crète, il nous fallut trois jours. Nous souffrions du mal de mer de façon pitoyable. Puis, à partir de la Crète, nous trouvâmes la bonace et, après ce que nous avions enduré, cela nous ouvrit l'appétit. Mais nous étions nombreux et la nourriture était peu abondante. Je me rappelle que nous avions faim. Il n'y avait plus de produits frais. Le capitaine donna l'ordre de nous distribuer des conserves et nous, les enfants, étions tout contents de cette désorganisation. L'un mangeait des sardines en boîte, un autre du fromage, un autre des olives, un autre du sucre ou buvait de la citronnade à la place du café ou du café au lieu de citronnade, l'un mangeait du pain rassis, l'autre des biscottes et un autre de la galette. Je me rappelle ma mère, inquiète, disant à une femme grecque mariée à un Anglo-Levantin nommé Baker : « Il n'y a plus un seul citron à bord. Si quelqu'un est malade, qu'adviendra-t-il ? »

Personne ne fut malade, mais cette madame Baker, qui était une véritable virago créa un incident qui fut un événement historique dans notre vie. C'était la bonace, la mer comme un miroir, les montagnes de la Crète d'une touchante beauté, avec leur terre rouge sur laquelle se détachaient çà et là des taches de verdure, et j'avais abandonné les jeux sur le pont du navire pour voir « la patrie » et ses montagnes, dans un élan de romantisme, quand j'entendis des éclats de voix et des altercations. Effrayée, je me retournai et vis la virago Mrs Baker qui donnait deux soufflets à Stavros Kartoulis, le deuxième fils de Giorgis Kartoulis. Grande émotion dans la famille ! Une dame frapper un enfant qui n'est pas de sa famille ! Quelqu'un dut sans doute dire quelque chose de ce genre puisque la virago hors d'elle, toute rouge, échauffée, s'écria :

– Même si c'était le fils du roi, je l'aurais frappé, et comment donc ! Donner un bouton à manger à mon enfant !

M. Kartoulis avait interrogé Stavros qui, pleurant à chaudes larmes, protestait que jamais il n'avait donné de bouton à manger à Baker, qu'il l'avait avalé de lui-même et qu'après il avait eu peur de mourir, avait couru près de sa mère et lui avait dit que c'était Stavros qui le lui avait donné.

Debout, petite troupe d'enfants stupéfaits, nous regardions Stavros, assis sur un banc à côté de son père tandis que ce dernier le regardait en silence et que Stavros pleurait de dépit ; et nous entendions les propos échangés par les femmes, les éclats de voix pleins de colère de Mrs Baker et les protestations à voix basse de nos mères.

Digne et calme, Mme Kartouli disait :

– Si mon enfant a fait quelque chose de mal, elle aurait dû me le dire, que je le punisse moi-même. Mais une dame ne lève pas la main sur un enfant qui n'est pas de sa famille !

Et nos mères d'approuver.

Mrs Baker s'était mise à l'écart avec son enfant gâté, un grand dadais plus âgé que Stavros, et nous faisions « bloc » contre lui. Tout notre petit monde se ligua en faveur de Stavros contre Baker et nous boycottions celui-ci, cet Anglais qui avait dit des mensonges, ou qui, à supposer que ce fût la vérité, n'aurait pas dû rapporter et qui était cause de ce que sa mère avait souffleté Stavros.

Stavros était grec. Baker anglais. Par principe, le Grec ne pouvait qu'avoir raison et l'étranger avoir tort. Et nous étions remontés par Stamos Chorémi qui était cousin de Stavros Kartoulis, l'offensé. Il nous démontrait par un chapelet d'arguments que ce « sale Anglais » avait dit des mensonges.

– Que dit-il là ? Donne-t-on un bouton à manger à un être humain ? Et s'il le lui a donné, pourquoi l'Anglais l'a-t-il mangé ? Baker est donc un bébé ? Il est plus grand que Stavros. Et il n'a pas eu honte de dire ça à sa mère ? Et elle n'a pas eu honte de frapper un enfant qui n'est pas de sa famille ? Elle dit qu'elle aurait même frappé le fils du roi ! Oui ! Allons-donc ! Cela aurait été la prison ! Mais elle n'a eu affaire qu'à Stavros etc., etc.

Notre indignation s'enflamma et pendant toute cette dernière journée de voyage, nous avons boycotté non seulement Baker mais aussi sa petite sœur, une fillette douce et tranquille qui avait elle aussi le défaut d'être née anglaise.

Et pourtant, dans notre maison, ce qui était anglais était particulièrement prisé. Meubles anglais, argenterie, vaisselle, verrerie anglaises, linge anglais, savons anglais (Windsor soap, puis Pears soap étaient les seuls, en dehors du savon crétois pour la lessive, à entrer dans la maison), encaustiques anglaises, produits anglais pour nettoyer l'argenterie, fils, aiguilles, boutons, tout était anglais, et nous avions été élevés dans le respect de tous les produits anglais. Mais, en même temps, notre éducation demeurait grecque et chaque fois que ce qui était grec entrait en concurrence avec quoi que ce soit d'étranger, notre élan patriotique allait jusqu'au chauvinisme. Plus tard ce sentiment enfantin fut contrecarré, devint douleur, souffrance, prit la forme d'une torture. Les influences étrangères lui donnèrent une autre coloration, le firent passer par différents moules, toujours blessants, souvent humiliants, toujours instruments de torture. Mais tout cela vint plus tard, à un âge plus avancé. À l'époque, nous étions encore des Grecs chauvins, nous autres les enfants.

Cette année-là, le frère de notre mère, Yanni Chorémi, nous accueillit à Athènes. Sa maison, un hôtel particulier de deux étages, une très belle demeure, à l'angle de la rue Koraïs et de la rue du Stade, avec des pièces de service sur les terrasses, parvenait à tous nous loger, sa propre famille et nous tous.

La rue du Stade à cette époque était la limite d'Athènes. Au-delà de l'angle où se trouve aujourd'hui le Grande Bretagne[44] il y avait des champs. L'Ancien Palais se dressait tout seul au milieu de la terre et des cailloux, unique construction sur une grande place déserte. Nous, les enfants, nous allions quelquefois nous promener au Stade. Je me rappelle confusément un chemin peu praticable, de la terre, des cailloux, des passages difficiles, des lieux desséchés, poussiéreux, affreux. La maison de l'oncle était une oasis. Il y avait quelques autres belles maisons, mais nous n'en voyions que l'extérieur, nous n'allions nulle part.

C'était l'époque où les Athéniens, pauvres, envieux et obligés de se restreindre, en avaient contre la diaspora, les riches Grecs de l'étranger, qui, après avoir gagné quelque argent, revenaient dans leur patrie, bâtissaient des maisons, faisaient construire à leurs frais des bâtiments et des institutions, mais vivaient aussi plus à l'aise que les gens de Plaka qui ne le leur pardonnaient pas. Les Grecs de la diaspora portaient des pardessus tandis que

44 L'hôtel Grande Bretagne a été construit en face du Palais royal, au milieu du XIXe siècle, par un riche grec de la diaspora qui voulait un hôtel particulier. Depuis son rachat par un couple d'hôteliers franco-grec venu de Paris vers 1873, il porte ce nom français. Agrandi depuis, il reste aujourd'hui un des grands hôtels athéniens.

les Athéniens s'enveloppaient encore dans des châles. Comment auraient-ils pu le leur pardonner?

Nous entendions des conversations à ce sujet à table, nous n'y comprenions pas grand-chose mais le mot « diaspora » représentait dans notre imaginaire enfantin tout ce qui était supériorité, culture, patriotisme, noblesse, tandis que « l'Athénien », « l'homme de Plaka » était jaloux, misérable, malchanceux.

Un événement insignifiant nous conforta dans cette vision des choses. Nous étions, toute la marmaille, dans le train avec Eugénia et nous allions à Phalère ou au Pirée, je ne sais. Dans le même compartiment était assise une dame, le type même de l'Athénienne d'alors réputée pour sa laideur, jeune encore, le teint jaune, sèche, décharnée, serrée dans sa robe de mauvais goût, suintant la mauvaise bile et les restrictions. Un cireur passait avec une brassée de fleurs et s'arrêta devant la vitre de notre compartiment.

– Belles roses! s'écria-t-il gaiement.

– Nous n'en voulons pas, répondit sèchement notre voisine.

Nous, les yeux écarquillés, regardions avec envie les fleurs toutes fraîches. Mais nous, les enfants, n'avions jamais un sou en poche et Eugénia dans ses rondeurs et sa tranquillité trônait dans l'angle opposé et, regardant le cireur, ne faisait même pas mine de sortir, pour un achat aussi futile que des fleurs fraîches, l'argent confié par sa maîtresse. Mais le cireur vit notre désir et redit :

– Belles roses!

– Nous n'en voulons pas, répéta l'Athénienne revêche.

– Belles roses! dit le vendeur pour la troisième fois, regardant en souriant lui aussi les quatre enfants en face de lui.

– Nous n'en voulons pas? Comment faut-il te le dire? En turc? dit l'Athénienne qui commençait à s'échauffer. Le marchand de fleurs lui dit d'un air moqueur :

– Elles sentent bon!

– Ça suffit! siffla entre ses dents l'Athénienne aigrie et agacée. Puis le cireur s'éloigna et le train partit.

Mais dans notre souvenir, dans nos histoires d'enfants, ce dialogue joua un rôle important, avec la laideur sèche et jaunâtre de l'Athénienne, son air d'avoir le guignon, les gestes de ses mains desséchées qui lissaient, nerveusement, les plis de sa robe rouge brique. Telle était l'Athénienne. Elles étaient toutes ainsi, le teint jaune, pleines de guignon, grincheuses, jalouses, pingres au point de ne pas acheter de belles roses qui sentaient bon. Et elles jalousaient les Grecs de la diaspora, qui achetaient des roses, puisque la maison de l'oncle Yanni était toujours ornée de fleurs et de plantes et que dans son petit jardin, à l'arrière de la maison, il y avait des roses, de la pelouse et des arbres et que ses allées étaient recouvertes de petits galets propres avec lesquels on avait du plaisir à jouer et à se remplir les poches.

Cette Athénienne nous avait laissé une telle impression de laideur que lorsque, jeune fille de dix-sept ans j'eus l'occasion de retourner à Athènes, et plus tard encore, une fois mariée, et que je vis les belles, fraîches Athéniennes, souriantes et bien habillées, il me fallut du temps pour faire coïncider dans mon esprit l'Athènes de mes souvenirs d'enfance avec l'Athènes que je voyais alors. Tant elle avait changé en si peu d'années.

L'été fini, nous retournâmes à Alexandrie. Nous la trouvâmes en cendres. Le quartier où nous habitions avait presque entièrement brûlé. Notre maison avait, comme par miracle, échappé à l'incendie. Un brandon était tombé sur le balcon de bois et y avait fait un trou. La pièce sur la terrasse aussi avait pris feu et notre mère vit une sorte de fosse ouverte, toute noire. Mais les deux feux s'étaient éteints d'eux-mêmes.

« Les maîtres sont bons et Dieu a étendu sa main sur eux » dit en notre présence Irini, la repasseuse, à Eugénia. Et nous, les enfants, gardâmes la conviction que Dieu avait couvert la maison de sa main et l'avait épargnée parce que nos parents étaient tellement bons. Mais je cherchais souvent à me représenter combien la main de Dieu devait être grande pour couvrir toute notre maison.

Dame Irini, la repasseuse, venait quand la lessive était finie repasser les vêtements parce qu'Eugénia ne suffisait pas à la tâche. J'aimais beaucoup la voir repasser et particulièrement faire des « tuyaux » avec une sorte de ciseaux particuliers, le « fer à tuyauter », sur les innombrables petits volants des jupes, des bustiers et des manches de mousseline blanche de notre mère. Je m'échappais de la salle d'étude, quand notre mère était absente et que je savais ne pas risquer d'être grondée, et j'allais à la cuisine où, sur une grande table, la petite et rondelette dame Irini avec son fichu noir repassait, et je la regardais, médusée. Mais jamais elle ne me donnait le fer pour que je repasse, moi aussi, parce que, disait-elle, je lui aurais roussi les vêtements.

– Quand je serai grande, je serai repasseuse, lui dis-je un jour.

– Ah oui ! Tu as choisi là un joli métier pour rôtir près du feu et te brûler les doigts ! me répondit-elle.

– Pourquoi ? Ce n'est pas difficile de repasser !

– Ah ! Tu crois ça, hein ?

– On met le fer au feu et quand c'est chaud on étend le vêtement, on l'asperge et on le repasse. Je sais le faire moi aussi !

– Ah ! Tu penses ça ? Tu ne vois pas que j'ai les vêtements humidifiés et roulés un par un depuis hier ? Ma foi, si le repassage était comme tu dis, je leur donnerais un coup de fer et je les mettrais à la porte.

Pendant des années et des années, j'ai repensé à ces paroles importantes de dame Irini. Mais je n'ai jamais compris pourquoi, si le repassage avait été facile, elle aurait donné un coup de fer aux vêtements et elle les aurait mis à la porte. Ce fut un des problèmes non résolus de ma vie d'enfant.

La lessive était un grand événement à la maison. Les bonnes maîtresses de maison de cette époque examinaient, triaient tous les vêtements lavés, séparaient ceux qui étaient en bon état de ceux qui étaient déchirés, mettaient de côté ceux qui avaient besoin d'être reprisés et les ravaudaient. Notre mère était particulièrement bonne ménagère. Tout le linge de la lessive, jusqu'au dernier torchon de la cuisine, passait entre ses mains. Jusqu'à la fin de sa vie, désormais âgée et riche, elle continua d'examiner toute seule chaque pièce qui venait d'être lavée.

Les jours de lessive, Eugénia apportait le linge sec, corbeille après corbeille, de la terrasse à la lingerie, et notre mère l'examinait et le réexaminait pièce par pièce, mettait ce qui était en bon état dans la corbeille du repassage et dans l'autre elle entassait, pliés sur l'envers tout ce qui était à recoudre. Ces « raccommodages » passaient tous entre ses mains. Je la revois encore, assise sur le sofa avec une montagne de linge déplié, des draps tout blancs, des nappes, des serviettes, des essuie-mains, des sous-vêtements à côté d'elle, penchée en avant en train d'étaler à ses pieds chaque pièce de linge, la plier et la mettre sur le tas des « prêts à l'emploi » ou des « raccommodages ».

Ces jours-là, elle ne bougeait pas de la maison et il fallait que nous soyons particulièrement calmes, pour ne pas provoquer de semonce. L'après-midi, dans la salle à manger, notre mère recousait ce qui était déchiré, toute seule ou en compagnie de ses cousines, nièces ou amies qui apportaient leur ouvrage elles aussi, et le soir, après le repas, elle cousait encore jusqu'à l'heure du coucher. Notre mère était une ménagère infatigable.

Dans notre salle d'étude, occupant tout un mur, se dressait un énorme placard de bois blanc verni avec trois portes à doubles battants. Notre mère y rangeait toute seule, après les avoir comptées, toutes les pièces de linge de maison repassées après la lessive, sa fierté et son « luxe », comme elle disait. Tous les dimanches matins, elle venait avec son trousseau de clefs, ouvrait l'armoire à linge et distribuait à la cuisinière et à Eugénia les draps, les nappes, les chiffons à poussière etc. pour la semaine. Ce matin-là, nous savions qu'elle viendrait, nous l'attendions et nous étions sages, studieux, des enfants modèles. Mais il arrivait que dans la semaine notre mère ait besoin d'ouvrir le placard et il y avait alors des imprévus. Notre mère constatait des bêtises. S'ensuivaient punitions, soufflets et réprimandes. Ces visites impromptues étaient des cauchemars pour nous, parce qu'elle trouvait souvent des bouts de papier ou des chiffons et il s'ensuivait un coup de balai dans nos tiroirs et armoires et une mise à la poubelle de trésors tels que découpages, images mal coloriées, jouets cassés, vieilles boîtes, bouts de verre, perles, bobines de fil vides etc.

Un jour, un après-midi, armée d'une paire de ciseaux, Alexandra, qui était la plus adroite, découpa un petit diable cornu avec bras et jambes écartés et lui passa un fil à la tête. Andoni, qui avait de l'imagination et était ingénieux, mâchouilla un bout de papier, en fit une boulette, y inséra l'extrémité du fil et, à la une, à la deux, envoya le petit diable en l'air, vers le plafond. Le papier mouillé en forme de boule se colla au plafond et le petit diable demeura suspendu.

Quelle joie ! Et quel jeu extraordinaire ! Nous nous mîmes tous les trois à découper des petits diables, à mâchouiller du papier et à les envoyer au plafond aussi vite que nos mains nous le permettaient. En peu de temps, le haut de la pièce devint une forêt de petits diables en papier, et par la fenêtre soufflait un petit vent qui les faisait aller et venir.

Le jeu nous avait grisés. Mais soudain notre mère entra avec ses clefs et ouvrit le placard à linge.

Au-dessus de sa tête les petits diables dansaient au vent ; chacun d'eux avait laissé sur le plâtre un petit rond humide autour du papier mâché et derrière elle, nous les coupables tout tremblants, nous nous regardions les uns les autres dans l'attente de la fatale semonce, priant tout bas pour que le vent cessât de faire bouger les petits diables.

Comment se fit-il qu'elle ne les vit pas? Elle dont l'œil repérait la moindre petite poussière, la moindre tache? Très pressée ou trop préoccupée, notre mère sortit le linge qu'elle voulait et s'en alla sans avoir remarqué ni les petits diables ni nos mines coupables. Mais cela nous servit de leçon. Andoni se rendit à la cuisine en cachette, rapporta un balai, et nous décrochâmes tous les petits diables. Et ce jeu merveilleux ne se renouvela pas sauf quand notre mère se trouvait être absente de la maison.

En face de notre maison, il y avait une autre grande okelle. Au rez-de-chaussée notre père avait son bureau où travaillaient différents employés, des Grecs pour la plupart et un ou deux Anglais. Aux autres étages habitaient des familles de notre connaissance. Cette okelle appartenait à Constantino Zervoudaki qui occupait l'un des étages et avait un régiment d'enfants plus laids les uns que les autres, tous plus âgés que nous à l'exception de deux filles, l'une un peu plus grande qu'Alexandra et l'autre à peu près de mon âge. Cependant nous ne les fréquentions pas. Ils étaient riches et fiers, des gens prétentieux, et même si nos familles se rencontraient, c'était chez des tiers et nous, les enfants, nous nous saluions froidement, de loin. Constandi Sinadino habitait aussi avec sa famille dans l'okelle des Zervoudaki. Très riches, tous les Sinadino avaient des airs de grande famille, les hommes étaient très beaux, très « grands seigneurs », le contraire des Zervoudaki qui étaient prétentieux mais sans grandeur.

Un jour, pour Noël, Constandi Sinadino organisa une grande fête, avec un arbre et des jouets superbes pour tous les enfants, qui dut lui coûter une vraie fortune puisque tous les enfants de la Communauté étaient invités.

J'étais encore très petite, peut-être avais-je cinq-six ans, mais je me rappelle cet arbre, tout illuminé, doré et argenté, un vrai sapin, qui montait jusqu'au plafond, et la multitude de jouets tout autour, comme dans un conte des *Mille et une nuits*. Je me rappelle le festin, d'innombrables piles de gâteaux, de tartes, des plats remplis de chocolats, de fondants, de marrons glacés, des rangées de carafes de cristal pleines de citronnade, d'orangeade, de lait d'amande, des pyramides de glaces, et le meilleur, « l'unique » régal, pour un enfant gourmand, la tasse de chocolat chaud, mousseux qu'on me donna dès qu'on m'eut assise à table et noué une serviette autour du cou.

Étions-nous accompagnés par notre éternelle bonne anglaise ou par notre mère? Je ne m'en souviens pas. Mais je me rappelle qu'un certain monsieur barbu, peut-être l'un des Sinadino, me donna un petit carton avec un numéro écrit dessus, me prit par la main et me conduisit au fantasmagorique étalage de jouets qui envahissait toute la pièce où se trouvait l'arbre. J'admirais avec envie deux chambres à coucher de poupée assez grandes pour que je m'y tienne assise, l'une bleue, l'autre rose, avec un ravissant petit mobilier de bois, une armoire à glace, une table de toilette, des tiroirs, une table, des chaises, du papier peint coloré aux murs, des rideaux et des couvre-lits en soie avec de la dentelle[45], un ensemble de rêve, et une maman-poupée, un poupon et une nounou qui tenait un biberon.

J'étais restée en arrêt, médusée. Mais le monsieur me tira par la main.

– Viens prendre ton jouet, me dit-il.

– Celui-ci !... demandai-je, dévorant des yeux les chambres à coucher.

– Non, toi tu as tiré au sort autre chose, me dit le monsieur. Et il me mit dans les bras une poupée presque aussi grande que moi, vêtue d'une robe en soie à ramages, jaune pâle et rose, coiffée d'un « bonnet » et avec des dessous de fine dentelle. C'était une très belle poupée. Mais je n'en voulais pas, je voulais l'une des chambres ! La poupée était grande et lourde, mais je la détestai. Et comme elle était lourde et me heurta un peu le front, j'y trouvai le prétexte pour éclater en sanglots.

– Qu'as-tu à pleurer ? me demanda le monsieur.

– La poupée m'a cognée, dis-je.

Le monsieur rit. Moi, j'avais le cœur brisé que la loterie ne m'ait pas attribué l'une des chambres ! Une autre fillette, à peu près de mon âge, me vit, et me dit avec dédain : « N'as-tu pas honte de

45 À cette époque-là, à Alexandrie, on jetait l'argent par les fenêtres. Sur la petite courtepointe du lit de poupée et sur les rideaux, Mme Constandi Sinadinou avait fait coudre une fine valencienne (*sic*), des plus belles, d'une largeur de quatre doigts. Ma mère la remplaça par une imitation et la garda. Elle était si belle et si fine que, lorsque je me suis mariée, ma mère me la donna et en garnit la chemise la plus fine de mon trousseau. (Note de Delta.)

pleurer parce que ta poupée t'a cognée? » Et je fus très vexée, en plus de mon chagrin[46].

Cette fillette était l'une des rares que nous fréquentions dans les jardins où nous allions nous promener. C'était une des filles de Thémistocle Sinadino qui était un cousin de Constandi et avait alors trois enfants, Fanny, l'amie d'Alexandra, Maggie, ma compagne qui m'avait fait honte de mes larmes, et un garçon, Augustino, plus jeune que nous et que nous n'admettions pas parmi nous. L'anglomanie sévissait alors dans toute la communauté grecque et il était « chic » d'angliciser les noms de ses enfants. Ainsi, par exemple, Fani s'appelait-elle Fanny, Margarita Maggie. Les deux enfants de Constandi s'appelaient John et Steffy, les deux filles Zervoudaki Angelina et Missy. Quel était le vrai prénom de la seconde, je l'ignore. Une certaine Polyxéni, beaucoup plus jeune que nous, fille d'un frère de Constandi Sinadino, Ambrousi, était appelée Polly. Nous faisions partie, nous et nos cousins, des rares enfants grecs à nous appeler à la manière grecque avec nos prénoms grecs. Mais de nombreuses années passèrent avant que nous le comprenions et en tirions fierté, avant que ne s'éveille notre conscience nationale.

Cependant, nous observions, Maggie et moi, la distribution des jouets. La chambre bleue échut à Alexandra et la rose à la fille de la riche et très élégante Mme Maximou, à la belle petite demoiselle blonde qui répondait au prénom suprêmement grec d'Argyro, et avait deux ans de plus qu'Alexandra.

46 La fillette, Maggie Sinadinou, deviendra plus tard, lorsqu'elle seront jeunes filles, la grande amie de Pénélope.

Je me la rappelle, Argyro Maximou, belle et fière, presque dédaigneuse, recevant son jouet, pour moi un trésor digne d'un conte de fées, comme quelque chose d'ordinaire, sans grande importance, prenant les poupées et les remettant à leur place après les avoir examinées, et regardant avec indifférence ses propres richesses et les autres cadeaux tout autour.

Sa mère était réputée comme une femme méprisante et très riche, avec de beaux cheveux noirs et une taille très fine, qui ne portait jamais deux fois la même robe pour aller au bal. Devenue adulte, j'ai entendu ma mère dire à de nombreuses reprises en parlant de ces bals :

– On nous invitait, Mme Maximou, les Sinadino, M. Antoniadis (autre Grec très riche auquel appartenait le grand jardin près du Canal où nous allions jouer le vendredi, jour où il était ouvert au public), M. Zervoudaki et d'autres. Mais comment, moi, aurais-je pu y aller ? Je laissais votre père s'y rendre seul, s'il en avait le temps, et je restais à la maison, feignant d'être occupée. Toutes ces dames changeaient de toilette à chaque fois. Moi, j'en avais une, deux tout au plus. Je n'aurais pu m'abaisser à dire que votre père n'avait pas assez d'argent et, en outre, cela me déplaisait d'être regardée avec condescendance. Je préférais rester chez moi.

Alexandrie fut toujours snob, et dans ces années-là et quand je fus devenue adulte la société grecque était brillante, riche, fermée aux étrangers qui cherchaient à s'y faire admettre à tout prix. C'étaient toutes des familles de classe supérieure, les Ralli, les Rodocanaki, les Negreponte, les Salvago, les Valenti, les Scanavi, les Vouri, et tant d'autres qui m'échappent. Quelques étrangers étaient admis, les consuls généraux, les directeurs de banques et de grandes maisons de commerce, très peu de Juifs, et encore moins de Syriens que nous appelions Levantins avec mépris.

Tout ce qui dépendait des Grecs tournait bien. Notre communauté était la plus considérable et la meilleure. Églises, écoles, hôpital, la Communauté subvenait à tout, et les Grecs riches donnaient sans compter. Dans les « villages » (on appelait « villages » les villes de l'intérieur, autres que le Caire et Alexandrie), les Grecs étaient partout les plus puissants. Les bonnes variétés de coton ont été cultivées et mises au point par des Grecs. Pendant des années et bien des années plus tard, le Baedeker faisait référence aux Grecs d'Égypte comme à une « aristocratie ».

Nous avions le plus grand mépris pour les fellahs, nous tous les « blancs ». Nous les considérions presque comme du bétail. Un seul blanc rudoyait des dizaines de noirs et les mettait en fuite. Frapper un Arabe était non seulement autorisé mais nécessaire. Je me rappelle avoir vu mon père battre le jardinier, un certain Guiouma, pour insolence, et celui-ci, après la bastonnade, lui baiser la main et le veston. C'était[47] du bétail. Et c'est pourquoi à chacune de leur révolte, comme celle d'Arabi, ils se comportaient de façon bestiale. Mais pour qu'ils se réveillent et se soulèvent, il fallait qu'ils se sentent sûrs d'eux, sinon ils ne bougeaient pas, ils acceptaient toutes les offenses et les humiliations jusqu'à ce qu'ils se sentent assez forts, et alors ils tuaient à coup de *nabouts* (gourdins), notamment dans les villages où les Européens étaient peu nombreux.

47 C'est Delta qui souligne.

Quand les Anglais prirent possession de l'Égypte, ils commencèrent par jouer les gens civilisés, qui ne frappaient pas. Mais leur « civilisation » ne dura pas longtemps. Plus tard un de mes cousins[48] se trouva par hasard, à la gare de Sidi-Gaber, confronté à une scène qui l'impressionna. Le chef de la police, Hopkinson, donna un ordre à un fellah, et celui-ci lui répondit : « *Ana mali* », c'est-à-dire « Je m'en fiche ». Le beau et courtois Hopkinson se dressa sur ses étriers et avec la cravache de son cheval balafra le visage du fellah.

De telles scènes se répétaient tous les jours. Les taloches et les coups de pieds pleuvaient et les Arabes admettaient cette situation comme naturelle. Ils ressentaient eux-mêmes la supériorité de la race blanche. Les choses ont changé depuis. Ils se sont réveillés, eux aussi.

Pour en revenir à nos années d'enfance, notre mère n'aimait ni les fêtes mondaines organisées pour les enfants, ni que ses enfants aient des amis, filles ou garçons. En dehors de Fanny et Maggie Sinadino, et un ou deux enfants que nous rencontrions dans les jardins proches du Canal, nous n'avions de relations avec personne. Et ces relations, dans les jardins, dépendaient des amitiés de nos bonnes. Quand nous avions pour bonne Miss Taylor, ses amies étaient une certaine Miss Swann, bonne de Périclès et Angélina Anastassiadi, une Miss Rice et une Miss Lamb. De qui ces dernières

48 Andoni Sareyanni. (Note ajoutée au crayon par Delta dans la marge.)

étaient-elles les bonnes, je ne me le rappelle pas. Ne m'est resté que le souvenir de leurs noms amusants.

Nous n'avions pour ainsi dire pas d'autre compagnie que celle de nos cousins. Je me rappelle notamment l'ascendant qu'avait sur nous Stamos Chorémi qui savait tout.

Il nous avait dit que tous les Juifs ont un diable en eux et que, lorsqu'on leur montre une croix, le diable crève en eux et ils tombent raides morts. Nous voyions souvent, dans les jardins du Khédive, trois petites Juives, filles d'Élie Menasche, qui habitaient une belle maison avec un grand jardin, à Moharem Bey, un quartier en dehors de la ville à l'époque.

Nous avions un profond mépris pour ces petites Menasche, plus âgées que nous et plus laides l'une que l'autre. Cette année-là, elles avaient, semble-t-il, toutes trois attrapé le typhus et on leur avait rasé la tête. Elles portaient donc des bonnets blancs avec des tuyaux autour du front, et leurs chapeaux par-dessus, et elles étaient plus laides que jamais.

– Moi, je vais les faire crever, nous proposa Stamos, le voulez-vous?

Grande agitation au sein de la marmaille. Bien sûr que nous le voulions! Mais comment faire?

– Laquelle d'entre vous a une croix?

Alexandra avait une belle croix dorée suspendue à son cou. Elle était petite, en or, elle la lui montra.

– Dès cet après-midi, au jardin du Khédive, tu me l'apportes.

Au jardin du Khédive, nous étions tout agités. Nos bonnes, assises quelque part sur un banc, bavardaient et ne s'occupaient pas de nous. De notre côté, avec Stamos nous cherchions nos victimes sans beaucoup nous éloigner.

– Je vais leur montrer la croix et elles vont tomber raides mortes, nous assurait-il.

Et nous, pleins d'agitation et d'exaltation, nous attendions le spectacle.

C'est alors que nous les vîmes approcher, se promenant sans but, les trois petites Juives, vêtues de rouge brique avec leurs bonnets frilés[49], sous leurs chapeaux. Elles étaient arrivées sur le petit chemin en face d'une petite plate-bande circulaire et la plus grande nous fit un signe amical de la main.

– Maintenant, regardez ! nous murmura Stamos. Et il leva la croix, en menaçant les fillettes comme s'il allait les frapper. Nous, nous regardions, le cœur battant. Quant à elles, peut-être ne la perçurent-elles pas immédiatement. Mais la croix brilla au soleil, elles la virent, nous firent bravement la nique toutes les trois et filèrent.

La déception fut grande de notre côté ! « Elles n'ont pas crevé, elle ne sont pas tombées raides mortes, elles n'ont rien eu ! »

Mais Stamos ne perdait pas aisément la face. « Elles n'étaient pas assez près, nous expliqua-t-il, mais avez-vous vu comme elles ont fui ? Le diable en elles a été troublé. Elles ne s'en sortiront pas comme cela, ne vous en faites pas ! »

Mais nous les revîmes encore et encore, les trois filles Menasche, en parfaite santé, dans le jardin du Khédive. Mais elles ne nous saluaient plus.

49 Mot rare, désignerait le côté ondulé du bord du tissu.

Pourtant cet échec de la croix n'ébranla pas la confiance que nous avions en Stamos.

Un jour il trouva un malheureux crapaud. Du pied, il le retourna sur le dos et, tandis que le crapaud s'efforçait de se remettre sur ses pattes, Stamos nous dit :

– C'est un animal maléfique, il a le diable en lui et il fait la nique au ciel.

Et avec une grosse branche il le frappa à plusieurs reprises. L'animal était agité de spasmes et tendait les pattes, les paumes en l'air, ouvertes[50]. Il était tout en sang, avec le ventre ouvert. Indigné, Andoni dit :

– Qu'as-tu donc à frapper cette bête ?

– Comment ça ? Veux-tu le laisser faire la nique au bon Dieu ? fit Stamos, animé d'une sainte colère.

Sa remarque nous cloua le bec ! Et avec horreur, luttant pour étouffer le dégoût qui nous donnait la nausée, nous restâmes à le regarder jusqu'à ce qu'il tue « l'animal maléfique qui avait le diable en lui et faisait la nique au bon Dieu ». Et nous nous en allâmes, piteux, inquiets, peinés, mais avec le sentiment de la supériorité de Stamos qui n'hésitait pas à tuer le crapaud antéchrist qui « faisait la nique au bon Dieu », alors que nous, pleutres, n'aurions pas été capables d'un tel héroïsme.

50 Le crapaud semble ainsi faire un geste très mal venu : lorsqu'un Grec veut faire la nique à quelqu'un, l'envoyer au diable, il ouvre la main, doigts écartés, la paume en direction de la personne visée.

À la fin d'un de nos voyages au Pirée en compagnie de l'oncle et la tante Mitaraki, nos parents y vinrent aussi, en revenant d'Aix-les-Bains où notre mère se rendait régulièrement pour soigner ses rhumatismes, pour nous ramener ensuite en Égypte. Andoni avait neuf ans. Ils le mirent pensionnaire à l'école Voulgaris, nous l'y laissâmes et nous partîmes.

Je me rappelle notre départ du Pirée. Tant qu'il y eut des oncles et des tantes sur le pont, notre mère conversa tranquillement. Du moins nous ne remarquâmes rien. Mais je me rappelle, au moment de lever l'ancre, que nous étions tous dans la cabine et notre mère effondrée sur un sofa, le visage caché dans les mains, qui sanglotait silencieusement. Je me la rappelle, allongée sur le côté, dans sa robe à la mode de l'époque, pleine de petits volants et de rubans, avec un grand chapeau brun dont la grande plume d'autruche lui retombait par derrière jusqu'au cou en tournant légèrement sur l'épaule (il lui allait terriblement bien, ce chapeau), je me rappelle ses sanglots silencieux qui secouaient ses épaules. Elle pleurait, pleurait et, toutes recroquevillées, nous la regardions, Alexandra et moi, prêtes à pleurer aussi. Et je me souviens du questionnement que cela souleva au fond de moi : « Mais puisqu'elle ne le voulait pas, pourquoi avoir laissé Andoni à Athènes? »

Je ne me rappelle rien de notre vie d'enfants qui soit digne d'être mentionné tant qu'Andoni fut absent. Avec lui disparut le moteur de nos jeux et de nos bêtises. Je me rappelle des choses secondaires et sans importance. Par exemple, notre mère nous avait confectionné, à Alexandra et moi, une robe grenat avec, devant, jusqu'au dessous de la ceinture, un empiècement (au niveau du corsage) bouffant et ample, froncé au niveau du cou, avec une garniture en satin bleu ciel et de petits nœuds en satin bleu. Telles que je me les rappelle, ces robes devaient être affreuses. Mais le satin brillant bleu ciel, souple et doux au toucher, nous enchanta, Alexandra et moi. Malheureusement, pour embellir encore notre toilette, notre mère nous acheta à chacune une paire de bas en coton de la même couleur que l'empiècement de satin bleu de nos robes. Nous les portâmes et les reportâmes, ces robes, et nous allions en cachette nous regarder dans le grand miroir de la toilette de notre mère.

Notre apparence, en rouge et bleu, particulièrement avec les horribles bas bleu ciel, était hideuse. Nous ressemblions à de petites Levantines décadentes, avec nos cheveux bouffants, frisés en papillotes. Mais le moyen de l'avouer ! Nous étions tellement enchantées de nos robes neuves, où le satin brillant bleu ciel jouait un si grand rôle que nous déclarâmes toutes deux que nous étions « belles ». Néanmoins, je me rappelle encore l'impression désagréable de ressembler à des Syriennes et la sensation d'être soulagée qu'Andoni ne soit pas là pour se moquer de nous.

Cependant, notre mère, qui avait du goût, certes nous laissa sortir ainsi déguisées l'après-midi même, mais ensuite nous retira les bas bleu ciel à notre grand soulagement, même si nous ne nous l'avouâmes pas mutuellement.

Nos cousins continuaient à venir chez nous et Stamos à nous éblouir de sa science. Ainsi nous annonça-t-il un jour que nous aurions bientôt un nouveau petit frère ou une nouvelle petite sœur. Stupéfaites, nous demandâmes :

– Comment le sais-tu ?

– Hé, c'est bon ! répondit notre « je sais-tout » de cousin. Ne voyez-vous pas comme votre mère est grosse ? L'enfant est dans son ventre et elle va le mettre au monde.

Nous, nous n'avions rien vu. C'était notre premier contact avec la question de la naissance des bébés. Je venais de découvrir, peu de temps auparavant, en voyant la très belle fille de l'oncle Nicolis, adulte et devenue veuve, Calliopi Argyri, enlever dans notre chambre son bustier de dentelle noire et se peigner la poitrine nue, je venais de découvrir, donc, que la femme a deux seins et que ce balcon, soutenu par le corset et serré par l'étroit bustier à la mode n'était pas d'une seule pièce. Tant notre mère faisait attention même à ce que la nourrice d'Alexandros lui donne le sein hors de notre vue et tant les femmes se couvraient et cachaient leur corps, y compris devant les enfants.

Argini naquit en avril 1883. Dans la chambre voisine, nous les enfants, nous ne nous rendîmes compte de rien, même si l'accouchement dura, par extraordinaire, vingt-quatre heures. Notre mère ne desserra pas les dents, de peur que nous entendions quelque chose. Peut-être nous dit-on de ne pas faire de bruit, que notre mère avait son habituelle migraine, je ne me souviens pas. Je me rappelle seulement qu'on nous dit de venir voir notre nouveau bébé et d'entrer tout doucement dans la chambre.

Notre mère était au lit, elle avait soi-disant mal à la tête. Et dans un coquet berceau bleu et blanc, une frimousse desséchée de vieux bébé, rouge comme une betterave, les yeux bouffis et fermés, le nez et les lèvres boursouflés, reposait sur un petit oreiller brodé. Les mains du bébé, elle aussi couleur betterave et boursouflées sortaient de sa petite couverture, petites avec des ongles minuscules comme de tout petits coquillages. Je me souviens d'avoir saisi cette peau des mains boursoufflée et qu'elle se souleva comme si elle était détachée de la chair. Notre déception était grande. Cette chose était donc notre nouvelle sœur ?

Ce petit singe ridé devait devenir la très belle Mme Argini Salvagou, qui, fillette, ne connut jamais d'âge ingrat, dont la beauté faisait grand bruit partout où elle passait et qui aujourd'hui encore, femme désormais mûre, l'emporte sur toutes les jeunesses, sa belle bru et même sa propre fille ne lui arrivant pas à la cheville.

Andoni, à Athènes, apprit la nouvelle et, dans la catharévoussa de l'époque, félicita les parents pour la naissance de « l'enfant attendu ». Cette lettre lui valut une sévère réprimande épistolaire.

Andoni fut absent peu de temps. Nous le quittâmes l'été 1882 et il revint aux vacances d'été 1883. Mais, dans ce bref laps de temps, il laissa un nom du fait de ses sottises et de ses folies.

Une fois, chez l'oncle Yanni, entendant la chaudière ronronner, il alla coller son oreille dessus et se la grilla. Une autre fois, il fut pris dans une bagarre à coups de pierres dans la rue et il reçut un morceau de tuile anguleux qui se ficha entre ses sourcils et lui laissa une marque indélébile. Pour les fêtes et les vacances, il allait chez l'oncle Yanni où la vieille Fotini s'occupait de lui avec affection. Il y vit aussi notre grand-mère Chorémi jusqu'à ses derniers jours et sur son lit de mort.

Quand Andoni revint, la maison se remplit à nouveau de vie, de jeux, de folies, de disputes, de joies et de punitions.

Nos parents s'en allèrent de nouveau cet été là, et l'oncle Georgis et la tante Marietta Mitaraki vinrent demeurer chez nous. Mais une terrible épidémie de choléra éclata et nos parents télégraphièrent à l'oncle Georgis de nous faire partir et de nous emmener à Athènes.

Ainsi notre oncle et notre tante, qui n'avaient pas d'enfants, s'en allèrent-ils avec notre troupe de cinq loupiots dont l'aîné avait onze ans et le plus petit trois mois, avec la nourrice, avec Eugénia, notre inestimable bonne et femme de chambre, et avec tous les bagages indispensables aux marmots.

Les voyageurs qui arrivaient en Grèce en provenance d'Égypte devaient se rendre à Saint Georges de Salamine où se trouvait le lazaret ; ils y restaient vingt et un jours et s'il arrivait dans l'intervalle qu'un cas de choléra se déclarât parmi les voyageurs, ils devaient rester vingt et un jours de plus. Les installations du lazaret étaient lamentables. Notre mère ne put se résoudre à ce que nous y passions notre temps de désinfection. Notre père loua par voie télégraphique un petit bateau de la compagnie Goudis, et nous passâmes du bateau de ligne au bateau de Goudis où nous nous installâmes dans des cabines avec couchettes.

Ces jours de désinfection, qui de vingt et un devinrent vingt-deux pour des raisons que je donnerai plus loin, sont restés comme un cauchemar dans mon souvenir. Des quantités de cafards, des cabines étroites, un espace restreint, la nervosité de notre tante qui était particulièrement propre et soigneuse de son intérieur et qui souffrait beaucoup sur ce petit bateau avec toute la marmaille, Andoni l'indiscipliné, moi toujours prête à faire des bêtises et les deux petits dont l'un était encore un nourrisson. Sans doute Alexandra était-elle la seule à ne pas lui créer d'embarras et Eugénia lui était-elle d'un grand secours, tandis que la nourrice, une femme de Goritza, devait être un poids mort. J'imagine que l'oncle Georgis avec sa douceur tranquille devait affronter quelques orages mais ne lui être d'aucun secours. Dans ce couple, c'était la tante Marietta qui portait la culotte, avec les « beaux yeux des Bénaki », le caractère irascible mais aussi la tête solide, la même justesse de vue que notre père, et son infatigable ressort. Mais nous, les enfants, nous adorions l'oncle Georgis.

Petit, gros, avec des favoris blancs, un éternel bon sourire qui lui fendait le visage et amenuisait ses yeux boursoufflés, il avait toujours un mot gentil ou un câlin pour nous, les enfants. Même ses réprimandes, quand il était obligé de nous réprimander, étaient tendres et douces et se terminaient toujours par une tape douce ou un baiser. La tante Marietta, au contraire, maintenait la discipline et sa petite main charnue et soignée donnait souvent des soufflets, qui cependant ne faisaient pas bien mal.

Notre petit bateau à vapeur était ancré près de Lipsokoutala[51]. L'îlot était aride, sec, jauni, avec ici et là quelques rares touffes

51 L'îlot de Psyttalia appelé aussi Lipsokoutala (mot à mot « la cuiller incomplète »), que Delta désigne tantôt par un nom tantôt par l'autre, se trouve dans le golfe du Saronique près de l'île de Salamine (appelée aussi Koulouri dans l'antiquité) au large du Pirée. Tout près se trouve Saint Georges de Salamine, îlot désert à l'est où fut installé le lazaret en 1865.

de buissons et de ronces à demi grillés par la chaleur et le soleil. Je me le rappelle sec et aride, austère et monotone. Et jamais au grand jamais nous ne vîmes forme humaine sur ses buttes de terre.

Tout le jour, la solitude et le silence planaient partout. La nuit, au contraire, était troublée et effrayante à cause des hurlements des chacals. Je me rappelle encore ce hurlement larmoyant qui montait, montait dans les aigus, se renforçait, enflait et retombait puis s'éteignait en une plainte sauvage. Et je tremblais dans mon lit, faisant vite vite mon signe de croix, parce qu'on m'avait dit qu'en se signant on éloigne le diable et que seul le diable pouvait produire de tels hurlements sauvages dans la nuit pour effrayer les enfants. Les chacals hurlaient tantôt sur l'îlot désert de Psyttalia tantôt sur Salamine, et leur larmoiement empoisonna notre séjour de quarantaine, tout particulièrement celui des deux poltrons de la bande, Alexandros et moi. Argini, bébé, n'avait conscience de rien (c'était encore un poupon[52] non baptisé, et l'on n'avait pas encore décidé si on l'appellerait Loukia en l'honneur de notre oncle Lucas, ou Athéna pour que son nom aussi commence par un A comme le voulait notre père, mais ce contre quoi protestait

52 Delta utilise le mot δρακάκι (le petit dragon), diminutif neutre de ο δρακών (le dragon), dont il existe un diminutif féminin : η δρακούλα. En grec, les trois mots désignaient un garçon, une fille ou (au neutre) un bébé sans distinction de sexe non encore baptisés (dans le texte, la précision est donc redondante) ! Étrange ? Non, si l'on se rappelle que le dragon terrassé par saint Georges ou saint Michel représente le diable. L'enfant non baptisé n'est pas un ange, c'est un petit démon, un petit diable, un diablotin ! On ne peut traduire ainsi en français où ces mots désignent un enfant insupportable ou turbulent et pas un innocent bébé non encore baptisé (pour lequel le français n'a pas de mot).

notre mère). Andoni n'avait peur de rien, c'était un brave; quant à Alexandra, elle dormait tranquille et insouciante. Alexandros et moi, en revanche, nous tremblions à l'heure du coucher, à cause de l'obscurité et des chacals, et souvent, la nuit, je l'entendais pleurer silencieusement, et je tremblais moi aussi sous mes draps tant qu'hurlait un chacal et qu'un autre lui répondait, mais comment l'avouer, moi, une grande fille de neuf ans déjà!

Nous avions de temps à autre une rupture dans notre routine quotidienne. La première et la meilleure distraction était, chaque matin, l'arrivée de la barque de notre « ravitailleur ». Notre père payait tant par jour à Goudis qui avait toute la charge de notre service et de notre entretien.

C'est ainsi que le « ravitailleur », un gros homme basané, arrivait avec son grand cabas, le suspendait à un crochet qui pendait au bout d'une corde et on le tirait vers le haut depuis le pont. Il ne fallait pas que les gens de la barque entrassent en contact avec nous, autrement ils étaient soumis eux aussi à la « quarantaine ». Mais on discutait, l'oncle Georgis demandait des nouvelles, on lui donnait des journaux et nous, nous étions friands des potins du « ravitailleur ». Ainsi nous raconta-t-il une histoire de bousculade sur une planche je ne sais où au-dessus de la mer, d'où le « ravitailleur » tomba à l'eau tout habillé. L'autre lui dit « Oh, pardon! »

– Quel pardon et re-pardon? répondit le « ravitailleur », puisque vous m'avez gâté un habit.

Ce « pardon et re-pardon » joua un grand rôle dans notre vie monotone, pour nous les marmots qui ne savions pas le français[53] et qui, à chaque occasion, nous donnions entre nous du « pardon et re-pardon ».

Un jour Argini tomba malade. Branlebas de combat sur tout le navire. On dit au « ravitailleur » d'envoyer un médecin. Le médecin vint, petit, mal habillé, un homme entre deux âges avec des cheveux gris. Il monta sur le pont mais ne serra la main de personne. On lui amena le bébé malade à l'extérieur, mais il ne le toucha pas non plus. Il le regarda seulement, dit de lui mettre le thermomètre, lui fit donner de l'huile ou un autre remède, tout cela sans entrer en contact avec lui. Toutefois quand, au moment de le payer, l'oncle Georgis lui dit, très ennuyé :

– Je n'ai pas d'argent, je n'ai que du papier-monnaie[54], comment le décontaminer? Comment vous le donner?

– Ah! ça ne fait rien, ça ne fait rien, répondit le médecin. Tenez, ici, je ne le touche pas.

Et il tendit son chapeau, l'oncle y mit les billets, puis le médecin remit son chapeau sur sa tête et s'en alla satisfait.

53 « Pardon » est écrit en caractères grecs. Ce mot français est usuel en Grèce. Mais le personnage utilise aussi un mot dérivé à l'aide d'un suffixe grec qu'on tente de rendre ici par ce « re-pardon ».
54 Delta utilise ici des mots traduits directement du français mais non utilisés en grec dans ce contexte : « Δεν έχω ασήμι δεν έχω παρά χαρτί ». Ασήμι désigne l'argent, mais le métal, pas les pièces de monnaie et χαρτί désigne le papier mais pas le papier-monnaie.

– L'enfant était contaminé, dit notre bon oncle, avec une indignation inaccoutumée, et il ne l'a pas touché ! Mais l'argent, qui dans son chapeau touchait sa tête, n'était-il pas contaminé ?

Et le fait que le médecin ait pris l'argent mais n'ait pas touché Argini devint cause de beaucoup d'émotion et de commentaires dans notre petit monde. Heureusement le bébé se remit sans le secours du médecin.

Les jours passèrent. Je ne me rappelle plus si des parents ou des amis venaient oui ou non en barque et s'il y avait des conversations échangées à grands cris de la mer au pont et du pont à la mer. En tout cas, personne ne montait à bord.

Un jour, pour nous dégourdir les jambes, l'oncle Georgis écrivit à « l'intendant », celui du lazaret je suppose, pour lui demander la permission de descendre nous promener un peu sur le rivage désert de Lipsokoutala. « L'intendant » donna une autorisation écrite et, avec une chaloupe, nous allâmes à terre.

Quelle joie, quelle ivresse de poser à nouveau le pied sur la terre ferme, de ramasser des galets et des coquillages, de couper des herbes sèches, de plonger les mains dans la mer.

Si notre belle tante, Argini Kalambokidi, la sœur de notre père, vint avec son mari, l'oncle Georges, qui était médecin, je ne m'en souviens pas. En tout cas, s'ils vinrent, ils restèrent à distance et seuls les deux sœurs et les deux beaux-frères durent se parler. Nous, nous retournâmes à bord, enthousiasmés par notre excursion. Ce fut la première et la dernière excursion sur l'îlot désert, mais pour nous elle tourna au vinaigre.

Nous, les enfants, nous ne nous rendîmes compte de rien. Mais passés les vingt et un jours, au lieu que nous retrouvions notre liberté de circulation, des soldats en sentinelle avec des fusils et des baïonnettes vinrent occuper les deux échelles du navire, pour que personne ne monte ni ne descende. Nous, les enfants, nous regardions les petits soldats avec curiosité et sympathie, sans comprendre. Cependant l'air morose de l'oncle Georgis et de la tante Marietta nous refroidit rapidement. Nous pressentions un malheur, des chagrins, des soucis, mais nous ne savions pas ce qui se passait.

Le lendemain, le vingt-deuxième jour, on nous dit de descendre à terre. Nous allâmes tous dans une chaloupe, notre tante, la marmaille, les bonnes… mais des soldats à baïonnettes emmenèrent notre oncle dans une autre chaloupe et s'éloignèrent.

L'oncle était silencieux, courbé, comme frappé par la foudre. La tante, les yeux secs et les lèvres serrées, le regardait s'éloigner sans un mot. Nous, autour d'Eugénia, grave et attristée, nous n'osions pas bouger et encore moins poser la moindre question.

Nous descendîmes au Pirée et de là, par le train, nous montâmes à Athènes et nous nous rendîmes directement chez l'oncle Yanni Chorémi. Celui-ci et sa famille devaient être à Chio pour l'été, puisqu'il n'y avait que quelques domestiques dans sa maison qu'il avait sans doute mise à la disposition de nos parents.

La tante Marietta ne pleurait pas, ne se plaignait pas, ne poussait pas les hauts cris. Mais énergique et active, debout, elle commença à préparer des matelas, des draps et autre literie pour les faire porter « en prison ».

Nous fûmes horrifiés! L'oncle Georgis en prison? L'un d'entre nous demanda : « Pourquoi? »

Notre tante posa sur nous un regard lourd de pensées et de chagrin. « C'est pour vous distraire, vous les enfants, pour que vous puissiez courir sur le sable que votre oncle va en prison », dit-elle.

Elle l'avait dit sans colère, tristement, doucement. Mais sur nous, les marmots, ses paroles firent l'effet de coups de massue. Ainsi était-ce notre faute, ainsi étions-nous coupables, nous avions envoyé notre bon oncle Georgis, qui était si bon pour nous, en prison!

Pas question d'interroger à nouveau notre tante. Nous nous repliâmes sur nous-mêmes, nous nous retirâmes, nous disparûmes et nous nous tournâmes vers les domestiques. Oui, nous dirent-ils, nous n'avions pas le droit de sortir pour aller à terre et nous avions néanmoins débarqué. On avait emmené notre oncle en prison, et si un cas de choléra se déclarait maintenant, on le fusillerait.

Je ne sais ce que valaient ces affirmations des domestiques. Mais nous, nous fûmes saisis d'effroi[55]. Entre nous, nous nous lamentions, nous imaginions notre oncle à demi fusillé déjà, et la tante, veuve, pleine de ressentiment et de haine envers nous qui étions la cause de l'effondrement de son foyer.

55 Delta utilise à nouveau cette expression intraduisible : « Η καρδιά μας πήγε στην Κούλουρη. » (Notre cœur partit à Koulouri.) Rappelons que Koulouri est l'ancien nom de l'île de Salamine, proche d'Athènes, où se réfugiaient les Athéniens (notamment femmes et enfants) en cas de grand danger (cf. note 11, p. 43). Aller à Koulouri signifie donc avoir très peur. Delta utilise cette expression tout particulièrement de circonstance ici puisqu'ils s'étaient trouvés tout près de Salamine avant d'arriver à Athènes. Faut-il y voir un clin d'œil?

Les jours qui suivirent furent tristes, sombres, silencieux, de mauvais jours. Notre tante s'en allait le matin et l'après-midi, se rendait à la prison et revenait sombre, nerveuse, triste et irritable. Sa petite main charnue, alerte et rapide, distribuait quantité de soufflets. C'était toujours par la domesticité que nous arrivait l'écho de son chagrin : on avait emprisonné l'oncle avec des malfaiteurs, au milieu des poux, des punaises et de la crasse.

– Mais pourquoi ?

– Parce que les gardiens de prison sont de mauvaises gens. Et si quelqu'un montre le moindre symptôme de choléra, ils fusilleront votre oncle.

Cette menace était suspendue au-dessus de nous comme une épée de Damoclès, et nous oppressait comme un cauchemar. Les jours passaient, tristes et angoissants, et l'oncle ne revenait pas.

Tous les jours, notre tante Argini venait voir et consoler sa sœur ; et sa visite était le seul rayon de soleil de la journée.

Nous l'aimions tous, notre belle, douce et souriante tante Argini, avec ses mots doux et ses nombreux enfants. Elle en avait sept, tout un éventail de filles et de garçons, et attendait le huitième. Mais nous, naturellement, nous ne le savions pas. Nous ne connaissions que son sourire qui lui tordait légèrement la bouche et la rendait encore plus douce, et nous connaissions ses câlins qui réchauffaient le cœur aux heures les plus amères. Un jour, un après-midi, elle était assise sur la terrasse de l'oncle Yanni avec tante Marietta, tandis que nous jouions dans le petit jardin qui donnait sur la rue Koraïs à l'arrière de la maison. Le petit jardin comportait des pelouses avec des fleurs et des arbres et les petites allées sinueuses étaient gravillonnées. En courant et en sautant, je fis une chute et m'écorchai le genou sur le gravier. Je me fis bien mal et me mis à pleurer. De la terrasse où elle était assise avec tante Marietta et deux de ses amies, Mme Parménidis et Mme Othonaiou, tante Argini me vit et descendit au jardin; elle m'enleva dans ses bras et, une fois montée sur la terrasse, me prit sur ses genoux.

– Pourquoi pleures-tu? me dit tante Marietta d'un ton sévère, je t'ai dit tant de fois de ne pas courir sur les cailloux!

– Oh, la pauvre! Elle s'est fait mal et s'est écorché le genou. Ne la gronde pas! l'interrompit tendrement tante Argini.

Et avec son mouchoir, elle nettoya le sang, pansa ma blessure et m'embrassa.

Ce baiser et ses yeux caressants, je ne les ai jamais oubliés. Elle avait les plus grands et les plus beaux yeux des Bénaki, d'un velours brun, avec de longs cils qui jetaient de l'ombre sur tout son visage, les plus beaux, les plus profonds, les plus doux yeux que j'aie vus de ma vie.

À ce moment-là, je l'ai aimée, ma tante Argini, comme quelque chose de surnaturel, de supérieur, à la fois beau et bon. Et l'émotion de cet instant, je ne l'ai jamais oubliée.

Mais les jours passaient. Et l'oncle ne revenait pas. Qu'attendait-on? Que vingt et un, quarante jours fussent passés? Qu'on fût certain que nous n'avions pas apporté le choléra en Grèce en débarquant sur l'îlot désert? Je ne sais pas. Je sais seulement que la nervosité de la tante Marietta ne faisait qu'augmenter, que les soufflets et les punitions se multipliaient et que l'atmosphère de la maison était de plus en plus pleine de tristesse.

Un soir, au crépuscule, je me retrouvai seule parce que j'étais punie ou parce que mes frères et sœurs jouaient ailleurs ou parce que nous nous étions disputés. J'étais assise sur le seuil de la porte de la cuisine, et mon cœur était si lourd que, pour ne pas pleurer, je me mis à chanter dans un andante mélancolique, comme une lamentation funèbre, cet air en mode mineur :

À Rhodes, dan-an-ans l'île de Rhodes
Un Turc sorti---it chasser…

Soudain apparut tante Marietta, les sourcils froncés.

– Que fais-tu ici ? me gronda-t-elle. Va dans ta chambre et je ne veux pas que tu chantes cette chanson ; elle est provocante.

Je partis sans un mot et allai me blottir dans ma chambre. J'avais très envie d'exprimer ma peine sur cet air en mode mineur que je chantais comme un mirologue[56], mais comment aurais-je pu oser ? Mon cœur était si gonflé que je me cachai derrière la moustiquaire de mon petit lit et pleurai en cachette.

56 Chant funèbre entonné en Grèce par les proches parents d'un défunt lors des funérailles. À rapprocher de la *ballata* corse dont il est largement fait mention dans *Colomba* de Prosper Mérimée.

En quoi la chanson *À Rhodes* était-elle provocante? Je l'ignorais[57]. C'était ma chanson préférée, la plus « triste », quand on la chantait ainsi, lentement, et celle qui me correspondait le mieux dans mes moments de mélancolie; peu importait que les paroles eussent, comme je le croyais, un rapport avec la chasse. L'air était en mode mineur et c'était toujours celui que j'avais en tête dans mes moments de tristesse, et aujourd'hui encore, lorsque je me le rappelle, sa sonorité m'évoque des chagrins et des pleurs.

Et un beau jour l'oncle revint.

C'était l'après-midi, en pleine lumière, une journée estivale; et notre tante, qui était allée lui rendre visite, le ramena, libre désormais. Nous ne l'attendions pas. Nous fûmes surpris et courûmes l'embrasser. La tante monta dans les chambres, pour lui ranger ses affaires, je présume, et l'oncle sortit avec nous sur la terrasse. Il regarda les plates-bandes, les arbres et, au loin, le Lycabette qui était encore visible à cette époque-là depuis la terrasse de l'oncle Yanni, et il dit lentement :

– J'aime les montagnes de Grèce, mais je n'aime plus les Grecs.

57 À Rhodes, dans l'île de Rhodes, / un Turc sortit chasser. / Il ne chasse ni lièvres ni cerfs, / il ne chasse que les yeux noirs. / « Yeux noirs et lèvres carmin / sors à ta fenêtre mon poussin / voir le soleil et la lune briller, / voir le jeune homme qui va t'enlever. » / La fille s'en va, elle ne veut pas, / emporte ses yeux au loin, dans les montagnes. / Sa chienne de mère veut le Turc pour gendre, / Et chaque jour la presse de le prendre. / « Prends pour époux le Turc, ma fille, / et qu'avec des souliers noirs il t'habille. » / « Je n'en veux pas, ne le prends à aucun prix, / je pars dans les montagnes et deviens une perdrix. »

Cette parole me rongea, m'empoisonna de nombreuses années de ma vie. Il n'aimait pas les Grecs. Comment était-il possible d'aimer les montagnes de Grèce sans en aimer aussi les habitants?

Cette question me tourmenta pendant de nombreuses nuits. Pour nous, les expatriés, tout ce qui était grec était saint et sacré. Grec signifiait quelque chose de supérieur, d'exceptionnel, de splendide, digne de vénération. Comment notre oncle pouvait-il aimer les montagnes de Grèce sans aimer aussi les Grecs? Comment pouvait-il séparer ces deux éléments indissociables?

Des années après, bien des années après, j'entendis de nouveau la même réflexion. Et de nouveau je souffris profondément, et je combattis cette dissociation faite par un être cher. Puis des années encore passèrent et je compris ces paroles et cette réflexion, et j'en ressentis très profondément le sens. Je serrai alors les dents et réprimai mon âme pour ne pas accepter à mon tour cette distinction entre le peuple et la terre, pour ne pas avouer que notre peuple dégénère, qu'alors que se dressent intactes et identiques ses splendides montagnes, nous nous sommes avilis, nous avons déchu, rapetissé.

Nos parents ne tardèrent pas à revenir de l'Ouest de l'Europe. Entretemps, oncle Yanni avait dû revenir de Chio et l'oncle et la tante Mitaraki devaient être rentrés chez eux. Mes souvenirs sont confus, mais je me rappelle l'oncle Yanni sans la tante Marietta et je me rappelle que les conversations sur « la diaspora » allaient bon train. Il n'est cependant pas improbable que je confonde les deux années 1882 et 1883.

Un télégramme destiné à notre père arriva, annonçant que notre « *shuna* » (entrepôt de coton) avait pris feu et brûlé ; et alors qu'il était prévu que nous restions encore, toute la famille partit par le premier bateau. Cet après-midi-là nous descendîmes déjeuner chez tante Argini. J'y vis rassemblés ses sept enfants que nous connaissions tous mais que nous voyions toujours séparément, par deux ou trois à la fois, parce qu'ils formaient toute une troupe et que, naturellement, leur mère ne les emmenait pas tous ensemble.

Manoli, qu'on appelait aussi Bananaki parce qu'il aimait beaucoup les bananes, s'était fourré sous une chaise et, la soulevant de sa tête blonde, nous regardait timidement de ses grands yeux bleus, à travers les barreaux de la chaise. Alékos, plus jeune que lui mais toujours prêt à fourrer son nez partout et à jouer un rôle, rivalisait avec Andoni qui voulait entretenir des conversations et des rapports avec le grand Yanni, tandis qu'Alexandra s'était prise d'une réelle amitié pour Catina et Clio qui étaient beaucoup plus âgées. Ma cousine Alexandra, qui avait un an de plus que moi, me regardait de haut ; aussi me retournai-je vers les deux petits, notre Alexandros et la petite Loukia Kalambokidi, une petite boule ronde habillée de bleu, avec des joues rouges, des yeux et des cheveux noirs et qui, assise par terre ne se laissait pas démonter par toute cette marmaille autour d'elle. Notre Argini, poupon non encore baptisé, ne comptait pas.

De nouveau nous laissâmes Andoni à l'école Voulgaris (qui l'emmena à Athènes ? je ne le sais pas) et nous partîmes. Tante Argini nous avait donné à chacun une boîte peinte en rouge, de forme ovale, avec des feuilles vertes dessinées tout autour, pleine de figues sèches et de raisins secs. Ces boîtes très ordinaires qu'on aurait dites faites de copeaux de bois tressés nous parurent d'inestimables cadeaux. Nous n'étions ni des enfants cajolés ni habitués aux cadeaux. Et le sentiment que ces figues et ces raisins secs étaient notre propriété exclusive nous remplissait de joie et de fierté. J'ai conservé très longtemps ma propre boîte. J'y ai gardé mes trésors jusqu'à ce que la boîte se désagrège et parte en morceaux.

Notre mère et tante Argini s'aimaient beaucoup et étaient très liées. Tante Argini (qui avait le même âge qu'elle) était de toutes ses belles-sœurs celle que notre mère aimait le plus et celle-ci le lui rendait bien. Quand elle lui dit adieu, les larmes aux yeux, tante Argini lui dit : « Je ne te reverrai pas, Virginia chérie, je sais que je vais mourir de cet accouchement-ci. » Ma mère la gronda, lui dit qu'elle était peureuse et stupide, qu'elle était jeune, solide et belle, mais elle lui dit adieu le cœur lourd puis partit.

Nous retournâmes à notre vie habituelle dans notre ambiance alexandrine. Se passa-t-il quelques semaines? des mois? Nos parents discutaient encore pour savoir si on baptiserait notre bébé Loukia ou Athéna, quand un jour à midi la foudre tomba sur la maison.

Au moment où nous étions à table arriva un télégramme annonçant la mort de tante Argini.

Ce fut vraiment la foudre et cela fit éclater le bon ordre de la maison. Je me rappelle les allées et venues. Notre père qui tantôt allait dans sa chambre, tantôt en sortait pour envoyer un nouveau télégramme : « Comment est-elle morte? » « Pourquoi est-elle morte? » « N'a-t-on pas appelé de médecin? » « N'a-t-on pas fait de consultation entre médecins[58]? »

Nous n'avions jamais vu notre père pleurer et maintenant son visage était bouffi par les pleurs. Les sanglots étranglaient notre mère. La confusion était telle que personne ne songea à nous emmener tous à l'écart, nous les enfants; et des paroles, dont nous comprenions certaines et d'autres pas, tombaient ici et là et effrayés, perturbés, nous les recueillions pour en parler entre nous après. « À son huitième enfant... » « Si jeune, trente-six ans à peine... » « Le placenta est sorti avant l'enfant... » « Une hémorragie... » « Elle a rendu l'âme comme un petit oiseau... » « L'enfant est mort aussi... » « Peu importe qu'il soit mort, si seulement on l'avait sauvée, elle... » « Et ses orphelins, que vont-ils devenir sans mère? »

La fidèle Eugénia consolait, écoutait, préparait de l'eau de fleur d'oranger, se signait, encourageait : « C'était la volonté du bon Dieu... »

Sur le balcon de bois, au crépuscule, tant que chantaient les moineaux rassemblés sur l'arbre voisin, je ressassais les paroles que mes oreilles avaient saisies.

« C'était la volonté du bon Dieu... »

En cet âge enfantin, l'être humain ne discute pas la volonté du bon Dieu. Il la subit et courbe la tête. Mais la peine était terrible. La mort de tante Argini fut pour moi « the first child's grief », mon premier grand chagrin. Ce soir-là, au crépuscule, sur le

58 Rappelons que le mari de la tante Argini était lui-même médecin.

balcon de bois, j'éprouvai pour la première fois l'amertume, le désespoir du « jamais plus ». Jamais plus nous ne reverrions tante Argini. Jamais plus elle ne sourirait de son sourire légèrement asymétrique, si plein de bonté, si caressant ! Plus jamais nous ne sentirions son doux baiser ni ne croiserions son regard de velours brun foncé, ombré de ses longs cils noirs sous son abondante chevelure châtain clair.

La douleur était insupportable. Je donnai des coups de pieds dans les pots de basilic et courus à l'intérieur, dans notre salle d'étude. Faire, entendre, dire n'importe quoi, juste ne plus entendre le cri stridulant des moineaux, ne plus me rappeler que tante Argini était morte et que nous ne la reverrions plus, jamais plus.

Pendant des nuits et des nuits, il m'arriva de me réveiller dans l'obscurité avec un profond sentiment d'angoisse. Et soudain je me rappelais que tante Argini était morte. Et cachant ma tête sous mon drap, je pleurais, pleurais jusqu'à ce que le sommeil me reprenne.

Ce fut ma première rencontre avec l'inexorable « jamais plus ».

Notre poupon avait huit mois quand on le baptisa. Il n'y avait plus de place pour la discussion à propos de son prénom. La mort de la sœur chérie de notre père l'avait décidé. On l'appela Argini. Elle fut la première Argini de la jeune génération. Toutes les filles qui naquirent ensuite dans la famille, du côté de notre père, furent appelées Argini. Et le nom resta.

Notre bébé était si grand quand on le baptisa qu'avec un petit chinois de porcelaine qu'elle tenait à la main elle donna un coup sur le livre de prières du pope en train de lire et l'envoya promener à l'autre bout de la pièce, ce qui nous scandalisa et nous amusa plus encore.

C'était le plus beau bébé qu'on puisse imaginer, rose, replet, avec des boucles blondes et de grands yeux bleus en amande. Argini fut toujours belle, de ses premiers mois jusqu'à aujourd'hui, sans jamais passer par l'âge ingrat.

Notre mère si sévère, inflexible, fondait devant ce beau bébé. Et la jalousie fraternelle ne tarda pas à naître. Je pense qu'Alexandra, toujours bonne et « vraie chrétienne », ne fut jamais jalouse. J'imagine qu'Andoni, au loin, à Athènes, jeune collégien, et de plus indifférent aux petits soucis affectifs, ne fut pas jaloux non plus. Mais pour moi ce fut la croix et la bannière.

Étant colère, jalouse, grognon, suspicieuse, pleurnicheuse, hargneuse, ma vie affective devint un enfer. Quand je voyais ma belle maman adorée prendre dans ses bras le bébé et le couvrir de baisers dont j'avais tant envie sans en recevoir jamais, j'étais saisie de rage impuissante. Et le balcon de bois était témoin de scènes de désespoir inénarrables qui se terminaient la plupart du temps par un violent coup de pied dans la balustrade ou les innocents pots de basilic. Quelquefois, plus rarement, « on ouvrait les fontaines », selon l'expression méprisante d'Andoni pour désigner les pleurs, et alors, avec le crépuscule qui tombait et le piaillement des moineaux, mon âme s'emplissait de chagrin, ma colère retombait et je pleurais comme une Madeleine repentante.

Un jour, j'étais d'une humeur de chien. C'était l'après-midi, j'en avais assez de la leçon de français que je devais copier sans la comprendre pour une nouvelle maîtresse, Madame Mettère, et ne trouvant plus dans mon cahier qu'une seule page vierge, je gribouillai à la diable des chevaux et des jockeys, puis je jouai avec ma poupée sans étudier ma leçon. Le lendemain matin, Madame Mettère vint et vit la page gribouillée, m'écouta protester que « je ne savais pas qui avait fait cela » et que « il n'y avait plus de page propre pour copier ma leçon » et, sans rien dire, elle prit mon cahier et alla le montrer à notre mère. « Ta maman t'en parlera », me dit-elle à son retour. Et la leçon commença.

Comment aurais-je pu écouter la leçon ! D'abord nous ne comprenions pas un mot de français. Ensuite, mon cœur battait la chamade, s'attendant à ce que ma mère m'appelle ou qu'elle apparaisse brusquement. Mais la leçon se déroula sans interruption.

Quand Madame Mettère partit, Eugénia vint me dire que « maman me demandait ».

Comment mes jambes tremblantes me portèrent jusque là, je l'ignore moi-même.

– Pourquoi as-tu fait cela ? me demanda gravement Eugénia.

Pour la deuxième fois je racontai le même mensonge : « Je ne sais pas qui a fait cela. »

Notre mère était dans sa chambre. Elle portait un jupon et un peignoir blanc à larges manches ouvertes. Elle ne me demanda rien mais, comme je m'arrêtais tremblante sur le seuil, elle me dit : « Viens ici. »

Et je reçus une volée de coups. Les mains blanches et fortes de ma mère tombaient sur moi comme des battoirs, l'une après l'autre, au hasard, sur la tête, les épaules, le dos, le visage, la poitrine. Je tombai par terre en hurlant, et les mains de ma mère continuaient de frapper, comme des battoirs, sur ma tête, mon dos, mes jambes, au petit bonheur. Je me rappelle voir arriver soudain au-dessus de moi Eugénia qui avait saisi les deux bras blancs de ma mère et lui disait : « Vous allez tuer cette enfant… » Je pris conscience que j'étais mouillée et que sur le sol il y avait une petite flaque. Ma mère en prit conscience aussi et cessa de frapper, puis dit à Eugénia : « Apporte une serpillère. »

Eugénia me releva, me conduisit dans notre chambre, me déshabilla, me lava, m'habilla de propre, et moi je la laissais faire ce qu'elle voulait, sans un mot, étouffant de sanglots, étouffée aussi par la honte d'avoir été battue et d'avoir mouillé ma culotte, grande fille que j'étais. D'un ton sévère, Eugénia ne cessait de me demander : « Pourquoi as-tu fait cela et as-tu rendu ta mère si furieuse ? »

Mais derrière son ton sévère, je percevais sa compassion et son affection, car elle nous aimait tous beaucoup, et je ne répondais pas, cherchant seulement à cacher ma honte qu'elle doive me déshabiller et me laver, moi, une grande fille de dix ans déjà.

Quand j'allai dans la salle d'étude, Alexandra m'interrogea gravement, avec bonté, tandis qu'Alexandros, qui avait cinq ans, me regardait, debout et compatissant : « Maman t'a beaucoup battue? Comme tu criais ! »

Et j'éclatai de nouveau dans un orage de larmes. Je ne voulais pas répondre. Je pleurais, pleurais, de honte surtout, plus que de la douleur éprouvée dans tout le corps. Et ce fut un soulagement de voir arriver Eugénia, venue me donner « les ordres de maman », manger dans la salle d'étude et ne pas aller avec les autres dans la salle à manger. De même, me vint, toujours par l'intermédiaire d'Eugénia, l'ordre de ne pas aller me promener avec mes frères et sœurs mais d'écrire et d'étudier tout l'après-midi.

Mes frères et sœurs partirent avec Eugénia et je demeurai seule dans la salle d'étude avec mes livres abhorrés de grec et de français. Le jour tombait et les moineaux commencèrent leurs criaillements du soir et je me remis à pleurer, inconsolable.

Soudain j'entendis la voix et le pas de notre mère. J'essuyai vivement mon visage bouffi par les larmes et je repris ma plume.

J'écrivais quand notre mère entra. Elle tenait sur son bras droit notre bébé rieur. Ele me demanda sévèrement :

– As-tu étudié ta leçon de français?

– Tout à fait, maman (nous ne disions jamais « oui » à nos parents, c'était considéré comme un manque de respect).

– Et le grec?

– Tout à fait, maman.

– Fais attention, si ce n'est pas bien écrit, je te battrai de nouveau. Et serrant le bébé, Argini, dans ses bras, notre mère ajouta :

– Toi, fais attention à ne pas devenir méchante comme elle.

Et, la couvrant de baisers, elle sortit.

À cet instant-là j'ai haï le bébé de toutes mes forces. Je ne pouvais même pas pleurer. Je n'éprouvais que ma haine vis-à-vis de cet innocent bébé qui devait ne pas devenir méchante comme moi.

Je n'ai jamais reparlé de cette rossée, et mes frères et sœurs n'y firent jamais allusion. Mais je ne l'ai jamais oubliée non plus. Des années plus tard, alors que j'avais grandi et devenais une jeune fille, je me la rappelais en pleurant. Ce fut une des pages noires de ma vie[59].

Argini, j'en étais jalouse. Mais nous avions aussi nos moments d'affection et de câlins, par exemple quand nous l'installions au bout du canapé, avec des coussins devant elle et que nous jouions avec elle, lui chantant des chansons, lui apprenant à battre des mains et à dire des petits mots.

Nous avions aussi des moments amusants avec des éclats de rire enfantins comme cela se produisit un jour à propos de l'oncle Stamatis.

L'oncle Stamatis, l'un des deux frères aînés de notre mère, était un type. La propreté allait chez lui jusqu'à la maniaquerie. Sa tête brillait toute rose comme la petite tête d'un bébé au milieu de ses cheveux tout blancs et bouclés, luisant de propreté. Il mangeait chez nous à midi, peut-être tous les jours, en tout cas très souvent. Je me le rappelle, un peu courbé, toujours en noir, les vêtements tout propres, repassés, luisants comme s'ils sortaient de chez le tailleur. Il marchait en s'appuyant sur une canne à pommeau d'ivoire qu'il lavait entièrement tous les jours.

Il n'avait pas d'argent, il vivait de l'allocation que lui donnait son frère, l'oncle Yanni. Et il dépensait tout cet argent en nettoyage ! Les

59 Dans ses mémoires, rédigés plus de trente ans avant ces souvenirs, Delta évoque déjà la violente rossée reçue pour le barbouillage du cahier de français, mais situe la scène où sa mère met en garde le bébé Argini à la suite d'une autre punition intervenue après une dispute entre Alexandra et Pénélope à propos de leurs bas bleus. Cf. DELTA 2013.

blanchisseuses d'Alexandrie se disputaient sa pratique. Il changeait de draps tous les jours, de moustiquaire toutes les semaines, de chaussettes et de vêtements deux fois par jour, trois, voire quatre fois en été du fait de la chaleur et de l'humidité de l'Égypte. Bien sûr, il se faisait exploiter. Sa blanchisseuse se contentait de repasser ses vêtements et les lui rapportait et ils étaient payés comme s'ils étaient passés à la lessive. Il évitait de tendre ses mains roses, comme écorchées à force de lavages. Quand il était obligé de serrer la main d'autrui, il frottait avec son pouce ses doigts « salis », selon lui, par ce contact, puis il faisait les mêmes gestes de son autre main, la propre, pour sentir la différence, et finissait par aller se laver les mains, et seulement alors il retrouvait son calme.

Un jour, il alla acheter un nouveau chapeau melon. À sa sortie du magasin, un fort coup de vent le lui arracha et l'envoya rouler sur la route. Un petit Arabe accourut, le ramassa et le lui rapporta. L'oncle Stamatis qui courait après son chapeau, jeta les mains en avant pour arrêter le petit Arabe et l'empêcher d'approcher.

« *Shilou! Shilou!* » (Prends-le! Prends-le!) lui dit-il à grands cris, tremblant d'indignation à l'idée du contact du petit fellah. Son chapeau tombé, il l'aurait donné à nettoyer. Mais il ne pouvait pas toucher lui-même un objet touché par un Arabe. Ainsi le petit fellah se refit-il, grâce à ce chapeau tout neuf qu'il dut vendre un bon prix.

Pour nous autres, quand il nous voyait à chaque fois qu'il venait à la maison, il tendait les deux bras en avant, la paume des main tournée vers le bas et d'un geste qui était devenu chez lui une seconde nature, il jetait les doigts en avant comme pour nous repousser, et disait doucement, sans humeur, mais sur un ton sans réplique :

– Arrière, arrière, les « *zaouayarin*[60] » (petits) !

Un jour, notre mère, qui tenait dans ses bras son Argini chérie, assit soudain le bébé sur l'épaule de l'oncle.

– Elle est toute propre, lui dit-elle, je viens de la laver.

Notre oncle, le pauvre, n'osa pas dire quoi que ce soit et, tenant le bébé assis sur son épaule, avança vers la salle à manger. Nous suivions, stupéfaits, quand avec une joie sans limite nous vîmes du liquide dégouliner sur l'épaule de l'oncle. Notre mère attrapa le bébé et appela Eugénie à la rescousse, se mit avec l'aide de la servante à éponger le vêtement sur lequel dégoulinaient encore les restes du cadeau humide d'Argini. Le rire fut général. Mais le visage de l'oncle, en revanche, avait un air dramatique. Il demanda à se rendre dans la salle de bains pour se nettoyer. Eugénia lui prit ses vêtements pour les laver et les repasser. Je ne sais pas s'il porta de nouveau cet habit par la suite. Mais il ne toucha plus jamais Argini jusqu'à ce quelle eût grandi.

L'oncle Stamatis était un type unique en son genre. Célibataire quand nous l'avons connu, il avait songé autrefois à se marier et s'était fiancé. Il monta donc son ménage et, en même temps que les meubles, acheta un berceau pour l'enfant à venir. Mais le projet de mariage échoua et il resta le berceau, qui fut vendu avec les meubles.

Il y avait beaucoup d'histoires plaisantes que racontaient les frères et sœurs de l'oncle Stamatis, notamment l'oncle Yanni qui était le

60 *Soghayyarin*. Ici aussi, la transcription en grec par Delta, qui ne connaît pas l'arabe, crée une fâcheuse distorsion.

seul de tous les Chorémi à avoir de l'humour. Et à côté de l'oncle Yanni, notre mère se laissait parfois aller à raconter des anecdotes.

La plupart des oncles et tantes Chorémi, gens sévères et intraitables, eurent une vie amoureuse agitée ou du moins pleine de péripéties. Le plus notable de tous était peut-être oncle Dimosthénis (qui était aussi mon parrain et fut plus tard mon témoin lors de mon mariage) qui se maria à plus de quarante-cinq ans, peut-être même cinquante, et épousa tante Jenny, une jeune fille de seize ans. Dans sa jeunesse, à Chio, il avait aimé une Levantine. Mais comment la famille aurait-elle pu accepter un tel mariage ! Il allait donc en cachette la nuit retrouver sa « petite amoureuse ». Fotini, le cerbère de la maison, l'avait compris et fermait la porte d'entrée en mettant la clef dans sa poche. Une fois la porte ainsi fermée, Dimosthénis se mit à sortir par la fenêtre. Une nuit, dans son sommeil, oncle Stamatis entendit un bruit suspect. Il sortit de sa chambre et vit une ombre entrer par la fenêtre. La frayeur lui coupa les jambes, la voix et la respiration, et appuyé contre le mur, à demi mort de peur, il poussait quelques sons étouffés.

– Stamatis, Stamatis, c'est moi, Dimosthénis ! disait et répétait son frère. Mais le moyen que Stamatis reprenne ses esprits !

Un murmure se fit entendre et Fotini-le-cerbère arriva et, dans sa fureur, la toute petite Fotini rossa Dimosthénis qui faisait six pieds de haut et était mort de rire.

– Tiens, tiens, vilain garçon ! lui disait-elle en le frappant avec le plat de la main, tu as failli tuer « le petit » !

ARCHIVES ALÉKOS ZANNAS

ARCHIVES ALÉKOS ZANNAS

Andonis M. Bénaki, grand-père paternel de Pénélope et sa femme, Loxandra Lozi Maximou, mère d'Emmanuel, Lucas, Marietta, Méropi et Argini Bénaki.

ARCHIVES ALÉKOS ZANNAS

ARCHIVES ALÉKOS ZANNAS

Constantinos Chorémi, grand-père maternel de Pénélope et sa seconde femme, Pouloudia Louloudi, mère de tous ses enfants connus dont Yannis et Virginia.

ARCHIVES ALÉKOS ZANNAS

Emmanuel A. Bénaki, père de Pénélope, dans la propriété des Chorémi, Mésa ki, à Chio, en compagnie du chien Cerbère, en 1877 (?).

Virginia C. Chorémi, épouse d'Emmanuel Bénaki et mère de Pénélope.

Yannis C. Chorémi, frère de Virginia, fondateur de Choremi, Benachi & Co.

La tante Marietta Mitaraki et les quatre enfants de son frère Emmanuel. Andoni, Pénélope, Alexandros encore tout petit et Alexandra, en 1879.

ARCHIVES ALÉKOS ZANNAS

Pénélope à Chio en 1877.

ARCHIVES ALÉKOS ZANNAS

Andoni, le grand frère, né en 1873.

ARCHIVES ALÉKOS ZANNAS

Alexandros, le frère cadet, né en 1878.

ARCHIVES ALÉKOS ZANNAS

Argini, la petite sœur, née en 1883.

ARCHIVES ALÉKOS ZANNAS

Pénélope (debout) et sa sœur aînée Alexandra en 1889.

Virginia Bénaki et quatre de ses enfants, Pénélope (à gauche), Argini, Alexandra et Alexandros, à la fin des années 1880.

ARCHIVES ALÉKOS ZANNAS

Réunion de famille après les fiançailles d'Alexandra Bénaki et Tom Davies en 1887.

Au 1er rang, de gauche à droite
Ekaterini/Kathy D. Chorémi (future Mme Tréhakis, cousine de Pénélope)
Aristidis D. Chorémi (cousin de Pénélope)
Pénélope D. Chorémi (cousine de Pénélope Em. Bénaki, future épouse d'Andonis Sareyanni)
Argini Em. Bénaki (petite sœur de Pénélope)
Alexandros/Alek D. Chorémi (cousin de Pénélope)
Constantinos D. Chorémi (cousin de Pénélope)
Emmanuel A. Bénaki (père de Pénélope)

Au 2e rang, de gauche à droite
Stamatis C. Chorémi (oncle maternel de Pénélope)
Mrs Davies (mère du fiancé)
Yannis C. Chorémi (oncle maternel de Pénélope)
Virginia Em. Bénaki (mère de Pénélope)
Assise à droite de la tente : Pénélope Em. Bénaki (future Mme Delta)
Assise à droite de Pénélope : Victorine Dufay (« Mademoiselle », institutrice des enfants Bénaki)
Assis de profil, à droite de Mademoiselle : Alexandros Em. Bénaki (frère de Pénélope)
Debout, la main sur l'épaule d'Alexandros : Yannis D. Chorémi (cousin de Pénélope)
Derrière la tente : Ali (jardinier)
Debout à l'extrême droite, en tablier blanc : Caterina (femme de chambre)
Debout, à gauche de Caterina : Guiouma (jardinier)

Sur l'escalier
Debout, derrière Alexandros Em. Bénaki : Lily Davies (sœur de Tom)
Derrière Lily : Constantinos I. Chorémi (cousin de Pénélope et futur époux en secondes noces d'Alexandra)
Debout, derrière Pénélope : sa cousine Pénélope I. Chorémi (future épouse Photiadi)
Debout au centre de l'escalier : les fiancés, Tom Davies et Alexandra Em. Bénaki (sœur de Pénélope)
Debout derrière Tom : Jeanne/Jenny D. Chorémi (tante de Pénélope)
Tout en haut de l'escalier : Dimosthénis C. Chorémi (oncle maternel de Pénélope)

Le port d'Alexandrie reliait l'Égypte aux différents ports de Méditerranée. Il voyait passer toutes les marchandises et tous les voyageurs en provenance ou à destination de l'Europe.

La très animée rue Chérif Pacha, près de laquelle se trouvait l'okelle de Carlo Cesere où habitaient Pénélope et sa famille jusqu'en 1884, resta un centre névralgique du commerce.

La place Méhémet Ali, au centre de la ville, subit des destructions partielles en 1882, puis fut restaurée et embellie. Au fond, l'église anglicane.

L'église anglicane d'Alexandrie, près de laquelle Pénélope entendait le soir, dans un grand arbre, les piaillements des moineaux qui la rendaient mélancolique.

Lieu de promenade des Alexandrins où se rendaient souvent les enfants Bénaki avec leur nurse, le canal Mahmoudieh, au bord duquel il y avait des jardins.

Près du Canal, le très riche Sir John Antoniadis avait fait construire sa villa au milieu de beaux jardins qu'il ouvrait au public le vendredi. Leur nurse y conduisait souvent les enfants Bénaki.

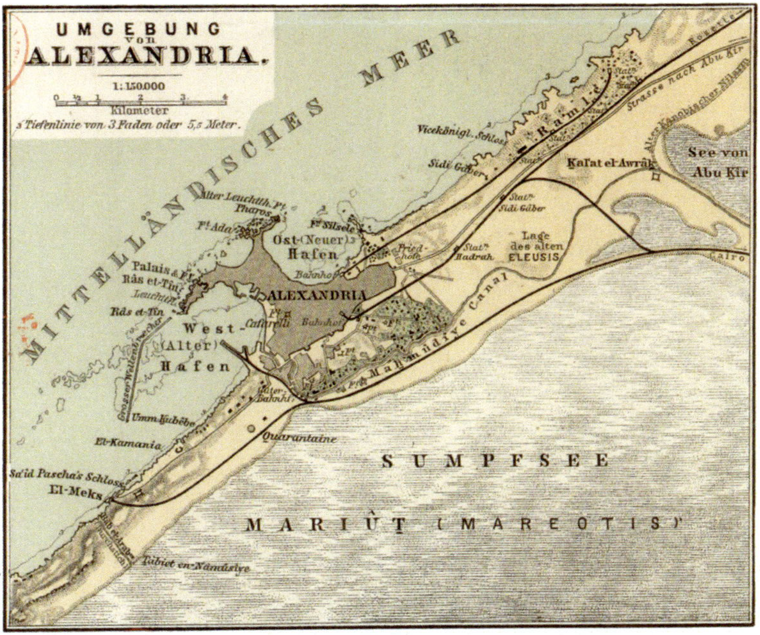

Sur cette carte allemande représentant les environs d'Alexandrie vers 1885, le début de l'implantation de Ramleh et sa ligne de train apparaissent au milieu des sables.

Vers 1880, Ramleh n'est pas encore une station balnéaire urbanisée. Comme son nom l'indique, c'est une grande étendue de sable où apparaissent des villas.

LE MONDE ILLUSTRÉ, 1ER JUILLET 1882, P. 12. COLLECTION CÉCILE SHAALAN

Sur cette gravure représentant la flotte européenne dans le port d'Alexandrie lors de la révolte d'Orabi, l'été 1882, on note la présence de l'*Hellas*, à bord duquel la famille Bénaki se réfugia en compagnie de nombreuses autres familles grecques.

THE ILLUSTRATED LONDON NEWS, JULY 8, 1882, P. 32. FONDS JEAN-YVES EMPEREUR, © ARCHIVES CEALEX

Les familles européennes fuient elles aussi Alexandrie face aux émeutes. Ces femmes et ces enfants qui embarquent à la hâte rappellent bien le récit qu'en fait Delta.

ALBUM FIORILLO 1882. RARE BOOKS AND SPECIAL COLLECTIONS LIBRARY, AUC

Des bâtiments préservés au milieu des ruines, comme ce fut le cas de l'okelle où habitaient les Bénaki et de celle d'en face où se trouvaient les bureaux.

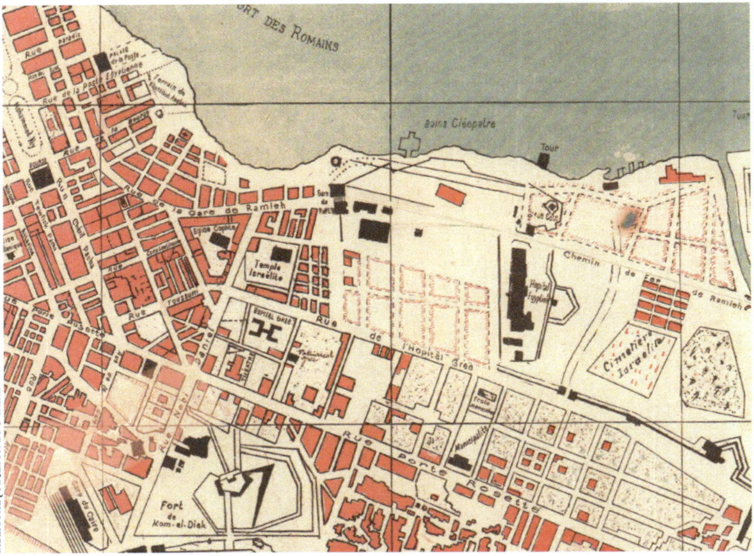

BIBLIOTHÈQUE JÉSUITE DU CAIRE

Ce plan de 1891 montre le centre d'Alexandrie après le bombardement : la place Méhémet Ali, la rue Chérif Pacha et le début de la rue Rosette au bout de laquelle est construit le Quartier grec.

L'immeuble Zervoudaki, rue Sésostris, près de la rue Chérif Pacha, dans lequel la société Choremi, Benachi & Co. avait ses bureaux, en face de l'okelle de Carlo Cesere où vivait la famille de Pénélope jusqu'en 1884.

La maison qu'Emmanuel Bénaki fit construire en 1884 en haut de la rue Rosette, dans le Quartier grec. Ici la façade côté jardin. Sa maison à Athènes à partir de 1910 (aujourd'hui musée Bénaki) en est quasiment une copie.

Le collège des Jésuites où Andoni Bénaki poursuivit ses études entre 1884 et 1887.

La Rossall school, pensionnat réputé près de Liverpool, où fut envoyé Andoni Bénaki, après que son père l'eut retiré du collège des Jésuites d'Alexandrie.

COLLECTION MARIE-CÉCILE NAVET-GRÉMILLET

COLLECTION MARIE-CÉCILE NAVET-GRÉMILLET

Les enfants Bénaki n'accompagnaient pas leurs parents à Aix-les-Bains où leur mère prenait régulièrement les eaux. Mais toute la famille se rendit à Paris pour l'Exposition universelle de 1889 et logea près des Champs-Élysées dans la pension du 7, rue Clément Marot qui demeure aujourd'hui un hôtel.

COLLECTION MARIE-CÉCILE NAVET-GRÉMILLET

Les liens professionnels de la famille Bénaki avec Liverpool étaient si importants qu'Emmanuel et les siens y vécurent un à deux ans quand Pénélope était encore toute petite. L'oncle Lucas y vivait et ce fut aussi une étape importante du voyage de toute la famille l'été 1889, entre Paris et le Pays de Galles où s'achèvent ces souvenirs de Pénélope Delta.

Le « petit » Stamatis devait avoir à peu près vingt-deux ou vingt-trois ans. J'ai entendu notre mère raconter cette histoire à différentes reprises mais elle ne reconnaissait pas que le rôle comique avait été joué par Stamatis, grand gars qui faillit mourir de peur au lieu de se précipiter sur l'ombre qui entrait par la fenêtre.

En dehors de l'oncle Yanni, qui avait à la fois de la tête et du cœur, les autres frères et sœurs ne semblent pas avoir souffert d'un excès d'audace. Mon père, qui a toujours eu la passion des armes, racontait souvent qu'une fois, à Chio où nous étions allés quand nous étions tout petits, il tirait sur une cible. Avec un « Flobert[61] », notre mère, qui pourtant n'aimait pas les armes, tirait aussi. Ils piquèrent l'amour-propre de Dimosthénis, qui prit le pistolet et tira lui aussi. À cause du bruit et du recul de l'arme, il eut peur, disait notre père, et s'évanouit. Notre mère protestait que ce n'était pas de la frayeur mais qu'il avait eu un étourdissement. Notre père persistait cependant à dire qu'il s'était évanoui en entendant le coup de feu.

Oncle Nicolis se maria de force. Sa femme, tante Margitsa, par ailleurs une très belle femme, avisée, avec beaucoup de tête et de courage et qui ne mâchait pas ses mots, était nettement plus âgée que lui, mais issue d'une catégorie sociale inférieure et totalement illettrée. Oncle Nicolis en tomba amoureux, à Chio, mais ni lui ni sa famille ne voulaient d'un tel mariage. Alors (racontait ma mère) les frères et sœurs de Margitsa lui tendirent un piège et un soir où elle

61 Pistolet de salon créé par un armurier français de l'époque.

le fit venir dans sa chambre, ses frères entrèrent armés de fusils et de couteaux, lui firent peur, et ne le laissèrent sortir qu'après avoir amené un pope qui les maria bon gré mal gré sur le champ, en pleine nuit. Ce fut pourtant un couple très heureux où tante Margitsa portait la culotte, ayant la tête plus solide que son mari.

Nous, les enfants, qui avions entendu maintes fois l'histoire du grand-père Chorémi qui dut son salut « à la vitesse de ses jambes », quand il montait vers Aghios Minas à Chio, que les Turcs le pourchassèrent et lui enlevèrent sa femme et ses enfants tandis que lui prenait ses jambes à son cou et se cacha dans les tombeaux, nous, dis-je, les enfants, écoutions cela avec un certain embarras ; nous réclamions davantage d'héroïsme, de sacrifice, de bravoure.

Toute autre était l'atmosphère de la maison de notre père. Là il y avait de l'audace.

Notre grand-père Andoni Bénaki était mort avant que notre père se marie. D'une famille maniote, il faisait partie de la première génération née à Chio après la révolution d'Orloff et la catastrophe de Morée en 1770[62], quand la famille de Panayotis Bénaki se dispersa et que la tour des Bénaki à Kalamata fut détruite. Notre père

62 Lors de la guerre russo-turque déclenchée à propos de la Pologne (1768-1774), un comte russe nommé Orloff et ses frères entrèrent en contact avec des Grecs de Thessalie et de Morée (Péloponnèse), dont un certain Bénaki. Ils levèrent ainsi des combattants contre les Ottomans. La guerre fut un succès pour les Russes, mais le retrait de leur marine, abandonnant les alliés grecs aux répressions de la Porte provoqua la « catastrophe de Morée ». Ce soulèvement grec est considéré comme ayant été le ferment des révoltes futures menant à 1821.

nous disait que le sien lui chantait une chanson qui commençait par ces paroles :

« Moi, je suis un fils Bénaki, de Kalamata... »

Mais notre père, qui ne s'occupa jamais de liens de parenté et historiques, ne pouvait pas nous dire si et comment il descendait du Panayotis Bénaki de la révolution d'Orloff en Morée. Et quand, devenus adultes nous aussi, nous l'interrogions, il nous disait ce qu'il se rappelait, mais c'était peu de chose, parce qu'il était parti très jeune de chez lui et n'avait pas appris grand-chose du grand-père.

Nous n'avons aucune preuve de notre appartenance à la famille Bénaki de Kalamata et d'en être les descendants.

À partir des éléments que j'ai pu collecter auprès de notre père et de nos tantes Bénaki, j'ai appris ce qui suit.

Chez lui, le grand-père Andoni Bénaki était peu loquace. Homme maussade, sévère, renfermé, il rejetait les questions, la curiosité, les paroles inutiles. Sa photo et son portrait peint à l'huile, que possédait notre père, montrent un homme de grande taille, svelte, aux yeux noirs pensifs, aux lèvres pincées, avec une ride profonde entre ses sourcils noirs qui lui donnait un air encore plus sévère.

Il avait dix-huit ans quand, lors du massacre de Chio, il prit le maquis avec ses frères plus jeunes, ses sœurs et leurs enfants, pour celles qui en avaient. Sur la route, ils virent des Turcs arriver et mon grand-père les cacha tous dans une grotte. Un bébé pleurait. Le grand-père s'approcha de sa sœur et lui chuchota : « Ou tu le fais taire ou je l'étrangle. »

La pauvre mère étouffa les cris du bébé dans son sein, mais, soit que cela n'ait pas suffi, soit que les Turcs aient eu connaissance de la grotte, ils les découvrirent et sortirent leurs yatagans, prêts à égorger.

Un Turc, qui avait servi autrefois chez mon arrière-grand-père, reconnut le jeune homme qui s'était jeté devant pour défendre les femmes et les enfants.

– C'est toi, petit monsieur Andoni? s'exclama-t-il. Et il dit aux autres Turcs : « Celui-ci est mon esclave, ne vous avisez pas d'y toucher. »

Et il le prit comme mousse sur son caïque.

Les Turcs se partagèrent les femmes et les enfants et la famille fut dispersée.

C'était un homme bon que l'ancien serviteur du vieux Bénaki et il fit travailler mon grand-père avec lui. Celui-ci mit de côté chaque piastre qu'il gagnait et, quand il en eut assez, il racheta le caïque de son ancien serviteur et commença à faire des traversées vers Alexandrie où il retrouva et racheta toutes ses sœurs (voire leurs enfants, mais je n'ai pas pu le vérifier), sauf deux que les Turcs avaient emmenées au fin fond de l'Asie Mineure. L'une disparut définitivement, nul ne sait ce qu'elle devint. L'autre, des années après, revint à Chio abandonnant les deux enfants qu'elle avait eus de son ravisseur. Après bien des années encore, ses enfants devenus grands se rendirent à Chio et la trouvèrent. Ils lui dirent :

« Nous sommes désormais indépendants, maman, viens vivre avec nous que nous te gâtions, que nous te donnions toutes les bonnes choses. » Mais elle leur répondit : « Je vous aime, mes enfants, et je vous souhaite réussite et bonheur. Mais vous êtes les enfants d'un Turc et moi je suis grecque. Allez chez vous et laissez-moi chez moi. Il y a beaucoup de sang versé entre nous. »

Ses deux fils venaient souvent la voir. Mais elle ne les suivit jamais. Elle vécut pauvrement à Chio, seule, fidèle à sa foi et à son patriotisme jusqu'au bout. Tante Méropi Sareyanni avait encore, peu de temps avant sa mort, un dé en or lui ayant appartenu et quelque chose d'autre, je ne me souviens plus bien, peut-être un petit canif.

De tous ses voyages, notre grand-père vêtu à la turque revenait toujours plus maussade et plus revêche. La mère de ma grand-mère Chorémi, qui n'avait jamais imaginé qu'ils seraient un jour parents par alliance, le voyant dans ses habits turcs, disait en se signant :

– Le fils Bénaki s'est fait Turc, c'est devenu un *tagalaki*[63].

Le grand-père ne parlait pas mais ne faisait que voyager et délivrer les autres de l'esclavage.

Jeune mariée, je fis la connaissance d'Épaminondas Mavromatis. Nous parlions de la guerre d'Indépendance et de fil en aiguille, il en vint à me dire :

– Vous pouvez oublier votre grand-père Chorémi. Mais pas le vieux Bénaki.

Toujours prête à m'insurger, je l'interrogeai avec feu :

– Pourquoi ? Qu'a donc fait mon grand-père Chorémi ?

– Rien de mal. Mais il ne s'est jamais distingué par sa bravoure et a laissé les Turcs lui prendre sa femme et ses enfants qui ont peut-être brûlé dans le navire amiral incendié par Canaris à Chio

63 Mot turc désignant un soldat.

ou peut-être pas. En revanche, vous pouvez être fière de votre grand-père Bénaki, et même très fière.

– Connaissez-vous son histoire?

– J'en connais une partie. Je sais, par exemple, qu'il a délivré ses sœurs de l'esclavage, qu'en Égypte il faisait le tour des harems à la recherche de femmes et d'enfants, qu'il racheta ses sœurs et les ramena à la liberté. Je sais aussi quelque chose d'autre. Avec son caïque il transportait des passagers d'un endroit à l'autre. Quand les voyageurs étaient grecs, ils arrivaient toujours à bon port. Quand ils étaient turcs, il se passait toujours quelque chose; le bateau n'atteignait pas son but, les Turcs se noyaient, se retrouvaient ailleurs, personne ne savait mais ils disparaissaient pour de bon.

– Vraiment? Le grand-père les tuait-il?

– Je ne sais pas. En tout cas les Grecs arrivaient à bon port et pas les Turcs. Telle est la légende autour d'Andoni Bénaki.

J'interrogeai un jour mon père. Il s'indigna.

– Je n'ai jamais entendu cela, répondit-il, et je n'y crois pas. Mon père était un homme très droit.

– Et la haine contre le Turc, qu'en faites-vous?

– La haine, oui, il avait de la haine contre eux. Mais je ne crois pas qu'il ait jamais tué un homme en dehors du combat.

Un jour où je l'interrogeais à nouveau au sujet de ces années-là, notre père me dit :

– Mon père n'aimait pas parler de la guerre d'Indépendance et du massacre de Chio. Il évitait les conversations. Il fut toujours peu loquace et nous, les enfants, ne prenions pas de libertés avec lui. Mais ses frères et sœurs non plus. Un jour, dans son magasin (il faisait le commerce de voiles à Syra), son plus jeune frère, Barba Markis, lui dit quelque chose qui lui sembla impertinent et mon père le gifla. Or Barba Markis avait vingt-six ans. Comment l'un de ses frères aurait-il pu oser seulement fumer en sa présence?

Et une autre fois notre père me raconta l'histoire suivante.

Un jour, les deux garçons, mon père et oncle Lucas, jouaient dans la cour de la maison. Un individu pauvrement vêtu, comme un mendiant, s'approcha et demanda si c'était bien la maison d'Andoni Bénaki.

– Oui, lui dirent-ils.

– Et Monsieur Andoni est-il là?

L'un des jeunes garçons alla informer leur père qu'un pauvre le demandait. Mon grand-père sortit dans la cour, vit l'homme et, poussant un cri, se jeta à son cou, l'enlaça, l'embrassa et montrant une émotion inaccoutumée, le fit entrer dans la maison, prendre un bain, se vêtir, le garda à dîner, lui donna l'hospitalité pour la nuit, peut-être même pour plusieurs jours, je n'ai pas pu le déterminer. Quand vint pour l'inconnu le moment de partir, le grand-père, le tenant par le bras, dit à ses fils :

– Vous voyez cet homme? Où que vous le voyiez, vous lui baiserez la main. Ce fut mon compagnon d'armes et mon collaborateur pendant la guerre d'Indépendance.

Le grand-père ne reparla jamais de lui à ses enfants et notre père n'apprit jamais son nom. Ma grand-mère devait le savoir, puisqu'elle le reçut chez elle. Mais elle non plus n'en parla pas. Notre père ne le revit jamais. Cela demeura un mystère.

Bien sûr ma grand-mère devait savoir qui c'était et ce qui le liait au grand-père. Mais les femmes de son époque savaient se taire.

Ma grand-mère Bénaki était une grande dame, avec des traits de caractère masculins, inflexibles. Elle était de Chio, de la famille Maximou. Elle s'appelait Loxandra. Sa photo et son portrait à l'huile montrent une femme bien en chair, de taille moyenne, avec une raie au milieu du crâne et des cheveux raides coiffés en bandeaux sur les côtés selon la mode de l'époque, avec des yeux et des sourcils noirs, l'air grave, sévère, sans gaieté mais très auguste.

Au milieu du front, entre les sourcils, elle avait un gros grain de beauté de couleur rose. Petite fille de six ans, les Turcs l'avaient prise à Chio et vendue dans un harem égyptien quelconque. Grâce à son grain de beauté, des membres de sa famille la retrouvèrent et la rachetèrent encore très jeune. Quand, une fois mariée, elle voulut le faire enlever, mon grand-père l'en dissuada :

– Cette marque t'a sauvée du harem, lui dit-il. Tu mourras avec. Et ma grand-mère accepta.

Elle vécut intimement liée à mon grand-père. Quand un petit morceau de Grèce fut libéré, mon grand-père déménagea à Syra. C'est là que naquirent ses enfants, dont mon père qui fut le premier garçon après cinq filles, c'est là qu'ils furent tous élevés, et c'est là que mourut et fut enterré mon grand-père. Pendant des années, tant que je demeurai dans la maison paternelle, une image encadrée en noir resta accrochée dans notre salle d'étude, une tombe, une dalle de marbre et une haute stèle étroite comme un obélisque entourée d'une balustrade avec, derrière, un grand saule qui la couvrait entièrement de son ombre. C'est la tombe du grand-père qui subsiste toujours à Syra.

Ma grand-mère élevait sévèrement ses enfants. Le grand-père encore plus sévèrement. Il était inflexible, fier, intransigeant au sujet de l'honneur, de la dignité, de la sincérité.

À Syra il n'y avait alors pas de voiture (ou s'il y en avait, elles étaient rares), chaque maison de maître avait un petit âne et dès qu'un bateau arrivait, tous les petits ânes descendaient avec le domestique de la maison pour prendre en charge l'éventuel voyageur que la maison accueillerait. Pour simplifier, les domestiques entre eux désignaient les ânes du nom de leur maître, par exemple : « Hé, Kalvokoressis » ou « Pitsipié » ou « Kaparis ». « Amène Kalvokoressis ! » ou « On demande Kaparis ! » Et le domestique, poussait en avant son animal bâté et l'hôte en visite le montait. Mon grand-père, pour cette raison, ne voulut jamais avoir d'âne. « Je n'admets pas, disait-il, que quelqu'un crie : "Amenez Bénaki !" et qu'un domestique fasse avancer un âne que chevaucherait quelqu'un d'autre. »

Lors d'une échauffourée dans l'île – était-ce entre 1858 et 1862 ? – une échauffourée qui ne dura pas, mon père y prit part et, étant un garçon entre quinze et dix-sept ans, se fit enrôler et armer. Le grand-père l'apprit et le fit venir.

– Tu t'es fait enrôler ? lui demanda-t-il.

– Oui, père.

Toute cette histoire n'était qu'une sottise, mon grand-père le savait et la jugeait comme telle. Mais il ne réprimanda pas son fils.

– Bien, lui dit-il, tu iras, et quand on t'en donnera l'ordre, tu te battras. Mais si jamais j'apprends que tu as tourné bride, c'est moi qui te fusillerai.

Mon père y alla ; on en fit un guetteur, de nuit, et au moindre arbre, à la moindre ombre, il voyait un ennemi, mais, le cœur au bord des lèvres, il resta à son poste, ne tira pas un coup de fusil pour rien et ne bougea pas du guet où on l'avait placé. Et c'est là qu'il apprit que l'on peut avoir peur mais qu'on ne doit pas laisser la peur prendre le dessus.

Le grand-père Bénaki était quelqu'un. Pour cette raison il développa chez ses enfants aussi la fierté, le courage, la dignité, le respect de soi-même, la profonde noblesse. Il était lui-même très digne, très fier, impavide.

Il racheta ses sœurs et leur rendit la liberté. De ses deux nièces Diamantidi, l'une, Mme Corpi, était la mère de Stamatis Corpi, l'autre, Marieta, qui était très belle, épousa en premières noces un certain Mastrapa et en secondes noces mon oncle Yanni Chorémi. C'était la mère de Giorgis et Alékos Chorémi et elle mourut de la tuberculose, jeune encore. Dans la maison familiale, nous avions un portrait d'elle peint à l'huile. Elle était pâle, délicate dans sa robe de velours noir, avec de grands yeux noirs pensifs, sa gorge et son cou blancs et délicats et ses très belles mains aux doigts entrecroisés, jointes sur son giron, une image particulièrement élégante, d'une belle femme, jeune et très aristocratique. Quand mon grand-père eut arraché ses sœurs à l'esclavage et qu'il eut réuni quelque argent, il vendit son bateau, reprit le costume européen (son portrait le montre en pantalon gris et redingote noire), partit pour Syra et se voua au commerce. Il importait des voiles de bateau d'Angleterre (Manchester et Liverpool) et les vendait à Syra où s'étaient regroupées la plupart des familles persécutées de Chio qui avaient échappé au massacre et ne voulaient plus être sous le joug turc.

Une nuit, la grand-mère Bénaki s'éveilla et vit mon grand-père qui s'habillait prestement.

– Que se passe-t-il Andoni ? demanda-t-elle, il fait nuit noire.

– J'ai rêvé que des voleurs entraient dans le magasin, répondit le grand-père. Je vais voir.

– Comme ça ? Tout seul ?

– Et quoi donc ? Ai-je besoin de compagnie ?

Il prit la clef et se rendit directement au magasin. La porte était fermée à clef. Il l'ouvrit sans faire de bruit et vit une pâle lumière. Un homme, à la lumière d'une bougie, rassemblait des pièces de percale et en faisait un paquet.

Le grand-père se jeta sur lui et le saisit à la gorge. L'autre tomba à genoux.

– Pitié, Sior Bénaki, supplia-t-il, je suis un pauvre homme.

Mon grand-père reconnut avec étonnement un ouvrier qui avait le jour-même monté une fenêtre avec des briques. La fenêtre, fraîchement construite et pas encore sèche, était démontée, et le voleur était entré par là. Un autre attendait en bas, tenant l'échelle de corde par laquelle était monté le voleur, que celui-ci lui jette ce qu'il aurait volé.

Je ne sais pas si le grand-père leur pardonna ou s'il les livra à la police. Mais toute la nuit il garda tout seul les voleurs et le magasin. Et le lendemain matin il leur fit remonter la fenêtre.

– Rosse autant que tu veux plus fort que toi, disait-il à ses fils, mais, malheureux, que je ne vous voie jamais frapper plus petits que vous, car dans ce cas vous aurez affaire à moi.

Notre père donna la même leçon à ses fils. Il devenait furieux quand il voyait un plus fort frapper un plus faible.

Le grand-père Chorémi faisait lui aussi le commerce de voiles, mais il resta à Chio où il était également démongéronte. Son portrait à l'huile le montre dans son costume de démogéronte, son fez mou avec le long gland noir, ses culottes, sa courte pelisse pardessus sa longue tunique. Complètement chenu dès trente ans, son portrait le montre âgé, ridé, voûté, avec une moustache blanche et le menton glabre. Il avait de fréquents échanges avec les autorités turques puisqu'il était démogéronte. Mais il les haïssait. Il disait toujours à propos des Turcs :

– Qu'il en reste autant que j'en connais.

Les Turcs avaient beaucoup de considération pour lui et l'aimaient pour sa grande bonté, sa loyauté, son sens de la justice et sa droiture. Il avait un ou deux « amis » turcs qui lui rendaient visite dans sa demeure Mésa ki à Chio[64]. Mais si ceux-ci l'aimaient, lui n'oubliait jamais le sang des Grecs versé lors du massacre des chrétiens à Chio. C'est pour cela qu'il disait et répétait sa maxime :

64 Son fils, Yannis Chorémi, en avait hérité. Il avait deux maisons à Chio. L'une, Mésa ki (Μέσα κει), était située, comme son nom l'indique, « à l'intérieur » de l'île, tandis que l'autre, Kato ki (Κάτω κει), se trouvait, mot-à-mot, « en bas », c'est-à-dire au bord de la mer (cf. p. 172, 254, 260).

« Qu'il en reste autant que j'en connais » c'est-à-dire que la race turque se limite aux cinq ou dix Turcs qu'il connaissait.

Le grand-père Chorémi était très pieux. De même que la grand-mère. C'est pourquoi tous les enfants Chorémi craignaient dieu, y compris notre mère alors que notre père pas du tout. Il avait même de l'antipathie à l'encontre des gens d'Église dans lesquels il n'avait aucune confiance et qui justifièrent sa défiance lors des événements dramatiques des Noemvriana de 1916[65].

Le grand-père Chorémi, en revanche, avait foi dans le divin et de toute sa vie, jusqu'à la fin, ne manqua jamais une célébration. Il suivait un jeûne sévère pendant tout le carême. La dernière année, il était très malade et les médecins lui interdirent de jeûner. Et pendant quarante jours il n'accepta pas de manger autre chose que de la soupe et des légumes bouillis. Toute sa vie il demanda dans ses prières de mourir un Vendredi Saint. Et il mourut effectivement un Vendredi Saint, à l'heure où l'on sort la croix dans les églises.

C'était un homme bon, un homme de bien, miséricordieux, pitoyable, compatissant, vertueux. Mais il n'avait pas la trempe des Bénaki, tout en élan et action.

La grand-mère Chorémi avait mis au monde seize enfants dont seulement huit parvinrent à l'âge adulte, six garçons et deux filles, Nicolis, Stamatis, Cléopatra, Yanni, Mikè, Dimosthénis, Andoni et Virginia (notre mère). L'oncle Andoni avait pris une mauvaise pente et la famille préférait l'ignorer. À la fin de sa vie, l'oncle

65 Des heurts politiques violents se produisirent à Athènes en novembre 1916 au cours desquels Emmanuel Bénaki fut arrêté.

Yanni eut pitié de lui à cause de sa pauvreté et de sa solitude et le recueillit lui aussi à Mésa ki, sa maison de Chio dans une grande propriété où il réunit ses autres frères ayant fait naufrage, Mikè et Stamatis. C'est là que je le vis, que je fis vraiment sa connaissance, c'est-à-dire que je conçus de l'estime pour lui, pour la première fois. C'était en 1895 quand, lors de mes fiançailles, j'allai à Chio avec mes parents, Argini qui était encore une fillette et mon fiancé Stéfanos, et qu'oncle Yanni, très hospitalier, nous logea tous.

Argini naquit en avril 1883. Cette année-là, les Grecs les plus en vue d'Alexandrie achetèrent des terrains rue Rosette, au-delà de la partie bâtie de la ville, dans une zone encore inhabitée à l'époque, vers la porte qui fermait la rue Rosette. Ces portes ont été démolies par la suite et toute cette zone qu'on appelait Porte Rosette et qui marquait l'extrémité de la ville du côté de Ramleh, se transforma en parcs et en jardins. Et étant donné qu'il n'y eut que des Grecs à acheter ces terrains éloignés et qu'ils construisirent tous leurs maisons ensemble, ce quartier fut appelé Quartier Grec. C'était le plus beau quartier d'Alexandrie, parce qu'on y bâtit de belles maisons particulières, toutes au milieu de jardins, qu'on planta des arbres partout, qu'on créa des parterres de fleurs et que dans la fertile terre d'Égypte, cela poussa et devint luxuriant en quelques mois.

Notre père acheta lui aussi un terrain avec un grand jardin en haut de la rue Rosette et commença la construction.

Ma mère, peu de temps avant de se marier, s'était fait prédire l'avenir par une Arabe aveugle qui disait la bonne aventure dans les pois chiches qu'elle jetait au hasard. Elle avait été entraînée à se faire prédire l'avenir par la sœur de la première femme de l'oncle Yanni, une certaine Artémisia Zerlendi (la première femme de l'oncle Yanni, la mère de Pénélope Photiadi et de Constantino, était une fille Zerlendi et mourut elle aussi de phtisie. Nous ne l'avons pas connue, elle était morte jeune elle aussi).

L'Arabe aveugle prédit à ma mère son mariage et différents événement à venir de sa vie, qui se réalisèrent effectivement. Et elle lui dit qu'elle ferait construire une belle maison et que, lorsque cette maison serait achevée, elle mourrait.

Ce fut donc avec une certaine émotion et une certaine appréhension qu'elle entendit parler de l'achat du terrain et de la décision de notre père de faire construire. Notre père, en revanche, n'accordait aucune espèce d'attention à ce genre de choses, il ne croyait ni aux prédictions ni au mauvais œil ni aux sorts; il alla donc de l'avant et fit construire sa maison, qui fut achevée en 1884. Et il avait raison puisque, plus tard, il fit construire une autre maison, à Ramleh, et plus tard encore une troisième à Kifissia, et qu'il acheta une quatrième maison qui venait d'être construite à Athènes, rue Koumbari sans qu'il arrive quoi que ce soit à notre mère.

Cet été là, en 1884, nous retournâmes à Ramleh pour passer les mois les plus chauds et prendre des bains de mer.

Avec Madame Mettère, nous ne fîmes pas de progrès en français, nous n'apprenions rien, elle nous parlait une langue étrangère, l'italien (que tous, en Égypte, nous parlions plus ou moins) ou l'anglais, je ne me rappelle plus laquelle des deux, pour que nous puissions communiquer. Mais c'était une institutrice lâche et, du fait de son rapportage à notre mère et de la rossée que je subis pour cette raison, nous ne l'aimions pas.

Andoni était revenu de l'école Voulgaris à Athènes et nos parents décidèrent alors de prendre une maîtresse française à demeure.

C'est ainsi que Mademoiselle Dufay vint vivre auprès de nous, sur la recommandation de la tante de Fanny et Maggie Sinadino, une certaine Mme Vlasto de Marseille. Pour nous trois, les grands, mais particulièrement pour moi, fillette de dix ans à l'époque, sa venue marqua une étape dans notre vie.

Elle arriva au mois de juillet. Il y avait le choléra à Marseille et elle dut faire une « quarantaine » au « lazaret » d'Alexandrie, je ne sais trop où, je suppose sur un îlot quelconque dans la rade, à proximité.

Notre mère, qui éprouvait quelques craintes à l'endroit des institutrices françaises, les anges gardiens, avait demandé une institutrice qui ne soit pas très jeune. Les personnes de Marseille qui la lui recommandèrent lui dirent que Mademoiselle Dufay avait trente-cinq ans. Quand le bateau arriva, nos parents envoyèrent un employé de confiance, un employé de premier ordre, Costis Xénakis, l'accueillir et lui apporter le nécessaire pour ne pas trop pâtir du « lazaret ».

Xénakis la vit, l'installa tant bien que mal (la pauvre eut beaucoup à souffrir) et monta à Ramleh. Je me le rappelle arrivant sur notre terrasse. D'un mouvement de la main, qu'il avait fort grande, il fit un signe rassurant.

– Ne vous en faites pas, Mme Bénaki, dit-il avec son bon sourire. On vous a dit qu'elle a trente-cinq ans ! Rajoutez-en dix et vous y serez.

Avec autant de curiosité que de défiance et d'inquiétude, nous attendions la nouvelle institutrice. Que serait-ce? Une nouvelle madame Mettère? Une méchante Degroushy? Serait-elle sévère? Nous battrait-elle?

Nous la vîmes arriver un jour, accompagnée par le fidèle Costis Xénakis, lui géant et elle petite et replète, avec une robe bleu aubergine, ajustée au buste, avec des boutons ronds sur toute la hauteur de la poitrine, une jupe courte, toute en « polonaises » et « tuniques » (la mode hideuse de l'époque), qui laissait voir la jambe gainée de blanc sur sa bottine noire à boutons. Elle portait des verres cerclés d'or (lunettes), ses cheveux gras plaqués en bandeaux avec une raie au milieu encadraient son visage allongé, assez ridé, où ressortait principalement « un nez en pied de marmite » comme elle le disait elle-même à son propos. Ses yeux étaient verts, rieurs, intelligents et bons. Mais nous la regardions avec défiance, prévenus contre elle par nos *a priori* anglophiles et les discours contre les Français de notre professeur d'anglais, Mr. Williams.

Nos parents l'accueillirent sur la terrasse et nous, les quatre plus grands, regardions et écoutions la conversation en français sans rien comprendre. Nous perçûmes immédiatement, en revanche, que notre mère avait des difficultés à s'exprimer dans cette langue alors que notre père la parlait couramment. Quant à Xénakis, il écoutait, peu disert comme d'habitude, voire silencieux, ses grandes mains croisées, son bon regard devenant un peu ironique quand il s'arrêtait sur les cheveux grisonnants et le visage ridé de la prétendue maîtresse de trente-cinq ans.

Xénakis était un personnage, un des piliers de la maison Choremi, Benachi & Co.

Il était de Chio, très grand, bien découplé, brun, glabre, avec des yeux marron de chien fidèle pleins d'affection et de bonté. Il avait à Chio deux ou trois frères, tous des fauves en matière de force et de bravoure. Un de ses frères tuait un taureau d'un coup de poing. Costis Xénakis avait des bras musclés comme peu de gens. Une nuit, dans les jours troublés qui suivirent la révolte d'Arabi, alors qu'il rentrait chez lui, un Arabe fanatisé, ou peut-être simplement voleur, se jeta sur lui avec un couteau pour le tuer. Costis Xénakis leva le bras et lui donna une gifle. Et l'Arabe roula au sol, inconscient. C'est alors que Costis Xénakis commença à se lamenter : « J'ai tué un homme ! Ah ! le pauvre malheureux ! Qu'ai-je fait ? » Il prit son assassin dans ses grands bras et l'emmena à l'Hôpital grec, et il resta à ses côtés jusqu'à ce qu'on le fasse revenir à lui et qu'il fût convaincu qu'il ne souffrait de rien de plus que du choc de la terrible gifle. Il lui donna même une indemnité et le laissa libre de toute poursuite judiciaire.

Nous apprîmes cette histoire par notre mère à laquelle il l'avait lui-même racontée, disant : « Songez ! si j'avais tué cet homme ! »

Elle lui répliqua indignée :

– Mais lui, il t'aurait tué, Costi ! (Xénakis était une des rares personnes que notre mère appelait par son prénom et tutoyait.)

– Bah ! Moi on ne me tue pas », lui répondit-il sur un ton léger.

C'est pour de tels faits et bien d'autres que l'adoraient les Arabes de la « *shuna* » (l'entrepôt de coton) et de la « presse » (d'où l'on sortait les balles de coton) que Xénakis dirigeait. Ils savaient que c'était une force de la nature, sévère, un chien au travail. Mais ils le savaient aussi compatissant que fort, juste, humain (human[66]) et bon, un homme de bien, parlant avec douceur, honnête, droit.

Lors du massacre d'Arabi, d'autres employés se cachèrent, notamment un, Mikè Louizos, qui travaillait lui aussi à la *shuna* et qui distribuait généreusement soufflets et claques sur la nuque. Lui, ils l'auraient tué s'ils l'avaient trouvé. Mais Xénakis, non seulement personne ne lui chercha noise, mais les Arabes de la *shuna* et de la presse le protégèrent des assassins, et quand ils incendièrent Alexandrie, ils ne causèrent aucun dommage à notre *shuna* que Xénakis garda aux yeux et au su de tous avec son état-major d'employés et d'ouvriers arabes.

L'arrivée de Mademoiselle Dufay dans notre maison marque une autre étape dans ma vie. Nous étions mal disposés vis-à-vis d'elle, une Française, une « frog eater » comme le disait avec mépris de tous les Français notre professeur anglais, employé lui aussi du bureau de la maison Choremi, Benachi & Co. Mademoiselle Dufay ne savait pas d'autre langue que le français et nous n'en comprenions pas un mot, chose qui rendait nos rapports difficiles. Mais peut-être est-ce aussi pour cela que nous l'apprîmes aussi rapidement. Avant de rentrer de Ramleh à Alexandrie, nous en comprenions déjà suffisamment pour que quand elle nous menaçait de dire à notre mère « que je suis très mécontente de vous » nous nous concertions et nous réjouissions parce que, disions-nous, maman

66 Delta écrit *human* au lieu de *humane*.

qui ne comprend pas bien le français pensera qu'elle dit « je suis très contente » et nous dira « Bravo, mes enfants ». Mais nous en avons vu de toutes les couleurs pour apprendre qu'on ne dit pas « un zieu » ni « quatre zieux » alors qu'on dit « deux yeux ». Le français nous semblait une langue très bizarre !

Tandis que nous étions à Ramleh, arrivèrent de France, de Montpellier si je me rappelle bien, le fils aîné de l'oncle Yanni, Constantino, un petit gros, alors âgé de vingt ans et Stamatis Corpi, âgé de dix-neuf ans, un grand maigre.

Constantino, plein d'élan comme toujours, entra en courant et, sans être capable de nous distinguer les uns des autres, nous saisit avec fougue l'un après l'autre et nous embrassa en nous secouant.

Quel scandale pour nous, la marmaille, qu'un cousin aussi grand nous embrasse ainsi soudainement ! Plus timide, Corpi nous salua en nous tendant sa main osseuse qui était toujours rouge.

Argini commençait à peine à marcher et à faire toute seule le tour de la table. Elle avait encore sa nourrice. Mais nous, les trois grands et Alexandros qui avait à peine six ans, Mademoiselle Dufay nous prit en charge et nous imposa sa discipline.

Avec elle, il n'y avait pas à s'amuser. Quand elle disait quelque chose, il fallait obéir immédiatement. Elle nous grondait rarement et ne nous dénonçait jamais. Mais elle s'imposait d'un mot, d'un signe. Elle avait perçu la sévérité de nos parents et s'était donné pour règle de ne pas accroître nos punitions mais de s'imposer et de nous diriger par la persuasion et l'affection.

Et elle y réussit dès le premier jour. Nous comprîmes que nous pouvions trouver auprès d'elle bonté et indulgence. En revanche, il n'y avait de place ni pour les faiblesses ni pour les caprices et son ordre devait être exécuté. En tant qu'enfants, nous faisions des nôtres. Mais sans méchanceté ni conséquence fâcheuse. Elle nous enseignait le dessin, mais détestait l'odeur du naphte[67]. Pour nous venger d'elle, un jour, nous versâmes du naphte sur son buvard qu'elle gardait dans un tiroir particulier qui lui était réservé dans le chiffonnier de mahoni[68] rouge qui était dans notre salle de classe. Mais le hasard voulut qu'elle n'ouvrît pas immédiatement son tiroir et quand elle l'ouvrit nous constatâmes à notre grand regret qu'elle ne perçut rien : le naphte s'était évaporé.

Une autre fois, un dimanche matin, Alexandros et moi étions en colère contre elle, parce qu'elle avait, de notre point de vue, injustement grondé Alexandros. Pendant qu'elle était à l'église, nous clouâmes à grand-peine une ficelle tendue très bas dans l'embrasure de la porte, pour qu'elle se prenne le pied dedans à son arrivée et qu'elle tombe.

Nous nous étions donné beaucoup de mal et étions très fiers parce que la couleur de la ficelle était la même que celle du plancher et qu'elle ne se voyait pas. Alexandros était fier, mais ne cessait de rougir en se tortillant les doigts.

– Qu'y a-t-il ? lui demandai-je.

67 Utilisé comme solvant pour la peinture, un peu comme le white spirit.
68 Mahoni est un des noms (à côté de mahogani, plus usité de nos jours) désignant le bois d'acajou.

Timidement, il me dit :

– Elle va se fâcher.

– Bien sûr qu'elle va se fâcher.

– Et après?

– Poltron!

Il devenait de plus en plus rouge et ne faisait que se tortiller et détortiller les doigts.

– Et si elle tombe et se fait mal? fit-il encore plus timidement. Si elle se fracasse le crâne et… que le sang coule? Si elle meurt?

Ça, je n'y avais pas songé. Nous tombâmes tous deux dans une profonde réflexion. Et silencieusement nous coupâmes la ficelle, et avec la même peine nous la déclouâmes, tirant les petits clous avec nos ongles parce que nous n'avions pas d'outils. Et plus jamais nous ne nous attelâmes à des vengeances contre Mademoiselle Dufay.

Mais tout cela arriva bien plus tard.

À la fin de l'été, en revenant de Ramleh, nous nous rendîmes directement dans notre nouvelle maison dans le Quartier Grec, en octobre 1884. Notre salle de classe était tout en haut, au troisième étage, entre deux terrasses, une à l'est, l'autre à l'ouest, où nous avions le droit d'aller jouer.

Nous, les deux grandes filles, avions notre chambre au deuxième étage, à côté de celle de nos parents. Andoni dormait au troisième, avec les deux petits ou dans la chambre voisine. Mademoiselle Dufay était au deuxième étage, en-dessous de la salle d'étude. Cette chambre était le Saint des Saints. Nous n'avions jamais le droit d'y pénétrer, sauf si, habillée et prête, elle nous y invitait elle-même.

Nous eûmes tôt fait de comprendre pourquoi : Mademoiselle Dufay avait de faux cheveux et de fausses dents. Et dans ses tiroirs peut-être en avait-elle en double. Elle se méfiait peut-être de notre curiosité – à tort, pourtant, car jamais nous n'aurions ouvert ses tiroirs ou son armoire – voire celle des domestiques, car elle gardait tout sous clef. Nous autres n'avions d'ailleurs ni curiosité ni envie d'entrer dans sa chambre qui gardait toujours une forte odeur. Mademoiselle Dufay n'était pas excessivement propre. Elle prenait rarement un bain ; quant à ses cheveux, la question était de savoir si elle les lavait seulement une fois l'an.

Au début, ce manque de propreté fut un motif de moquerie de notre part. Mais au fur et à mesure que le temps passait et que nous étions davantage liés, la moquerie fit place à du souci et du chagrin, parce que les domestiques l'avaient observé et en faisait la remarque. De même elle se tenait mal à table, mâchant la bouche ouverte et trempant son pain dans la sauce avec ses doigts, ce qui nous offusquait beaucoup.

– Les Français, d'une manière générale, se tiennent mal à table, disait quelquefois notre père d'un air maussade. Vous, veillez à manger correctement, sans tenir compte de ce que font les autres personnes.

Mais notre professeur d'anglais n'était pas aussi indulgent face aux faiblesses de Mademoiselle Dufay et particulièrement pour les défauts propres aux Français. Les « mangeurs de grenouilles » avaient tout son mépris et il ne manquait aucune occasion de leur faire mauvaise réputation devant nous, de nous les désigner comme dignes de tous les mépris.

Il nous avait raconté à plusieurs reprises la capitulation de Metz et que lorsqu'on avait amené Napoléon III devant l'empereur Guillaume de Prusse, il avait dit au Prussien : « Sire ne pouvant pas mourir à la tête de mes troupes, je dépose mon épée aux pieds de votre majesté. »

Il nous la disait et nous la redisait inlassablement, toujours avec les mêmes mots, dans le même ordre – en se mettant à rire de façon goguenarde, en insistant sur les mêmes mots – comme s'il les avait entendus de ses propres oreilles. Et Andoni, qui avait appris ces paroles par cœur, les imposait durement au général Alexandros quand ils jouaient à la guerre avec leurs petits soldats de plomb. Andoni, ordonné et soigneux, gardait toujours ses soldats dans un état impeccable, tandis qu'Alexandros, de six ans plus jeune, désordonné comme tout petit enfant, avait les siens en mauvais état, avec des socles tordus, et ne tenant debout que lorsqu'ils étaient en équilibre, si bien que lors des batailles, à la première bille qu'Andoni jetait au milieu d'eux c'était un désastre. Et quand le dernier combattant était tué, Andoni obligeait le général de plomb ennemi à tomber face contre terre et Alexandros tout en larmes à dire la formule abhorrée : « Sire ne pouvant pas mourir… etc. »

Ce fut une cause de fréquentes et âpres bagarres entre Andoni et moi. Alexandros était mon protégé et ses larmes, quand il était vaincu – et il l'était toujours, le pauvre – faisaient monter en moi la révolte, avec le sentiment que ce qui lui arrivait était injuste.

Mais ces paroles furent cause d'une scène inoubliable et pénible avec Mademoiselle Dufay.

Le temps avait passé, des années peut-être, nous savions bien le français désormais, nous apprenions des poèmes. Alexandros, pendant la leçon, était en train de réciter par cœur « Le loup et l'agneau ». Distrait comme il l'était souvent, il récitait machinalement le poème appris et le disait avec son ton enfantin :

« Qui te rend si hardi de troubler mon breuvage ? »
Lui dit cet animal plein d'orage (au lieu de « de rage »)
« Tu seras châtié de ta témérité. »

Et ensuite La Fontaine dit :

« Sire ! » répond l'agneau, « que votre majesté
Ne se mette pas en colère.
Mais plutôt qu'elle considère… » etc.

Par distraction, Alexandros, après « Tu seras châtié de ta témérité », dit :

– Sire ne pouvant pas mourir à la tête de mes troupes…

– Qu'est-ce que vous dites ? coupa Mademoiselle Dufay qui savait quelle guerre sourde menait contre elle Mr. Williams. Recommencez s'il vous plaît.

Tremblant, Alexandros recommença. Mais quand il arriva de nouveau à « Tu seras châtié de ta témérité », il redit : « Sire ne pouvant pas mourir à la tête de mes troupes… »

Mademoiselle était désormais fâchée. « Recommencez, monsieur », ordonna-t-elle.

Nous, les grands, affolés, regardions Alexandros et nous essayions de l'aider d'un mouvement de lèvres, de lui souffler la suite. Mais encore plus affolé, Alexandros regardait Mademoiselle et recommençait la même faute. Il la reprit trois ou quatre fois. Les larmes coulaient sur ses joues devenues pâles, mais il s'était empêtré dans « Sire ne pouvant pas mourir » et ne pouvait plus s'en dépêtrer.

La scène était devenue si éprouvante et si difficile à gérer que Mademoiselle y mit fin :

– C'est bon, dit-elle à Alexandros. Allez à votre place.

Et étouffé par ses pleurs, Alexandros se rassit à sa place et prit sa plume tremblante pour copier une autre leçon.

Un silence pénible tomba, chacun de nous étant penché sur son cahier, et l'on ne percevait pas d'autre bruit que les sanglots d'Alexandros.

Avec son intuition fine, Mademoiselle comprit très bien qu'Alexandros l'avait blessée innocemment. Elle ne pouvait cependant pas baisser la garde et lui donner ainsi du courage et de l'aide, car il lui fallait songer à nous, les trois grands diables, qui, si nous avions senti qu'elle faiblissait et battait en retraite, aurions pris le dessus.

Et toute la matinée se déroula, aussi inquiétante et déplaisante que possible. Nous n'éprouvions cependant aucun sentiment méchant envers Mademoiselle. Nous comprenions que notre frère l'avait profondément blessée et qu'il avait passé outre la recommandation que nous avait faite notre père juste avant l'arrivée de Mademoiselle : « Prenez garde à ne jamais l'offenser dans son sentiment patriotique ou religieux. »

L'un de nous avait demandé :

– Pourquoi, Papa ?

– Cela vous plairait-il, à vous, d'entendre dire du mal de notre pays ou de notre religion ? répondit notre père. De plus, elle va se retrouver dans une maison qui n'est pas la sienne.

Ces paroles m'ouvrirent de nouveaux horizons. Mais elles me donnèrent aussi du recul et de la place pour des chagrins et des problèmes innombrables.

Car notre pays était petit, maltraité et méprisé, mais notre sentiment patriotique exalté et toujours prêt à faire souffrir, comme des ongles dans une plaie ouverte.

Je me rappelle que depuis tout petits nous voyions un journal satyrique italien, *Il Papagalo*[69], qui représentait les différents États, reconnaissables à leurs uniformes militaires. On y représentait toujours la Grèce sous la forme d'un petit enfant, vêtu d'une fustanelle, qui ne faisait que pleurer et geindre. Et je me rappelle particulièrement un dessin où tous les grands entouraient le petit enfant en fez et fustanelle qui pleurait, la bouche ouverte comme un four, se frottant du poing l'œil droit devant un baquet d'eau où se reflétait la lune. Tous les autres l'entouraient et lui demandaient : « Que veux-tu encore ? » et l'enfant en fustanelle criait : « Je veux, je veux la lune ! »

Bien sûr, nous ne savions pas à quel événement politique se rapportait cette caricature, mais nous comprenions qu'on se moquait de la Grèce, et cela faisait mal.

69 *Il Papagallo* journal satirique de Bologne (1873-1915) dont le titre s'écrit aussi *Il Pappagallo*, *Il Papagalo*. L'influence vénéto-vénitienne à Alexandrie peut expliquer la graphie en italien. Mais les Grecs ont l'habitude de supprimer les consonnes doubles en translittérant, voire en reprenant les mots en caractères latins.

D'ailleurs, notre professeur d'anglais était tout sauf délicat à ce propos et ce bien qu'il fût employé d'une entreprise grecque et qu'il donnât des cours à des enfants grecs, c'est-à-dire qu'il tirât toute sa subsistance des mains des Grecs. Mais il était marié à une Grecque qui le dépassait d'une tête (il était petit et maigre comme un sac d'os) et qui le battait quand il rentrait ivre, ce qui se produisait tous les jours. Son nez toujours rouge témoignait de son ivrognerie et le même nez souvent écorché témoignait de la bastonnade infligée par sa virago d'épouse. Ce pouvoir du plus fort ne favorisait pas son affection à l'endroit des Grecs. Quand l'affaire atteignait un point de non-retour, Costis Xénakis s'interposait et réconciliait le mari avec la femme. Mais à la fin leurs enfants s'en mêlèrent aussi et un jour son fils Arthur le frappa à son tour. Alors mon père fit appeler Arthur (qui était également jeune employé au bureau) et lui sonna les cloches. Celui-ci commença par se justifier en disant que son père mentait, que s'il l'avait vraiment battu « comme ça », il aurait été marqué de coups « comme ça », or il avait des marques de coups « différentes », jusqu'à ce que notre père, horripilé, le mette dehors de son private[70]. Il l'aurait chassé aussi du bureau s'il n'avait pas eu pitié du vieux Williams.

Nous, nous étions au courant et, quand il arrivait avec son nez rouge écorché et couvert de sparadrap, nous l'interrogions comme si nous étions innocents :

– Que vous est-il arrivé, Mr Williams ?

Et dans une réponse stéréotypée il nous racontait la même histoire, que la chandelle s'était éteinte, qu'il s'était levé dans

70 Bureau privé (le bureau personnel de Bénaki).

l'obscurité, que la porte était à moitié ouverte, qu'il s'était « cogné, paf! sur le vantail ouvert » et s'était écorché le nez. Nous connaissions l'histoire, nous l'attendions et échangions entre nous des coups d'œil malicieux.

La leçon durait une demi-heure puis l'un de nous, les grands, dégringolait les trois étages, descendait le quatrième jusqu'au sous-sol et demandait à Anneta, la cuisinière, une grosse tranche de pain et de fromage, du *kasséri*[71], et la montait au professeur.

Pendant qu'il mangeait, la leçon était interrompue et devenait une conversation. C'était le bon moment de la leçon, il nous racontait des histoires drôles, des faits politiques, historiques, principalement au détriment de la France, mais souvent aussi des faits désagréables pour nous autres Grecs.

– Vous, vous dites, disait-il avec son rire sardonique, « Il est allé avec les pieds[72] ! » comme s'il était possible de laisser ses pieds derrière soi, dans un coin, dans une remise quelconque, ha, ha, ha!

Indignés, nous protestions :

– Nous ne disons jamais « Allons avec les pieds. » Nous disons : « Allons pédestrement. »

– Peut-être le dites-vous ainsi chez vous, répondait impitoyablement le professeur, mais votre peuple dit : « Je vais avec les pieds. » Que c'est ridicule!

71 Fromage grec à pâte dure (cf. p. 70).

72 Tout cet échange tourne autour de la traduction mot à mot des expressions grecques signifiant « aller à pied » : « πάμε με τα πόδια » (langue courante, mot à mot « allons avec les pieds ») et « πάμε πεζή » (langue un peu plus soutenue, mot à mot « allons pédestrement »).

Et nous, petits Grecs, avions terriblement honte de notre peuple qui était ridicule au point de ne pas comprendre, le malheureux, que bon gré mal gré il emporte ses pieds avec lui et ne peut les laisser dans la remise.

Et il disait à propos des mariages grecs :

– Vous, vous ne vous mariez pas sans dot. Ce qui veut dire que chez vous toutes les femmes achètent leur mari. Hé, hé, hé ! C'est-à-dire que tous les hommes grecs sont mis à l'encan. A la una, a la due, a la tre (*sic*),... hé, hé, hé !

Cela nous blessait au plus haut point. Nos hommes étaient à vendre !

Nos hommes s'achetaient !

Nous ne songeâmes jamais à lui dire que lui aussi, en épousant une Grecque, avait accepté une dot. Ni que lorsque la lumière s'éteint, les Anglais disent qu'elle « est sortie ». Ni qu'ils s'enivrent en fin de repas jusqu'à rouler sous la table et que le fait d'atteindre l'ivresse n'est pas considéré comme « ungentlemanlike[73] ». Ni qu'ils sont assez civilisés pour ne pas supporter la tauromachie, mais supportent les combats de coq et se précipitent comme des fous pour voir des combats de boxe, hurlant d'enthousiasme quand un pugiliste, roulant dans le sang, de la manière la plus bestiale, casse les dents, le nez et les côtes de son rival.

Tous les étrangers nous infligeaient sans cesse des blessures, des humiliations dans nos sentiments patriotiques. Même cette bonne et courtoise Mademoiselle Dufay nous blessait sans le vouloir et

73 « Contraire au comportement d'un gentleman. »

sans le savoir, en jugeant et blâmant nos compatriotes, nos habitudes, et critiquant même nos parents.

Mais cela je le compris plus tard, quand je pris mon essor et laissai derrière moi mes années d'enfance et leur fatalisme.

Entretemps notre famille s'était fâchée avec Stéfanos Kartoulis.

Stéfanos Kartoulis était le frère de tante Marioga, la femme de Mikè Chorémi, et de Giorgis Kartoulis, le père de Stamatis et de Stavros avec lesquels nous avions voyagé l'année d'avant, quand nous avions fui l'Égypte.

Il avait fait des études de médecine, en Allemagne, avec Koch, qui jusqu'à sa mort lui conserva une chaude amitié, et il était venu tout jeune médecin à Alexandrie où il se fit rapidement une bonne et nombreuse clientèle. Naturellement c'était aussi notre médecin de famille, et quand j'attrapai le typhus, à cinq ans, ce fut lui qui me soigna.

Il était jeune, beau, très vif, rieur, grand et élégant, rasé de près, toujours prêt à rire ou à jouer avec nous. Nous, les enfants, nous l'aimions beaucoup. Un jour il vint dans la day nursery où nous étions en train de jouer – c'était encore dans notre ancien logement – et vit une grande araignée velue au plafond. Il demanda l'une de nos balles, visa, lança la balle et, du premier coup, fit tomber l'araignée. Cet exploit nous remplit d'admiration à son endroit.

Une autre fois, en jouant avec moi, il me griffa involontairement au visage. Je le couvris de mes mains et elles furent pleines de sang. Lui s'affola.

– Fais voir, fit-il en cherchant à écarter mes mains.

Mais moi je ne voulais pas. J'avais peur que le jeu ne s'arrête. Il interpréta mal ma réaction et se fâcha :

– Laisse-moi voir ! De quoi as-tu peur ? s'écria-t-il. Je suis médecin !

Il me força à baisser les bras, prit ma tête dans ses mains et me regarda avec inquiétude. C'était une petite égratignure de rien du tout. Il rit, me donna une petite tape affectueuse, et de lui-même m'emmena, me nettoya et me mit un sparadrap. Moi, je le laissais s'occuper de moi, et j'étais fière qu'il prenne soin de moi en présence de mes frères et sœur. Je jouais un rôle.

Quand nous commençâmes à habiter notre nouvelle maison au Quartier Grec, notre cousine Catina Kalambokidi, la fille aînée de tante Argini, vint passer l'hiver avec nous. C'était une fille de dix-sept ans, fine, mince, pâle, avec de longs cheveux bouclés, des yeux et des sourcils bruns qui faisaient encore ressortir le teint blanc de son visage. Elle portait encore le grand deuil de sa mère, avec beaucoup de crêpe sur sa robe, et le souvenir de la tante Argini nous la rendait très chère. Elle portait bien la toilette et ses cheveux bien peignés, avec une raie au milieu et un chignon haut à l'arrière, tombaient en frange sur son front.

Quand nous descendîmes de la salle d'étude pour la saluer, nous les enfants, elle avait enlevé son chapeau et avec des gestes lents, élégants et dignes, elle vint vers nous, nous dit « Bonjour » et nous tendit la main sans nous embrasser.

Nous avions tous les yeux fixés sur elle, la grande, belle, élégante cousine qui était la fille aînée de notre tante Argini chérie.

Elle était plutôt silencieuse, craintive, timide, et ne savait pas bien le français, ce qui compliquait ses relations avec notre

Mademoiselle. D'ailleurs elle ne s'entendait pas bien avec notre maîtresse qui, dès le début, n'eut pas de sympathie pour elle.

Nous, nous l'adorâmes dès le premier instant. « Catina ! » Pour nous, elle était devenue le centre de notre maison. Pourtant certaines choses nous la rendaient étrangère. Tout d'abord elle disait « *pinao, dipsao, perpatao*[74] » comme tout le monde à Athènes à l'époque. Ensuite, tout son linge était marqué en caractères grecs, tandis que chez nous, tout ce qui était dans la maison, argenterie, vêtements, linge était marqué avec des caractères latins. Quand nous allâmes dans sa chambre pour l'aider à ouvrir ses malles et à ranger ses effets dans les armoires et les tiroirs, et vîmes pour la première fois son chiffre en caractères grecs, nous fûmes offusqués.

Je lui demandai :

– Pourquoi K.K. et pas C.C. sur tes vêtements ?

Elle me retourna ma question :

– Pourquoi veux-tu que je mette C.C. ? Ne sont-ce pas des caractères européens ?

Je lui dis, embarrassée :

– Il n'y a que les domestiques pour marquer leurs vêtements avec des caractères grecs. Pour nous, tout est marqué en anglais. Les caractères grecs sont bons pour ceux qui ne savent pas les langues[75].

74 Les deux formes de ces verbes coexistent mais se prononcent différemment : *pinao* (πεινάω), *dipsao* (διψάω), *perpatao* (περπατάω) ou *pino* (πεινώ), *dipso* (διψώ), *perpato* (περπατώ). L'emploi des unes ou des autres formes varie avec le lieu, l'époque, voire la catégorie sociale.

75 Il faut souligner que dans le texte grec, l'enfant dit mot pour mot « ceux qui ne connaissent pas les langues », sans préciser « étrangères », comme si le grec n'avait même pas le statut de langue.

De son ton tranquille et lent, elle me dit :

– Moi je suis Grecque et je marque mon linge avec des caractères grecs.

Ses paroles marquèrent une autre étape dans ma vie. Elles me remplirent d'embarras et de doutes. Elles m'ouvrirent de nouveaux horizons et un monde d'interrogations. Pourquoi notre père qui était tellement grec avait-il toutes ses affaires marquées E.A.B.? Pourquoi nos propres vêtements portaient-ils des chiffres en caractères francs? Pourquoi les lettres grecques étaient-elles réservées à la domesticité, vulgaires, dévalorisées?

Ces interrogations me contrariaient tant que je les laissai de côté. Cela resta des interrogations. Et chaque fois que je voyais un objet lui appartenant marqué en caractères grecs, la même inquiétude (angoisse) me saisissait à nouveau, à l'idée que mes parents ne suivaient peut-être pas la bonne voie, que peut-être il aurait été plus juste que notre argenterie et notre linge de maison soient marqués E.A.M. Et chaque fois qu'on m'offrait quelque chose avec mon chiffre latin ou que je brodais moi-même mes caractères latins sur mes vêtements, j'éprouvais la même inquiétude et je la laissais de côté en usant d'une maxime :

« Les caractères latins font plus distingué. »

Mais cette maxime ne rassérénait ni ma conscience ni les questions que je me posais en mon for intérieur.

Lorsque je me fiançai et que ma mère me fit cadeau de mon trousseau, tous mes sous-vêtements portaient des caractères latins. Mais j'ai demandé que le linge de maison porte le chiffre de mon mari en caractères grecs; et quand oncle Lucas me demanda depuis l'Angleterre, où tous les cadeaux de mariage furent commandés, comment je voulais que soit marquée l'argenterie, je lui répondis sans hésitation « en caractères grecs ».

Je ne m'étais jamais débarrassée de la contrariété dans laquelle m'avaient laissée les paroles de Catina : « Moi, je suis grecque et je les marque en caractères grecs. »

Catina avait beaucoup de charme et de douceur. Il était difficile pour tous ceux qui l'approchaient de ne pas en être influencés. Stéfanos Kartoulis en fut la première victime. Mais un autre drame se déroulait dans le voisinage de Catina. Notre autre cousine, Helvétia Chorémi était depuis longtemps follement amoureuse de Stéfanos Kartoulis. Elle n'était pas gâtée par la nature, laide, grande avec les épaules et les genoux en dedans et un défaut dans le nez désagréable à l'odorat. Elle avait une haute opinion de sa voix qui était étendue et puissante, mais avec des trémolos, comme celle d'une chèvre, sèche et sans douceur.

Notre mère qui, à l'instar de tout le clan Chorémi, désirait beaucoup ce mariage Stéfanos-Helvétia, recevait souvent à déjeuner Helvétia et Kartoulis et après le repas Helvétia faisait montre de son talent, chantait toutes ses chansons les plus passionnées, poussant ses aigus avec autant de puissance que le Créateur en avait donné à ses poumons.

Nous mangions à table nous aussi, les trois grands, et après le repas on nous autorisait à rester au salon jusqu'à dix heures.

Je me souviens d'une soirée particulière. Helvétia chantait et je ne sais qui l'accompagnait, peut-être sa sœur, Catina Asimacopoulou, dont le mari vivait toute l'année à Kafr el-Zayat où il dirigeait la succursale Ch-B & Co., et qui, elle même, parce qu'elle n'aimait pas le « village » demeurait à Alexandrie avec ses parents et Helvétia ainsi que ses trois enfants.

Je m'étais assise sur un petit tabouret bas, aux pieds de Kartoulis, et sur le côté, un peu à droite, était assise la pâle et charmante Catina en deuil, les mains tranquillement jointes sur les genoux et, la tête légèrement de biais, elle regardait et écoutait Helvétia qui poussait sa voix dans les aigus, à la manière de l'école italienne.

Kartoulis ne la regardait pas. Penché en avant, il avait les mains posées sur mes épaules et chaque fois que la voix d'Helvétia montait jusqu'au cri, il me couvrait les oreilles de ses deux mains. Une ou deux fois je levai la tête et le regardai et chaque fois je rencontrai son regard ironique et chaque fois il me couvrit de nouveau les oreilles.

« La pauvre… », me murmura-t-il à un moment où le chant montait en trémolos stridents, et de ses deux mains il me couvrit à nouveau les oreilles.

Catina l'entendit-elle ? Je l'ignore. Mais froide et digne, elle se retourna et nous regarda. J'éprouvai un sentiment de complicité coupable avec ce moqueur de Kartoulis et j'en eus honte. Lui aussi éprouva quelque chose ; il se redressa et retira ses mains de mes épaules et de mes oreilles.

Que vit et que comprit Helvétia ? J'étais encore trop enfant et ignorante pour suivre et comprendre. Mais quand l'orage éclata, que nous nous brouillâmes avec Kartoulis et que la famille partit en tous sens, j'entendis des bribes de paroles ici et là et Mademoiselle Dufay, qui, si elle n'avait guère de sympathie pour

Catina, avait beaucoup plus d'antipathie à l'égard d'Helvétia et sa sœur Asimacopoulou, nous rapporta différents éléments.

Que vit Helvétia? Je l'ignore. Mais elle flaira le danger et procura pour Catina un parti qui avait tout ce qu'il faut pour plaire, Alékos Amira.

Où le dénicha-t-elle? Je l'ignore. Il n'était jamais venu chez nous, ni lui, ni personne de sa famille. Et soudainement il vint pour des repas, des veillées, à toute heure où il pouvait rencontrer Catina.

Il était de taille moyenne, châtain clair, blanc et rose avec une chair flasque, very second class (inférieur par sa catégorie sociale et son éducation), mais financièrement indépendant, peut-être même riche, et tout à fait disposé à épouser la nièce de Bénaki et à entrer dans la famille.

Catina n'avait pas de sympathie pour lui. Aimait-elle donc Kartoulis? Celui-ci lui avait-il dit quelque chose? Cela en resta-t-il à une sympathie inavouée entre eux? Je l'ignore. Mademoiselle nous dit plus tard que Catina hésita beaucoup à épouser Amira qui lui était antipathique, alors qu'elle aurait immédiatement accepté Kartoulis qui l'aimait et pour lequel elle éprouvait une évidente sympathie. Toujours selon Mademoiselle, notre mère la pressa beaucoup d'accepter Amira. Orpheline sans dot, avec six frères et sœurs dont elle était l'aînée, comment aurait-elle pu refuser une proposition de mariage telle que celle d'Amira? Notre père la dota de deux milles livres. Comment cette fille esseulée aurait-elle pu dire non? On la pressa, elle fut convaincue, elle accepta, elle se fiança et se maria chez nous.

Catina, mariée si pâle, si mélancolique, vêtue de satin, silencieuse, aux côtés du pétulant Alékos Amira, content de lui, rose et blanc!

Élancée, pudique, l'air triste, elle se tenait debout, la tête légèrement de biais, à côté du petit coq tout sourire qui dressait sa figure flasque et bien en chair ; et c'est notre mère qui fut son témoin, pauvre Catina.

Ce mariage alla cahin-caha. Presque aussitôt après le mariage, il fut impliqué dans de sales affaires et alla trouver notre père pour lui demander de l'aide, revint à la charge une deuxième puis une troisième fois. Notre père, lassé, l'ayant éconduit, Amira écrivit à notre mère qu'il allait se suicider, que « sa fin était venue[76] » et retourna trouver notre père en menaçant de se tuer. En guise de réponse, notre père lui tendit un pistolet et celui-ci s'en fut en courant.

Quand Catina apprit qu'il était allé demander de l'aide à notre père, elle lui donna deux soufflets. Lui l'implora en pleurant d'intervenir en sa faveur. Elle lui dit de disparaître de sa vue, qu'elle ne voulait plus le connaître. Ses parents à lui s'interposèrent de même que ses sœurs qui aimaient bien Catina, et ils les réconcilièrent. Le raccommodement dura peu de temps. L'affaire se termina par un divorce. Je ne pense pas que ce mariage ait duré deux ans. Et Catina repartit au Pirée. Elle retourna chez son père.

Dans l'intervalle, cependant, toujours d'après les dires de Mademoiselle, Kartoulis s'était fiancé par dépit. Il accepta donc une proposition de mariage qu'on lui fit, épousa la fille d'Aslan, qui l'aimait elle aussi, qui était riche mais laide.

Grand émoi et grand trouble dans la famille. La malheureuse Helvétia faillit devenir folle de chagrin et de désespoir. Et tous ses oncles et tantes remuaient la tête d'un air affligé.

76 Formule archaïque venue du grec ancien.

– Que va devenir cette malheureuse enfant ?

Et soudain la tempête éclata. Kartoulis reçut une lettre anonyme dans laquelle on disait du mal de sa fiancée (ou l'inverse : la fille d'Aslan en reçut une contenant des accusations contre Kartoulis, je ne me rappelle plus) et Kartoulis fut assez sot, léger ou indigne pour accuser Helvétia de l'avoir écrite.

Une vraie tempête, un orage, un ouragan secoua la famille. Ma mère, qui aimait beaucoup Kartoulis, déclara que si Helvétia était vraiment coupable elle ne la reverrait de sa vie, mais que si ce n'était pas elle qui avait écrit ou envoyé la lettre, Stéfanos Kartoulis ne mettrait plus les pieds chez elle.

On fit venir Helvétia et son frère Stamatis, l'oncle Dimosthénis vint aussi, il y eut un interrogatoire. Helvétia déchirait ses vêtements, répandait des larmes brûlantes, jurait sur la tête chenue de son père qu'elle n'avait pas fait cela, qu'elle ne se serait jamais abaissée à le faire, tandis que son frère Stamatis, pâle et silencieux, demeurait assis, les yeux rivés devant lui, et ne disait rien.

– Et je reste avec la conviction que c'est peut-être bien lui qui a écrit la lettre, me dit et me répéta Mademoiselle.

Mais sur quoi se fondait-elle pour soutenir une telle accusation, je l'ignore.

Rien ne fut prouvé. Et toutes les maisons Chorémi fermèrent leurs portes à Kartoulis, y compris la nôtre, bien qu'elle fût également une maison Bénaki. Et Stéfanos ne venait plus ni aux repas ni à nos veillées, et nous prîmes un autre médecin, le Dr Moschatos, qui était âgé, un homme en or mais médiocre médecin.

Il y avait à cette époque une chanson grecque à la mode, *L'Ange*, que nous chantions aussi, nous autres les enfants, à deux ou trois voix, y mettant tout le pathos possible, assis en compagnie de nos cousins sur le large sofa de la salle d'étude, l'après-midi à l'heure du jeu, depuis l'époque où nous habitions dans notre ancienne maison de Carlo Cesere. Nous avions la manie de chanter ainsi en chœur tous ensemble. Nous rivalisions pour savoir lequel d'entre nous ferait le mieux la deuxième et la troisième voix qui étaient plus difficiles que la première. Nous chantions donc aussi *L'Ange*, que nous avions entendu interpréter par Helvétia et qui disait :

J'avais moi aussi un ange,
Maintenant je ne l'ai plus !
Tous les tourments de la terre
Je les endure pour lui.
Même si le monde entier te hait,
Moi, mon poussin, je t'aimerai !
Moi, mon petit oiseau, je t'adorerai,
Aussi longtemps que je vivrai en ce monde.

Un soir, après les fiançailles, la lettre anonyme et le mariage de Kartoulis, Helvétia chanta de nouveau chez nous, lors d'une veillée. Quelqu'un demanda *L'Ange* et Helvétia commença à la chanter. Elle dit : « J'avais moi aussi un ange, maintenant je ne l'ai plus ! », et fondit brusquement en larmes, avec des sanglots, interrompant la chanson. Notre mère l'emmena dans sa chambre, s'y enferma avec elle et eut toutes les peines du monde à la calmer.

Toute cette histoire parvint à nos oreilles d'enfants, passa par la bouche des différents cousins qui, selon qu'ils étaient du camp Bénaki ou Chorémi, donnaient raison ou tort à Helvétia, qui avait été la cause de ce que Kartoulis n'épousa point Catina. Cette tragique histoire était commentée entre nous avec l'absence de réflexion, le caractère arbitraire voire la dureté qui caractérisent le jugement enfantin.

Argini avait trois ans quand l'oncle Lucas Bénaki vint à Alexandrie avec la tante Artémis et leurs deux enfants, Alexandra et Andoni, et qu'ils séjournèrent chez nous. Branle-bas et grande émotion au sein de la marmaille ! Nous ne connaissions pas nos cousins et nous nous rappelions à peine leurs parents, et la maison se remplit de monde. Nous avons presque déménagé pour leur faire de la place. C'est-à-dire que nous deux, les grandes filles, donnâmes notre chambre aux enfants de l'oncle Lucas, et nous nous serrâmes, les deux garçons dans une chambre et les deux filles avec Argini dans une autre, au troisième étage.

Or les deux cousins apportèrent avec eux la coqueluche et toute la maison retentissait de toux et d'éclats de voix quand ils avaient une crise.

Nous, les quatre grands, nous l'avions eue au Pirée des années auparavant, et nous en fûmes quittes. Mais Argini, la pauvre petite, l'attrapa et manqua de mourir. Un matin, tandis que Caterina, l'italienne à la fois nourrice et femme de chambre, l'habillait, elle fut prise par la toux, s'étouffa et sa petite tête retomba inconsciente sur le côté.

Andoni était déjà parti à l'école chez les jésuites où il faisait ses études depuis que nous habitions la nouvelle maison. Notre mère avait fait une chute sur le perron de l'entrée principale, s'était tordu ou cassé le pied et demeurait étendue. Mais quand elle entendit qu'il était arrivé quelque chose à l'enfant, sans tenir compte de son pied bandé, elle monta l'escalier en courant, saisit l'enfant inconsciente dans ses bras et redescendit en criant.

– Le médecin ! Tout de suite ! C'est comme cela que j'ai perdu l'autre !

Il était tôt, sept heures du matin. En dehors de nous, les enfants, qui à huit heures devions avoir pris notre petit-déjeuner et commencions nos leçons, personne n'était habillé. En un instant la maison fut pleine d'agitation, de trouble, de frayeur. L'un téléphonait au médecin, l'autre courait le chercher. Notre père, enveloppé dans sa robe de chambre, montait et descendait pour apporter tout ce que demandait notre mère qui, encore en chemise de nuit, penchée sur l'enfant inconsciente, cherchait par mille remèdes de bonne femme à la faire revenir à elle et ne cessait de répéter :

– C'est comme cela que j'ai perdu l'autre…

L'oncle Lucas et la tante Artémis, oubliant, dans la confusion, pudeur et bienséance, s'étaient précipités, également en chemise de nuit, dans la chambre des parents et cherchaient, sans y parvenir, à se rendre utiles, à faire quelque chose eux aussi.

Devant la porte, dans la grande salle sur laquelle donnaient toutes les chambres, nous nous tenions debout, terrifiés, Alexandra, Alexandros et moi, avec Mademoiselle qui ne faisait que laisser échapper des murmures désespérés :

– Ah ! Mon dieu ! Quelle affaire !

Le médecin arriva. Il entra dans la chambre des parents au milieu des parents, oncle et tante non habillés, et, voyant Argini dans un état aussi déplorable, allait l'examiner, perdit ses moyens, s'assit sur une chaise et dit :

– Faites venir un autre médecin. Moi, je ne sais pas !

Le pauvre Moschatos n'était pas fait pour des moments aussi tragiques.

Par la porte qui ne cessait de s'ouvrir et de se fermer, nous voyions les allées et venues de la domesticité et je vis Moschatos assis sur une chaise, muet, confus, incapable même de réfléchir.

L'oncle Lucas sortit dans la salle et, voyant Mademoiselle, lui dit :

– Un médecin ! Faites venir un médecin !

– Lequel ? demanda Mademoiselle.

– N'importe lequel, Moschatos est perdu.

– Je n'en connais aucun autre que Kartoulis.

– Faites venir Kartoulis. Tout de suite.

Mademoiselle saisit son chapeau.

– Vous en prenez vous-même la responsabilité ? demanda-t-elle. Madame Bénaki ne me le pardonnera pas.

– Je le prends sur moi. Faites venir Kartoulis. L'enfant avant tout.

Mademoiselle partit en courant, se rendit directement chez Kartoulis et en deux mots lui exposa la situation.

– Madame Bénaki va-t-elle me recevoir ? demanda celui-ci très troublé.

Et Mademoiselle fit un mensonge, disant que c'était elle qui l'avait réclamé.

Il était très pâle quand il arriva et monta au second avec Mademoiselle.

Il nous vit tous les trois, debout, n'osant pas bouger et, sans nous adresser la parole, très pâle, sans sourire, il suivit l'oncle Lucas qui était sorti pour l'accueillir. Ils entrèrent dans la chambre et fermèrent la porte.

– Quelle affaire ! Quelle affaire ! répétait Mademoiselle qui craignait d'être impliquée dans des malentendus.

Dans l'intervalle, Stéfanos était entré dans la chambre des parents. Pas une parole ne fut échangée, on ne perdit pas de temps. En venant il avait entendu le récit de Mademoiselle, il s'était muni du nécessaire. Il vit l'enfant sans connaissance, la prit dans ses bras, examina son cœur et sa respiration, et sans perdre une minute, lui fit je ne sais quelle injection.

Argini poussa un petit cri. C'était le premier signe de vie qu'elle donnait depuis qu'elle s'était évanouie. Kartoulis ne la quitta pas. Penché sur elle il lui fit ce que ses solides connaissances médicales lui dictaient, et petit à petit l'enfant revint à la vie, retrouva ses sens.

Encore en chemise de nuit, oncle Lucas raccompagna Kartoulis. Je ne sais pas quelles paroles furent échangées dans la chambre avec notre mère. On nous ouvrit la porte et on nous laissa aller voir notre petite sœur. On l'avait allongée, encore toute pâle et faible, sur le grand lit de notre mère et, assise à côté d'elle, celle-ci lui tenait la main.

– Nous avons failli perdre notre petite Argini, nous dit-elle dès que nous approchâmes. Et pour la première fois au cours de ces terribles heures, elle se mit à pleurer, éclatant en sanglots.

C'était une des caractéristiques de notre mère. Je ne me la rappelle pas, au cours de toute sa vie, avoir jamais, au moment critique, manqué de courage ou de volonté. Elle pouvait se relâcher ensuite, pleurer, se jeter dans la plainte et même tomber malade. Mais à l'heure de l'action, de la tempête, de la bourrasque, du malheur elle demeura toujours inflexible, infatigable, courageuse, intrépide petit soldat à son poste.

Ainsi, lors de la grande maladie de l'oncle Yanni, ne le quitta-t-elle ni le jour ni la nuit pendant trois semaines. Ainsi à la mort d'Oulyssis Sareyanni le soigna-t-elle jusqu'à la fin, alors que sa mère et ses sœurs n'étaient plus que loques. Ainsi en de si nombreux moments difficiles de sa vie resta-t-elle inébranlable. Ainsi même à la fin, dans sa vieillesse, lors des tragiques Noemvriana de 1916 fit-elle montre d'une force et d'un courage que tout homme en pleine force peut lui envier. Dans les bourrasques de la vie, notre mère se hissait jusqu'à l'héroïsme.

Quand, le soir, Andoni arriva, Argini était désormais hors de danger. Grave et silencieux, Andoni regardait l'enfant malade dans son lit en écoutant notre mère qui lui disait encore toute émue :

– Tu as failli ne pas revoir ta sœur.

Nous, dans la salle d'étude, nous lui racontâmes avec fièvre, dans un flot de paroles ininterrompu ce qui était arrivé à Argini, les allées et venues des parents et des oncle et tante en chemise de nuit, chose inouïe chez nous et qui témoignait de l'intensité de l'émotion ainsi que la venue de Kartoulis qui nous remplissait de joie, parce que nous l'aimions beaucoup et qu'après avoir sauvé notre petite Argini, il retrouverait nécessairement l'affection de la famille.

Mais l'affaire ne tourna pas ainsi. Conseils de famille et conseils de famille se succédèrent entre l'oncle Dimosthénis (qui avait lui aussi construit à côté de nous dans le même jardin et dont les fenêtres donnaient sur les nôtres), les autres oncles Chorémi et l'oncle Lucas, pour décider comment nous devions nous comporter vis-à-vis de Kartoulis. Il ne faisait aucun doute qu'il avait sauvé Argini. Mais c'était de l'ordre du « devoir » de tout médecin ; même pour un ennemi, il devait le faire. On avait pour lui de la reconnaissance, personne ne le contestait ! Mais demeurait la question d'Helvétia et de sa susceptibilité. Comment lui imposer, dans nos salons, la présence de Kartoulis et de sa femme ?

L'oncle Lucas était d'avis d'oublier cette histoire, de passer l'éponge sur le passé. Mais l'oncle Lucas n'étant pas un Chorémi était naturellement moins susceptible. La tante Artémis, qui s'appelait Bénaki mais avait une mère issue du clan Chorémi avait-elle des réticences ou non ? Je l'ignore. Mais toute la famille de l'oncle Nicolis fut sur le pied de guerre.

Et on se mit d'accord. Kartoulis ne pouvait plus venir dîner ou passer la soirée chez nous. Mais en dehors de la maison, dans les autres salons et chez son frère Giorgis Kartoulis, on le voyait, on le saluait, on lui parlait amicalement.

Helvétia se faisait justice en disant de la femme de Kartoulis qu'elle « avait des yeux comme des "gantofles" (coquillages) », avec un rire sarcastique mais si amer, la pauvre !

Elle était très désavantagée par la nature et elle se rongeait les ongles (tout comme sa sœur Catina, d'ailleurs) chose qui n'embellissait pas ses mains déjà laides. La seule chose qu'elle avait de beau c'était son oreille, petite, rose, de forme parfaite. Et elle observait toujours les oreilles de tout le monde et s'en moquait.

Un jour, devenue adulte et jeune fille à marier, je lui dis :

– Ma pauvre Helvétia, qui fait attention aux oreilles ?

– Moi, me répondit-elle. C'est la première chose que je vois.

C'est alors que je remarquai à quel point la sienne était parfaite, avec une toute petite boucle d'oreille en perle. Et je le lui dis.

– Mais c'est pour cela que je regarde toujours les oreilles des autres. C'est tout ce que j'ai de beau.

Et elle ajouta d'un air moqueur :

– Mais des oreilles comme les vôtres, les Bénaki ? Ah c'est à vos oreilles qu'on reconnaît votre race !

Elle l'avait dit avec amertume, avec toute l'amertume qu'elle avait amassée depuis des années dans son âme désenchantée de vieille fille.

Je ne lui répondis pas. Pour la première fois s'éveilla alors en moi, ou du moins pressentis-je, le sentiment de fierté d'appartenir à « notre race », celle des Bénaki, même si nous avions tous de grandes oreilles décollées comme notre père.

Notre maisonnée s'était agrandie. Nous étions plus à l'aise. La grande maison réclamait un personnel plus nombreux. Notre mère ne suffisait plus à l'entretien des meubles et de l'argenterie, mais n'avait plus besoin non plus de s'en occuper, nous avions assez de personnel.

Eugénia s'était mariée et était partie. À sa place nous avions pour femme de chambre sa sœur Despina. Autant Eugénia était potelée, ronde, bonne, souriante et gaie, autant Despina était maigre, anguleuse et revêche, aigrie et bizarre, toujours prête à ronchonner, à se plaindre, à rapporter ; nous ne l'aimions pas du tout. Notre mère finit par la renvoyer à cause de son mauvais caractère qui s'en prenait à tout le monde.

Nous avions désormais quelqu'un pour servir à table, une femme de chambre, l'Italienne Caterina pour nos petits frère et sœur et le troisième étage, la cuisinière Anneta, originaire de Goritza, catholique, papiste et voleuse, qui se confessait et communiait tous les jours tout en volant partout où elle pouvait, un marmiton arabe, un *boab*, un jardinier et son aide.

Ma mère gouvernait tout ce monde et le menait avec une inflexible discipline. Toute la journée, tant qu'elle était à la maison, elle s'occupait de la tenue de son ménage. Elle était esclave de sa maison, de la propreté, du rangement, de l'ordre, des soins du ménage. Avec son trousseau de clefs en main, elle montait et descendait de la cave jusqu'en haut au troisième étage. S'il lui arrivait d'être indisposée ou de souffrir de ses rhumatismes, elle appelait Alexandra ou moi, nous donnait les clefs et nous commandait ce qu'il fallait aller chercher à la cave.

Toutes petites, elle nous habitua aux soins du ménage, aux comptes de la maison, à la couture, au raccommodage et au rapiéçage, à la bonne conservation et au rangement de la cave. Il y avait deux caves, une pour les vins (notre père, comme tous les maîtres de maison de cette époque, avait une « cave » de bons, de vieux vins qu'il sortait pour les dîners, après les avoir ouverts lui-même en faisant attention à ne pas les remuer et après avoir les avoir versés dans des carafes de cristal), et une autre pour les denrées alimentaires – huile, sucre, pâtes, café, olives de Chio etc. – qu'elle achetait en gros et qu'elle donnait à la cuisinière au fur et à mesure des besoins quotidiens.

Que n'y avait-il pas dans cette cave ! Une armée de pains de sucre emballés dans du papier bleu, qu'on cassait en morceaux pour remplir les sucriers et qu'on écrasait au pilon pour les réduire en une poudre à laquelle on ajoutait de petits bâtons de cannelle pour aromatiser. De grandes jarres pleines d'huile. Une jarre spécialement réservée aux olives de Chio en saumure. Une rangée de dames-jeannes contenant du raki de Chio, de l'eau de fleur d'oranger, de l'eau de rose, du vin doux etc. De grands pots en terre pleins de « *pastellis*[77] » variés, de « crabes » de Chio (figues passées au four), des petites caissettes de figues et de raisins secs de Smyrne, des « *bourboulithres* » (petites cruches en terre cuite à deux anses) contenant du mastic de Chio sec, tout un trésor de douceurs et d'aliments. Et des rayonnages entiers de savon crétois en blocs séparés les uns des autres pour les aérer et les faire sécher.

Mais ce qui était pour moi le non plus ultra (*sic*) des douceurs, c'était les *pastellis* aux amandes et au sésame conservés dans les feuilles de laurier. Aucun de nous n'osait toucher à quoi que ce soit dans la cave. Mais chaque fois que je sortais des *pastellis*, je me promettais à moi-même que, quand je serais grande, je les mangerais

77 Sorte de nougat à base de sésame et de miel.

à la petite cuiller au lieu de les mettre à table. Mais malheureusement, dès que j'atteignis mes seize ans, âge où j'aurais pu en prendre un en les sortant de la cave, l'envie m'en était passée.

Quand on nettoyait les caves, et cela se faisait de fond en comble trois ou quatre fois l'an, quand on sortait tout et qu'on lessivait les rayonnages et les sols, puisque ce nettoyage prenait de nombreuses heures, notre mère le faisait superviser par l'une de nous, les deux grandes. Cela ne nous amusait pas, surtout lorsque cela arrivait un dimanche. Mais le moyen de dire non !

Mademoiselle observait avec déplaisir nos occupations ménagères, qui interrompaient souvent la leçon. Et dans ses moments de mécontentement, elle ne mesurait pas bien ses paroles.

« Votre mère est une bonne maîtresse de maison », nous disait-elle avec impatience, « mais elle est indifférente à l'étude ». Ou « Les Grecques ne font pas cas du temps perdu. » Ou bien « La formation intellectuelle ne préoccupe pas beaucoup vos parents. » Ou encore « Les Grecs s'occupent plus des questions pratiques que des problèmes intellectuels », etc.

Ce « Les Grecs » nous faisait toujours mal. Peu à peu le sentiment de l'infériorité de notre peuple nous oppressait, pénétrait pour ainsi dire dans notre esprit. Cela faisait mal, mais tous nous attaquaient, nurses anglaises de basse extraction, maîtresses, maîtres, amies de Mademoiselle, maîtresses de nos propres amies, enfants de notre connaissance ayant reçu une éducation étrangère, maîtres jésuites d'Andoni. Il fallait donc que ce fût la vérité. Et pourtant les étrangers se bousculaient pour pénétrer dans nos salons et partager notre compagnie.

Notre père était autodidacte en anglais. Il le parlait bien, quoique avec un accent étranger, et l'écrivait bien. Il savait moins de français, même s'il pouvait tenir une conversation avec n'importe quel Français sur n'importe quel sujet. Il parlait l'italien comme tout le monde en Égypte. Et il parlait couramment l'arabe. Mais dans toutes les langues c'était un autodidacte.

Notre mère ne parlait bien aucune langue étrangère et cela l'ennuyait. Elle souffrait lorsqu'un Anglais lui parlait (or nous avions beaucoup de relations commerciales avec les Anglais) sans articuler et qu'elle ne comprenait pas ou qu'elle devait parler français et n'y parvenait pas. Pour nous, les enfants, c'était un sujet d'inquiétude et je me rappelle mon anxiété quand notre mère répondait de travers, quand elle comprenait autre chose que ce qu'on lui avait dit, quand elle faisait des fautes de grammaire. Et il fallut que j'atteigne mes dix-sept ans, c'est-à-dire l'âge de juger par moi-même, pour sortir un tant soit peu des influences étrangères, pour éprouver de la reconnaissance vis-à-vis de nos parents qui, alors qu'eux-mêmes n'avaient pas eu, enfants, les moyens de s'instruire, s'obligeaient à des frais et des privations pour nous donner des maîtres, nous faire apprendre la musique, le dessin, la danse, les travaux manuels, pour que nous nous instruisions, que nous éprouvions le plaisir de la connaissance et de la possibilité de se cultiver, que nous accédions à des sphères supérieures.

Je me rappelle avoir éprouvé ce sentiment au sein de mon oppressante vie d'enfant. Toute la maison, son atmosphère, sa sévérité, le manque de tendresse pesait sur moi comme un cauchemar. Mais quand j'entrais dans notre salle d'étude, il me semblait que je respirais une autre atmosphère, celle d'un monde supérieur. La grande table avec son tapis grenat qui la couvrait toute entière et pendait tout autour. Le chiffonnier en bois de mahoni où nous rangions nos couleurs, nos crayons, nos plumes, nos jeux, nos nécessaires à couture. Les bibliothèques avec leurs livres didactiques et nos livres de lecture récréative, *Girl's Own Annual*, Bibliothèque Rose, Jules Verne, *Chatterbox* et autres, étrennes ou gains à la suite de paris contre Constantino Chorémi (qui, de bon cœur me payait mes victoires sous forme de livres), livres d'histoire, Walter Scott, tout un univers d'impressions, de connaissances, de réflexion et de rêves!

La fenêtre de la salle d'étude, au-dessus de l'entrée principale, donnait sur une rue avec des arbres qui nous séparait de la maison de Théodore Ralli. Au loin cependant, entre les maisons nouvellement construites, on apercevait la mer, tantôt agitée, noire comme de l'encre, tantôt moutonneuse, verte, couverte de vagues, écumante, tantôt semblable à un verre transparent bleu clair ou à un miroir argenté avec ici et là des rides ou des taches d'un bleu plus profond formées par les éternels courants de la côte alexandrine.

Cette fenêtre était un plaisir au crépuscule quand, entre deux leçons, nous mangions notre encas de pain et de fromage en silence ou en écoutant un quelconque récit historique de Mademoiselle, qui avait été préceptrice en Russie et avait mille choses à nous raconter sur ce pays inconnu de nous et dont le frère avait combattu pendant la guerre entre la France et la Prusse de 1870, avait beaucoup souffert, était tombé malade et était mort de la tuberculose à son retour en France.

Naturellement les Prussiens avaient toujours le mauvais rôle. Mais nous faisions les concessions nécessaires à la haine naturelle de Mademoiselle sans pour autant éprouver nous-mêmes aucune antipathie vis-à-vis des vainqueurs de Napoléon III.

La leçon de français était un plaisir. Contrairement à la leçon de grec en catharévoussa, je la comprenais et l'appréciais. J'apprenais. Tandis que lors des leçons de grec je répétais comme un perroquet. Et c'était une autre raison pour moi d'éprouver le sentiment d'appartenir à un peuple inférieur.

Nos parents avaient l'intention que nous apprenions bien le grec et nous avaient donné pour maîtresse Mme Sophie Fontrier, directrice de l'École grecque de jeunes filles d'Alexandrie, qui avait la réputation d'une maîtresse savante mais qui était toute en façade, sans bases ni approfondissement, jouant avec les théories scientifiques, les récitant comme un perroquet et jetant ainsi de la poudre aux yeux des parents, mais sans connaissances et sans idée de pédagogie ni d'enseignement. Tous ceux d'entre nous qui sont passés entre ses mains en sont sortis illettrés, incapables d'écrire sans faute et, pire encore, avec la haine de tout ce qui était manuscrit ou imprimé en grec, livre, texte, lettre, qui nous rappelait le rabâchage rébarbatif de mots dépourvus de sens et l'effort agaçant d'apprendre par cœur des pages entières sans les comprendre.

Les leçons de la première madame Sophie, la méchante qui nous battait (cette fille de sage-femme qui, quand nous lisions quelque chose dans notre catéchisme à propos de la Sagesse de Dieu nous disait « C'est moi qui suis la Sagesse de Dieu » et nous faisait voir derrière ce mot « Dieu » un père fouettard haïssable), ces leçons, nous les apprenions sous la contrainte et avec répugnance, mais nous les apprenions. Les leçons de Mme Sophie Fontrier, nous ne les apprenions jamais. Quand elle nous faisait « réciter la leçon », nous commencions, nous trébuchions, elle la disait à notre place, nous répétions comme des perroquets. Elle nous mettait une bonne note et nous donnait la suite à apprendre. S'il arrivait qu'elle nous ennuyât trop, nous lui demandions comment allait sa mère ou sa sœur, madame Hélène, ou une bonne ou une mauvaise élève de son école et elle commençait alors des récits qui nous menaient jusqu'à la fin de la leçon, qui se terminait toujours quelques minutes avant une heure et ne commençait jamais avant midi et quart ce qui faisait qu'elle durait environ trente-cinq minutes, et nous nous séparions très bons amis.

Avec mépris, Mademoiselle Dufay nous disait : « Qu'est-ce que c'est que ces leçons de Mademoiselle Sophie ? »

Nous, nous avions conscience du caractère malséant de son attitude et de la nôtre, mais cette leçon de grec était tellement haïe que nous faisions taire notre conscience. Et nous continuions ainsi, c'est-à-dire jusqu'à la leçon suivante et ainsi de suite.

Pour chaque Jour de l'An et chaque jour de Pâques, nous écrivions une lettre à nos parents. Autrement dit, Madame Sophie nous l'écrivait dans une catharévoussa détestable, nous la recopiions sur un papier bordé d'or et orné d'une rose à gauche et nous l'envoyions dans la chambre de nos parents avec nos cadeaux.

Nos parents se rendaient compte que les mots, la tournure des phrases, la lettre étaient de notre maîtresse et non de nous. Et une ou deux fois notre père déclara qu'il voulait voir nos propres phrases, qu'il n'avait pas de doutes quant aux connaissances de Madame Sophie mais en avait de grands quant aux nôtres.

Mais Madame Sophie assurait à notre mère que tout était de notre cru, qu'elle avait seulement corrigé quelques accents et quelques esprits, et nous, qui savions parfaitement que la lettre avait été écrite chez Madame Sophie et recopiée par nous mot à mot sans la comprendre, nous moquant même des phrases incompréhensibles, écoutions les affirmations de Madame Sophie et nous nous taisions, nous méprisant autant qu'elle pour ce mensonge, mais tremblant à l'idée qu'on nous oblige à écrire nous-mêmes quelque chose et à montrer notre ignorance. Et c'est avec soulagement que nous voyions les explications tourner au bénéfice de Madame Sophie et au nôtre puisque notre mère ajoutait foi à ce qu'assurait notre maîtresse et nous dispensait de l'obligation d'assumer une rédaction au-dessus de nos compétences.

Quand nous nous faisions la réflexion que nous allions grandir sans savoir notre langue, nous mettions de côté aussi cette réflexion dérangeante. Parce que tout compte fait qu'était le grec et à quoi nous servirait-il ? Combien y avait-il de Grecs et à quel point le grec leur était-il utile ? Nous apprenions tous des langues étrangères et tous les enfants avec lesquels nous avions des relations parlaient anglais ou français entre eux et avec la plupart des parents. Ainsi ferions-nous aussi une fois devenus grands. Et nous correspondrions en anglais ou en français. Et nous comprendrions ce que nous dirions. Alors qu'en grec c'était comme parler un charabia avec les formes archaïsantes.

Et de nouveau, et sans cesse, apparaissait l'affreux spectre douloureux de l'infériorité de notre race, de notre langue, de notre morale, de notre nationalité.

Telle était du moins ma disposition d'esprit, ma fébrilité intellectuelle et je suppose qu'il en allait de même pour Alexandra même si nous n'en discutions jamais entre nous si ce n'est pour railler les archaïsmes.

Quant à Andoni, il était d'abord allé, tout petit, à l'école privée Papazi à Alexandrie, puis deux ans à l'école Voulgaris à Athènes et il avait acquis quelques bases. Quand vint Mademoiselle Dufay, les parents l'envoyèrent chez les jésuites parce que les écoles de la Communauté grecque n'étaient pas estimées, et n'étaient pas encore de bonnes écoles, dans ces années-là. Je ne me rappelle pas si le soir en rentrant des jésuites il avait des cours de grec à la maison. En tout cas, lui, il apprit le grec, tandis que nous, les filles et Alexandros qui était petit et lui aussi entre les mains de Sophie Fontrier, nous restâmes illettrés.

Avec nos cousins Chorémi et Sareyanni, nous parlions et nous chantions en grec. Mais eux étaient comme nous, ils ne nous faisaient pas honte, ils ne savaient pas plus de grec que nous et les petits Sareyanni ne parlaient pas de langue étrangère. Quant aux enfants de l'oncle Dimosthénis, ils avaient une maîtresse grecque à demeure, mauvaise elle aussi, et quand l'oncle décida de prendre une maîtresse française pour ses enfants, Mademoiselle Langlois, elle parlait elle aussi avec le même mépris que Mr. Williams et les autres maîtres étrangers de la maison, des patrons et des Grecs.

Comment le sévère oncle Dimosthénis et la vertueuse tante Jenny auraient-ils pu savoir que cette femme, l'ange gardien, à laquelle ils confiaient leurs deux filles initia leurs fils les uns après les autres à leurs plaisirs sexuels adolescents !

Telles étaient les trouvailles qu'on nous envoyait alors et dans les temps qui suivirent, pour l'éducation de nos enfants, d'abjectes sales bonnes femmes, « bonnes pour l'exportation » recommandées par les consuls français et les prêtres catholiques.

Mademoiselle Dufay était, par chance pour nous, une exception. D'ailleurs elle n'était recommandée ni par les prêtres ni par le consulat. C'était une Grecque de Marseille qui nous l'avait recommandée, Mme Vlasto (de la famille Ralli), sœur de Mme Thémistocle Sinadino, qui l'avait trouvée et envoyée à sa sœur pour nos amies Fanny et Maggie. Mais entretemps on avait repéré et était venue chez eux une des sœurs allemandes Berg (qui passèrent dans toutes les maisons grecques de Constantinople et Alexandrie). Mademoiselle Dufay se trouva libre et on nous la recommanda.

C'était une vraie chance d'avoir découvert Mademoiselle Dufay. D'âge mûr, femme morale, pieuse, fervente catholique, elle ne chercha jamais à nous influencer par son catholicisme, ni à nous détourner de notre Église ni de notre religion. Elle critiquait ouvertement devant nous, les enfants, notre manque d'instruction religieuse (parce que notre père ne voulut jamais de pope à la maison, et que notre pieuse mère n'avait, pour ses propres raisons, pas grande confiance dans notre Clergé), mais ne se mêlait pas de ce qui concernait notre religion, nos églises et nos prières.

Notre mère nous emmenait de temps en temps à l'église le dimanche, mais pas régulièrement. Mais nous ne pleurions pas pour y aller, tellement l'interminable liturgie à laquelle nous ne comprenions rien nous paraissait insupportable. Jusqu'à ce que Madame Sophie nous fasse cadeau d'un « missel ». Au moins, de cette manière, pouvions-nous suivre, en lisant, ce que disait le prêtre, ce que chantaient les chantres, et cela faisait passer le temps, même si nous ne comprenions qu'à moitié ce que nous lisions. Nous préférions aller à l'église Saint-Savvas, qui était le siège du Patriarcat parce que le Patriarche officiait, et que nous l'aimions, le vieux Sophronios, qui avait marié nos parents et qui sortait, courbé par les ans, vêtu de ses ornements sacerdotaux et sa mitre en or qui brillait de pierres précieuses.

Jusqu'au jour où la Communauté mit en place un chœur dans sa propre église, celle de l'Annonciation. De ce jour nous n'eûmes plus envie d'aller à Saint-Savvas, où les vieux chantres chantaient très mal, d'une voix nasillarde. Mais nous n'avions pas droit à la parole. Nous allions où allait notre mère.

Pendant la Semaine Sainte nous allions régulièrement à l'église. Nous jeûnions tous le Vendredi Saint, plus tard pendant trois jours quand nous fûmes plus grands et, plus tard encore, toute la semaine quand je traversai la crise religieuse par laquelle passent, je suppose, la plupart des humains à un certain âge; et nous communiions le Samedi Saint de bon matin, après avoir « reçu l'absolution » de nos parents.

« La passion de Jésus » nous occupait, naturellement, comme toutes les âmes en formation, comme tous les enfants assoiffés d'idéal. Quelles impressions laissaient ces cérémonies religieuses à mes frères et sœurs ? Je n'en sais rien, nous n'en parlions jamais. Il fallait[78] que cela nous émût, donc nous manifestions de l'émotion. Personnellement, à partir de douze-treize ans, le côté théâtral de la cérémonie me gênait et me contrariait, le déplacement de la croix, le déclouage, le transport du Christ en bois aux bras tendus qui, mal recouverts, sortaient sous le drap, ensuite l'épitaphios[79], son transport, avec les prosternations, les signes de croix, les réprimandes des prêtres qui interrompaient leurs psalmodies quand la foule les contrariait et les reprenaient au beau milieu d'un mot, les coups d'encensoirs et, pour finir, l'adoration de l'épitaphios sous son baldaquin pour laquelle on se disputait, souvent avec des coups, pour réussir à prendre avant les autres les pétales de rose jetés sur l'épitaphios brodé.

Mais je gardais pour moi ma contrariété et ma gêne, jamais, dût-on me tuer, je n'aurais avoué combien j'avais honte de cela, combien je me sentais humiliée, grossière, vilaine, inférieure d'éprouver face à cela de la gêne au lieu de l'émotion et de l'élévation.

J'entendais ma mère raconter comment se déroulait la célébration du Vendredi Saint à Chio quand elle était enfant. Comment, pendant la lecture des douze évangiles, de l'après-midi jusqu'au soir du Jeudi Saint, l'église était obscure, silencieuse, le petit peuple écoutant avec recueillement et comment, pendant que l'officiant

78 C'est Delta qui souligne.
79 Dans les cérémonies orthodoxes de la Semaine Sainte, voile brodé qui représente le linceul du Christ.

lisait la crucifixion et la mort avec le tremblement de terre, le voile du temple qui se déchire et les tombes qui s'ouvrent, on entendait dans l'obscurité un bruit sourd, les stalles grinçaient et remuaient, tous les fidèles tremblaient, les petites vieilles frissonnaient et, pliées en deux, se prosternaient et faisaient des génuflexions, se signaient et disaient : « Seigneur, souviens-toi de moi ! Seigneur, souviens-toi de moi ! »

Et je frissonnais, moi aussi, et j'écoutais avec recueillement et je me montais consciencieusement la tête en éprouvant toute l'émotion et la frayeur des fidèles de Chio. Mais quelque chose en moi se révoltait. Puisque le tremblement de terre, les grincements et le bruit sourd étaient factices, pourquoi les popes faisaient-ils cela ?

Cependant, je faisais taire avec indignation mes protestations intimes ; je me sentais mauvaise, sans foi, digne de tous les tourments de l'enfer. Ma mère disait avec émotion : « Ça c'était des fidèles, ça c'était de la foi ! » Et je me torturais pour étouffer mon intime réaction de rejet.

Si mon œil percevait un quelconque sourire muet de mon père, mon inquiétude devenait de l'angoisse à l'idée que mon père ne partageait pas cette foi lumineuse et que lui aussi irait en enfer, avec moi, qu'il n'était pas bon et saint comme notre mère et je souffrais d'une angoisse insupportable.

Cette perplexité religieuse dura jusqu'à mes seize ans et passa seulement avec la crise religieuse qui, lorsque j'avais quinze ans, me poussait vers le monastère, la vie ascétique, la soif du sacrifice de soi et de l'auto-flagellation. À partir de mes seize ans, le sens pratique qui resta toujours au fond de mon caractère, vint à bout des rêves et des élans vers la sainteté, le surnaturel et le métaphysique, le spiritualisme et le « Crois sans chercher à comprendre ».

Alexandrie à cette époque était une métropole culturelle. La communauté grecque à son apogée, riche, grande, puissante, était très fermée aux étrangers. Elle les introduisait au compte-gouttes dans ses salons. Les consuls, les juges des tribunaux mixtes, les directeurs de banques, les personnages officiels y étaient reçus en raison de leur position. Mais des étrangers natifs d'Alexandrie, Anglais, Français, Italiens, Allemands, Autrichiens, Suisses, y compris Juifs et Syriens, montraient souvent leur nez à nos portes, faisaient des courbettes pour entrer et considéraient comme un grand honneur d'être reçus aux grands bals des Grecs. De la même manière, on invitait rarement des étrangers aux dîners et aux petites veillées d'une société choisie.

L'argent coulait à flots. Les Grecs d'Alexandrie vivaient dans le luxe ; ils étaient prodigues et grands seigneurs, généreux et en même temps dédaigneux des étrangers. Mais derrière eux, il n'y avait rien. La Grèce, petite, méprisée, affaiblie à l'intérieur par ses querelles partisanes, ne représentait rien. Nos consuls s'appuyaient sur l'entité importante et significative que constituait la communauté grecque et non sur l'État qui les mandatait et qui, aux yeux des administrateurs anglais de l'Égypte, n'avait aucun poids.

Je me rappelle un mot prononcé plus tard par Lord Cromer qui était en réalité le roi de l'Égypte, même s'il avait le titre de « gouverneur ». Il s'agissait d'une affaire de commerce illégal de haschich et, en colère, Lord Cromer s'en était pris à tous les Grecs d'Égypte. Mon père se rendit au Caire et, avec l'air fier et imposant qui le caractérisait, il dit au gouverneur anglais que ce n'était pas digne de la justice anglaise que de juger un peuple sur un individu, d'autant que l'Égypte devait beaucoup aux Grecs, à leur travail, à leur négoce, à leur esprit d'entreprise et à leur mode de culture qui avait donné à l'Égypte toutes les bonnes variétés de coton. Lord Cromer l'écouta, lui serra la main et admit son point de vue. Les choses s'arrangèrent et quand le brillant consul général de l'époque, I. Gryparis, demanda audience à propos de la même affaire, Cromer répondit :

– Il n'est pas nécessaire que le consul général prenne la peine de se déplacer. Bénaki m'a tout expliqué et ce qu'il m'a dit me suffit.

Quand survenait une difficulté quelconque avec des Grecs, Cromer demandait :

– Qu'en dit Bénaki ? Si Bénaki le dit, c'est que c'est juste.

La communauté grecque comptait. L'État grec pas du tout.

L'importance de la communauté grecque ne parvenait pas jusqu'à nous, les enfants, nous ne savions pas ce qu'elle représentait en Égypte ni quelle valeur avaient les relations de nos parents et de nos connaissances avec les instances dirigeantes du pays. Nous, nous voyions le *Papagalo* avec l'enfant grec en fustanelle toujours battu, en pleurs ou geignard, nous prenions le *Graphic* et l'*Illustrated London News* dans lesquels la Grèce était inexistante et nous étions abreuvés des critiques méprisantes à propos de la Grèce que nous entendions dans la bouche des maîtres, maîtresses, nurses et domestiques, les nôtres et ceux de nos connaissances.

À table quand il se trouvait y avoir un invité, nos oncles et tantes entre eux, nos parents et nos amis, notamment les consuls généraux avec lesquels nous étions toujours en relation et qui mangeaient souvent chez nous, déploraient la situation intérieure de la Grèce quand ils parlaient des affaires grecques et quand il se trouvait que les élections amenaient Délighiannis au pouvoir, tous les Alexandrins, qui étaient partisans de Tricoupis, s'apitoyaient et se lamentaient sur le triste état de notre patrie.

Le génie de Vénizélos n'avait pas encore vu le jour, mais les Grecs d'Égypte étaient suffisamment progressistes et patriotes pour distinguer la valeur de Tricoupis face au caractère minable de Délighiannis, et nous, enfants à l'époque, nous avons grandi avec le chagrin de constater que les Grecs de Grèce ne voyaient pas ce qui pour notre entourage était une évidence claire, à savoir que Tricoupis était un grand homme, un esprit éclairé, un politique de valeur (un homme d'État), tandis que Délighiannis était un petit chef de parti, démagogue, trompant le peuple, minable, pitoyable.

Et nous nous rappelions tout ce que nous avions entendu petits, chez notre oncle Yanni, sur la jalousie des Athéniens envers les Grecs de la diaspora, c'est-à-dire de l'étranger, et au fond de nous fermentait peu à peu l'idée que ce que la Grèce a de bon s'en va, part à l'étranger, se forme, se développe au contact de la culture étrangère et que ce qui reste en Grèce s'étiole, pourrit, se rabougrit, et n'a pas d'existence.

Cette pensée était très douloureuse, nous la voulions grande et glorieuse, notre Grèce, et avec nos cousins nous chantions en chœur, pleins d'enthousiasme « Surgie des ossements sacrés des

Grecs », « Noire est la nuit dans les montagnes »[80] et nous récitions « Où est la Grèce moderne? Là où était la Grèce antique ». Mais au fond de nous, nous savions que la Grèce moderne était étiolée, méprisée, humble, inexistante. Et nous répétions du grec comme des perroquets, sans rien apprendre de notre pays qui nous était inconnu et étranger.

Les Grecs d'Égypte étaient très progressistes. Mais le pays aussi était progressiste. L'Égypte fut parmi les premiers États à installer le téléphone, par exemple. Nous étions encore dans la maison de Carlo Cesere, l'année d'Arabi ou même avant. Je me rappelle, au moment où l'on vint l'installer, un étroit petit placard en hauteur avec des fils en spirale, c'étaient les premiers téléphones, qu'on cloua au mur du long corridor.

Ouvriers européens et arabes observaient avec curiosité l'installation faite sous la surveillance de Mikè Louizos, l'employé de l'entrepôt qui distribuait généreusement les gifles et les claques sur la nuque aux Arabes. Obéissants et soumis, les Arabes faisaient le travail et nous, les enfants, nous traînions là, curieux, discutant avec Mikè et attendant le miracle d'une conversation avec quelqu'un à l'autre bout du fil en mettant l'écouteur à notre oreille et en parlant dans le cornet.

80 « Surgie des ossements sacrés des Grecs » est un vers de l'*Hymne à la Liberté* de Solomos, devenu l'hymne national grec. « Noire est la nuit dans les montagnes », souvent intitulé *Le Klephte*, est une marche de l'armée grecque sur des vers de Rangabé et une musique inspirée d'une marche militaire bavaroise.

Entretemps notre père était rentré et le travail d'installation était fini. Ce farceur de Mikè appela quelqu'un à l'entrepôt, Ali, Mohamed ou Mahmoud, et avec une claque sur la nuque il amena un des ouvriers fellahs et lui mit l'écouteur à l'oreille. Quand celui-ci entendit la voix de son compagnon sortir de l'armoire en face de lui, il fut pris de panique. Il jeta l'écouteur et d'un bond s'en fut en courant, tout en hurlant : « *Afrit! Afrit!* » ce qui veut dire « le diable! » et il court encore. Quelle partie de rire! Même notre père riait de tout son cœur, mais il reprocha à Mikè d'avoir fait peur à l'Arabe. Et, un par un, il nous mit l'écouteur, nous fit téléphoner, nous initia tous au miracle d'Edison.

Le téléphone prit immédiatement. Il était nécessaire pour les transactions commerciales. Ce ne fut pas le cas, en revanche, pour l'éclairage électrique. Que le coût de l'installation ait été exorbitant ou bien (et il me semble me souvenir que c'était plutôt cela) que le gouvernement ait été lié par des contrats et obligations envers la compagnie du gaz d'éclairage, on tarda beaucoup à installer la lumière électrique en Égypte. Lorsque je me suis mariée en 1895, on ne l'avait toujours pas amenée.

Comme éclairage, à la maison, nous avions le gaz dans la salle à manger, dans le bureau de mon père, dans les cuisines, à l'office, dans les escaliers, le grand hall de l'entrée. Dans les salons, il y avait de grandes lampes à pétrole. Dans les chambres des bougies. Comme notre mère avait peur de nous mettre entre les mains, à nous les enfants, des lampes à pétrole, nous n'avions, dans notre salle d'étude, que deux bougies sur deux hauts chandeliers en bronze toujours bien astiqués et brillants, mais si hauts que la lumière des bougies, tressautante et irrégulière, nous venait de loin et nous fatiguait les yeux lors de l'étude du soir.

Or, le travail scolaire des enfants d'alors était dur et ininterrompu. Nous nous levions tôt, nous nous habillions rapidement, sans prendre de bain matinal (le bain avait lieu le samedi dans notre baignoire au troisième étage), juste une toilette à la cuvette, et à sept heures et demie il fallait que nous soyons dans la salle d'étude, où nous prenions notre petit déjeuner avec Mademoiselle et à huit heures le cours commençait. Les cours se succédaient sans interruption jusqu'à l'heure du déjeuner qui pouvait être à une heure de l'après-midi, une heure et demie, deux heures, trois heures ou même cinq heures selon le moment où notre père rentrait du travail. Il arrivait que nous nous mettions à table pour le « repas de midi » pendant que l'Arabe, avec sa longue perche et sa petite flamme au bout allumait en courant les réverbères de la rue. Et il arrivait certains jours de courrier que l'horloge sonnât minuit alors qu'on nous servait la soupe du dîner.

Pour nous les enfants, là-haut dans notre étude, ces horaires irréguliers et fatigants étaient désastreux. Mais notre mère accordait beaucoup plus d'importance aux « principes » moraux qu'à l'hygiène concrète. Notre père était le chef de famille. Il convenait que ses enfants l'attendent. Étaient-ils néanmoins fatigués ? N'en pouvaient-ils plus d'attendre ? Avaient-ils faim ? Aucune importance. Le moins qu'ils pouvaient faire était d'attendre leur père qui travaillait pour eux.

On ne faisait d'exception que pour les deux petits, Alexandros et Argini, et seulement le soir. On leur servait dans la salle à manger des domestiques, à côté de la cuisine, une soupe, deux œufs à la coque et un fruit et après leur dîner ils montaient se coucher dans leur chambre commune. À midi, en revanche, Alexandros encore tout petit mangeait avec nous, quelle que soit l'heure du retour de notre père et, dès qu'Argini grandit un peu, elle mangea aussi à table, partageant nos horaires irréguliers. Notre père proposa plusieurs fois que nous déjeunions plus tôt avec notre mère. Mais celle-ci demeura inflexible.

Ce désordre des repas constituait pour Mademoiselle une autre raison de blâmer l'éducation grecque. Et comme nous souffrions beaucoup de ces horaires irréguliers, que nous avions faim, mal à la tête, et que nous étions fatigués par les interminables heures d'étude qui se succédaient sans interruption, nous applaudissions à ses critiques, nous acceptions ses réclamations sans voir le caractère contraire à la pédagogie de l'éducation que nous donnait Mademoiselle.

Cependant, nous avions aussi des réveils de conscience liés au fondement de notre éducation et qui donnaient l'atmosphère de notre maison en dépit des influences étrangères qui la perturbaient.

Mademoiselle, qui avait passé une lunaison comme dame de compagnie de la petite-fille de la Princesse Borghèse, nous raconta qu'elle avait un caractère acariâtre mais était intelligente et répondait toujours par un mot d'esprit. Un jour, elle grondait une de ses femmes de chambre et la dit capricieuse. La domestique lui demanda effrontément : « Est-ce que Madame croit qu'elle n'est pas capricieuse? » « C'est possible, lui répondit-elle au sens étymologique du terme (comme nous le fit remarquer Mademoiselle), mais moi j'ai le moyen de l'être et vous pas. » Nous rîmes avec

Mademoiselle de la piquante répartie et j'en fis un jour le récit à notre mère.

Mais notre mère ne rit pas. Sur un ton sévère et posé, elle dit : « Cette dame a très mal parlé. Elle est tombée plus bas que sa servante puisqu'elle a reconnu que seul l'argent la plaçait au-dessus. D'ailleurs elle est aussi insolente que sa servante, et pis encore, elle est sans cœur. »

Le propos de ma mère marqua une autre étape de ma vie. Pour la première fois je sentis la différence entre la délicate noblesse d'âme des Grecs et l'impertinent esprit de répartie des Français. Une dame grecque ne parlerait pas ainsi, elle n'offenserait pas son subordonné.

Les propos de ma mère m'ouvrirent de nouveaux horizons. Mademoiselle avait l'habitude de dire, sur un ton de reproche, que les dames grecques parlent à leurs domestiques comme à des égaux, qu'elles ne maintiennent pas la distance qui sépare les catégories sociales. Les paroles de ma mère me firent réfléchir. Ma mère s'imposait à tout son personnel de maison, mais elle s'imposait avec le « s'il vous plaît » et le « merci », et avec la plus grande délicatesse. Avec une tendresse maternelle, chaque fois qu'un membre du personnel devait faire face à des difficultés d'ordre familial ou matériel, notre mère lui parlait, remettait les choses en place, consolait ou encourageait. Mes yeux s'ouvrirent, je commençai à percevoir la courtoisie qui régnait dans la maison grecque où les maîtres et le personnel formaient une famille.

Plus tard je l'ai observé dans les faits. En Allemagne, en France, en Angleterre, la domesticité est une classe à part, inférieure, rémunérée, subalterne. Chez nous, elle fait partie de la maison, de la famille, la servante est une fille adoptive, le serviteur un fils adoptif, et non des machines que l'on paye et qui viennent et s'en vont sans jamais s'enraciner. Les paroles de ma mère me montrèrent ce point de vue pour la première fois.

Mais nous aimions beaucoup Mademoiselle Dufay. Celle-ci nous aimait tous. Mais dans son affection elle nous distingua rapidement, Alexandros et moi. Elle aimait particulièrement Alexandros. Et à juste titre. C'était un enfant tellement doux, tranquille, poli, patient, résigné, soumis aux tyrannies que nous lui infligions tous, Andoni, moi et surtout Argini qui après sa maladie où elle avait failli mourir, était restée délicate un certain temps et devint l'enfant gâtée de nos parents, faisant de petits caprices et levant souvent la main sur Alexandros. Alexandros ne lui rendait jamais ses coups. Mélancolique, gentil au point de se sacrifier, il prenait les coups et lui disait :

– Tu es petite et je ne t'en veux pas.

Moi, je prenais alors feu et flamme. « Tu es stupide, lui disais-je, de la laisser te frapper. »

Alexandros rougissait jusqu'à la racine de ses cheveux blonds, se tortillait et détortillait les doigts l'un avec l'autre, mais ne répondait pas. Cette résignation de sa part m'exaspérait encore davantage. Et parce que je sentais mon incapacité à empêcher les injustices, parce que je le savais si souvent chagriné, je montais le ton de plus en plus, le grondais et le faisait souvent pleurer. Et alors, tremblant de colère et d'indignation, je le prenais pas le cou et l'embrassais, et le grondais de plus en plus ; et lui, suspendu à mon cou, cachait sa tête dans mon épaule et pleurait, pleurait, et je bouillais de plus en plus. Je l'aimais d'une affection maternelle, Alexandros, je l'ai toujours aimé un peu comme mon enfant, et je m'en occupais comme si on m'avait confié son éducation. Il me disait tous ses chagrins. Et je ne faisais que m'énerver, je le « brusquais ».

Je pense que, de nous tous, seule Alexandra ne tyrannisa jamais Alexandros. Et je pense que c'est moi qui l'ai tyrannisé le plus, le pauvre. Et de tous, ce fut moi qu'il aima le plus, depuis l'époque où tout petit il me contait ses chagrins, jusqu'à ce qu'il meure et que sa femme trouve une lettre où il lui disait que si jamais elle avait besoin d'un conseil pour l'éducation de ses enfants, elle vienne me trouver. Il avait écrit cette lettre quand il partit pour la longue et infructueuse expédition militaire de 1915, où il n'y eut pas de combat, ce que, naturellement, il ne pouvait prévoir quand on l'enrôla.

Alexandros ne faisait pas de grandes démonstrations, il ne donnait pas d'avis, parlait peu, aimait écouter les autres exposer leurs avis et connaissances, et dans sa grande modestie, jusqu'à la fin de sa vie, il disait de lui même qu'il était « un raté ». Or il avait un jugement profond, sûr, « sound[81] », beaucoup plus sûr que notre Andoni qui était beaucoup plus brillant et imposant. Et comme Alexandros se taisait souvent et écoutait, depuis tout petit jusqu'à sa mort prématurée, son grand frère lui en imposa.

Tous nous lui en imposions, le pauvre, y compris quand nous le défendions. Quand il eut sept ou huit ans, il attrapa la diphtérie.

81 « Droit, juste. »

On n'avait pas encore découvert le sérum de Roux et à l'époque tous les enfants qui l'attrapaient mouraient.

Alexandros ne mourut pas. Mais bien des jours après, alors qu'il était guéri, tandis qu'il jouait assis par terre avec Argini, il tourna soudain de l'œil et resta inanimé sur le sol. On appela le médecin et on eut beaucoup de mal à le faire revenir à lui. On ne savait pas alors que la diphtérie touche le cœur. Ce fut le premier signal d'alerte. Le deuxième intervint alors qu'il était devenu jeune homme. Excellent danseur et mime, il était en train de mimer une ballerine en faisant des sauts et des entrechats. Et soudain il pâlit, se laissa tomber sur un canapé et perdit connaissance. Notre mère ne le laissa plus jamais contrefaire la ballerine.

Il eut une troisième alerte en jouant au polo. Il était très sportif, de même d'ailleurs qu'Andoni, il jouait au cricket, au football, au polo, était un brillant cavalier, apte à tous les sports. Mais un jour où il jouait au polo, pendant une pause, il s'allongea sur le gazon, les bras tendus, tout pâle, les yeux fermés, et pendant un certain temps incapable de parler. Personne ne soupçonna son cœur. Mais lui le soupçonna. Le médecin l'examina et le trouva bien. Mais il ne fut pas convaincu et la première fois où il se trouva à Paris, il se rendit chez le grand cardiologue Vaquez qui lui dit : « Si seulement j'avais, moi aussi, un tel cœur ! »

Et Alexandros continua à pratiquer des sports violents. Jusqu'à ce qu'en avril 1922, le 14 du mois, alors qu'il poursuivait à cheval une balle de polo, au milieu de la mêlée de chevaux et de cavaliers, son compagnon qui se trouvait derrière lui le vit se redresser brusquement. Il réussit à enlever ses pieds des étriers, vira et tomba sur le gazon. Tous s'arrêtèrent et mirent pied à terre. Il était tombé sur le flanc, on l'étendit sur le dos et on lui enleva son casque toilé blanc. Il poussa un ou deux soupirs et mourut. Il avait une petite contusion sur le front. Et au même endroit sur le casque il y avait une petite tache verte de gazon. Il avait eu quarante et un ans au mois de septembre précédent[82].

Je pense que personne ne comprit jamais qui était Alexandros. Silencieuse et modeste au point que c'en était un défaut, sa silhouette passa dans la vie, âme la plus délicate et la plus noble que le destin ait jamais modelée.

Depuis sa toute petite enfance Mademoiselle Dufay l'avait perçu et le distinguait de nous tous. En ce qui nous concernait, chacun menait son combat de son côté, s'en sortait tout seul; nous nous rebiffions, nous nous opposions, nous nous révoltions, nous nous rendions la pareille. Alexandros jamais. Il cédait toujours, battait en retraite, se laissait piétiner, anéantir. Et quand, exaspérée, je le grondais, le traitais d'idiot, il rougissait, devenait honteux, baissait la tête, mais ne se défendait même pas, ne donnait pas d'explications, se taisant et s'inclinant devant mon naturel plus violent.

Et moi je profitais de son indéfectible patience. J'avais la manie d'écrire des histoires. Je ne savais pas le grec, je les écrivais en français. Elles étaient toutes tristes, avec des morts et des catastrophes

82 Delta se trompe. Né en 1878, Alexandros, mort en 1922, avait eu quarante-trois ans.

à chaque page. Le récit s'arrêtait quand le meneur de jeu se levait et tuait le dernier survivant.

Je me rappelle une illustration du *Graphic* de cette époque faussement romantique, une jeune femme blonde en deuil qui soulevait son petit enfant jusqu'au portrait de son défunt père. Le père portait un uniforme de soldat, et son sabre était cloué sous le large cadre de son portrait; et le petit, habillé de blanc, tendait ses petits bras vers le mort. Sous cette image imprimée du *Graphic* il était écrit : « In memoriam ».

Cette image me remplit des jours et des nuits de drames, d'affections, de morts, de désespoirs et j'écrivis le récit en imaginant la mort du soldat, son message à sa femme, le désespoir de celle-ci etc., etc.

Mais une fois que je l'avais écrit, il fallait que je sache quelle impression produirait mon récit. Dès que je pus être seule avec Alexandros, je le lui lus. J'attendais de voir son émotion. Or je fus pleinement satisfaite. Alexandros fondit en larmes, il sanglotait et plus je voyais mon succès plus je lisais la suite sur un ton lugubre et plus Alexandros pleurait. Pour finir, il se pendit en larmes à mon cou, appuyé sur mon épaule.

Dès lors, je ne lui fis plus grâce d'un seul récit. Je le prenais à part et je les lui lisais tous; et le pauvre Alexandros pleurait toujours et moi j'étais satisfaite.

Aux autres, Alexandra et Andoni, je n'osais pas lire mes écrits ni leur dire que j'en écrivais parce que je savais quelles railleries j'entendrais. Mais Mademoiselle non plus ne devait pas savoir combien de temps je perdais à écrire mes inventions mortuaires et Alexandros avait juré de garder mon secret.

Andoni allait à l'école chez les jésuites. Il y mangeait à midi et ne revenait que tard l'après-midi. C'était notre héros et notre fierté, mais aussi notre tyran, parce que partout et tout le temps il nous manifestait un certain mépris, tandis que nous tous le considérions comme un dieu. Nous l'admirions toujours, quoi qu'il fît, des bêtises ou des actes de désobéissance, qu'il dessinât, qu'il chantât des hymnes catholiques appris chez les jésuites ou qu'il s'en prît à un domestique quelconque.

Un jour Anneta, notre cuisinière originaire de Goritza, catholique, papiste et que nous détestions, médit de lui. Elle avait pris dans la chambre des parents une bouteille de « Rakoxi ». Le lendemain matin, notre père en eut besoin mais, comme toujours, elle avait fermé sa chambre à clef et elle était partie au marché où elle volait sans vergogne, et à l'église où elle communiait tous les jours. Il y eut du remue-ménage, du mécontentement et des éclats de voix de notre père ; et Andoni, qui n'était pas encore parti à l'école, prit toutes les clefs sur les portes et en trouva une qui correspondait, ouvrit, prit le purgatif, le donna à notre père et referma la porte à clef.

Quand Anneta arriva vers neuf heures, après l'église, et qu'elle ne trouva plus la bouteille, ce fut la pagaille. « Qui est entré dans ma chambre ? » Notre mère entendit ses cris et monta. Elle lui fit la remarque qu'elle n'avait pas à prendre sans permission le remède de notre père, mais que personne d'autre qu'Andoni, qui avait trouvé une clef correspondante, n'était entré dans sa chambre.

Exaspérée, la domestique dit : « Alors maintenant je sais qui a pris l'argent que j'ai perdu. »

Ce fut la goutte qui fit déborder le vase et notre mère la mit à la porte. Grand émoi parmi nous, la marmaille ! Tout excités, nous en fîmes le récit à Andoni le soir. Celui-ci nous écouta calmement avec un sourire méprisant pour la calomnie d'Anneta, mais il ne nous dit rien. Et nous, nous admirâmes cette attitude digne.

Anneta était notre grand ennemi à tous. Brillante cuisinière, elle préparait de grands repas sans égal et notre mère lui passait de nombreux caprices. Quand elle avait de la migraine, et elle en avait souvent, elle s'attachait sur la tête des rondelles de pomme de terre crue sous un mouchoir et nous savions alors qu'il fallait nous tenir à distance.

Mais même sans migraine, elle était notre terreur. Si nous entrions dans la cuisine à l'heure où elle avait du travail, elle nous chassait. Et si nous ne partions pas tout de suite elle poussait les hauts cris.

– Kyrieu ! Kyrieu[83] ! (avec un e muet), venez gronde les enfes qui font des beutises !

Et nous détalions quand nous entendions ses cris. À la fin, elle était tombée malade et les prêtres catholiques, des franciscains, montaient et descendaient l'escalier menant à sa chambre, ce qui contrariait beaucoup notre mère et faisait bondir notre père.

– Je ne veux pas de ces frères chez moi ! s'écriait notre père.

Peut-être cela contribua-t-il davantage encore que sa calomnie contre Andoni à la faire chasser de la maison.

83 « Madame ! Madame ! » Delta tente de rendre la prononciation déformée de la domestique italienne.

Nous avions une autre Italienne, Caterina, la nourrice attachée aux deux petits, catholique elle aussi mais d'une incroyable niaiserie ! C'était elle qui nous préparait le petit déjeuner. Et quand les œufs étaient durs et que Mademoiselle, qui les aimait mollets, se plaignait, elle nous écoutait, nous les enfants, traduire en italien les plaintes de Mademoiselle, avec calme, sans se troubler, les mains croisées sur le ventre, et après avoir écouté attentivement tout ce que nous lui avions dit, elle répondait automatiquement :

– Mais est-ce que je suis à l'intérieur des œufs pour savoir quand ils sont durs et quand ils sont mollets ?

Elle aussi était terriblement papiste. Elle avait accroché, dans la chambre où dormaient les petits, une sainte Vierge catholique et, chaque fois qu'elle passait devant elle faisait une génuflexion. Cela nous amusait beaucoup. Nous l'appelions à un bout de la pièce et, à peine avait-elle fait sa génuflexion qu'un autre l'appelait à l'autre bout, et en repassant, elle en faisait une autre. Et elle était si bête qu'elle faisait les allées et venues sans se rendre compte que nous la faisions marcher. Cet âge est sans pitié !...

Je ne me rappelle pas exactement quand vint en Égypte Tom Davies, le fils de Thomas Davies, l'associé de l'oncle Lucas Bénaki à Liverpool. Mais cela devait être en 1886, parce que cet hiver-là notre père donna un grand bal masqué et que Tom y vint déguisé en Henry VIII, ce qui scandalisa notre mère et mit notre père en colère parce qu'il portait des culottes courtes avec des collants roses et que ses jambes avaient l'air nues.

Le vieux Davies avec son visage doucereux et sa longue barbe blonde avait le caractère le plus revêche et difficile qu'on puisse imaginer. Au bureau, ses employés l'appelaient (Thomas Davies) The Devil. L'oncle Lucas, montrant sa barbe blanchie prématurément disait :

– Si ma barbe a blanchi, je le dois au vieux Davies.

Quand il venait à Alexandrie, tous les employés redoutaient ses caprices tyranniques. Dimitri Psathis, encore très jeune, fut pendant un temps employé de Choremi, Benachi & Co. Il ne cessa de raconter avec la même indignation, jusqu'à la fin de sa vie, une méchanceté du vieux Davies.

Psathis était élégant, un dandy, et, quittant le bureau un après-midi, rasé et vêtu de frais, avec des gants jaunes encore jamais portés, il partait se promener dans sa voiture à deux roues qu'il conduisait lui-même, pour faire son petit effet sur la route du Canal.

Il avait sauté dans son dogcart et rassemblait les rênes quand le vieux Davies arriva devant le bureau.

– Où vas-tu ? lui demanda-t-il d'un ton doucereux.

– Je vais… je vais me promener, lui répondit timidement Psathis.

– Te promener ? Parfait ! Tu as donc le temps pour me faire une course. Va chez Momferato (un épicier), achète-moi un sac de pommes de terre et apporte-les moi ici, que je voie si elles sont comme je le souhaite. Voici l'argent pour les payer.

Pleurant presque de rage, Psathis fit tourner sa petite voiture en direction de la place Méhémet Ali, acheta le sac de pommes de terre et revint au bureau. On ne plaisantait pas avec le vieux Davies.

Là, le *boab* (portier) descendit le sac et le porta au secteur « privé » (private) pour que le vieux l'examine.

– C'est bon, dit-il à Psathis. Maintenant, porte les pommes de terre chez moi. Bah ! Bah ! fit-il en voyant le portier prêt à soulever de nouveau le petit sac. Quelle honte, un grand gaillard comme toi ! Porte-le sur ton épaule, Psathis, mets-le dans la voiture et va toi-même le vider dans la cave. Allez ! Vite !

C'en était fini de la promenade de Psathis, de ses beaux habits et de ses gants couleur paille qui furent complètement salis par la terre qui tombait du sac. Des années après, quand Psathis le racontait, il avait les yeux gonflés de larmes tant il était furieux. Et en l'entendant notre père riait jusqu'aux larmes lui aussi.

– Si je l'avais pu, je l'aurais étranglé, répétait Psathis dont, au seul souvenir, la colère revenait comme à la première heure.

Tom Davies riait aussi à l'entendre des années plus tard. Il était jeune, vingt-quatre à vingt-six ans, Tom, quand il vint en Égypte, en tant qu'associé de Choremi, Benachi & Co., grand, blond, élégant, charmant, toujours souriant et satisfait, full of fun, toujours de bonne humeur et assez beau. Buvait-il déjà à l'époque ? Je n'en sais rien. Mais cela ne se voyait pas encore et il attirait la sympathie de tout le monde. Il mangeait chez nous régulièrement et même si nous, les enfants, l'appelions Mr. Davies, nous le considérions comme faisant partie de notre maison.

Je me souviens du bal masqué donné par mon père l'hiver 1886-1887 comme d'un conte des *Mille et une nuits*. Toute la maison était fleurie. Le fleuriste français Thiérard[84] avait fait la décoration florale et on aurait dit un jardin ; les cheminées et les consoles étaient comme des parterres, couvertes de roses, de jacinthes et de jonquilles odorantes.

On nous avait tous autorisés à rester (sauf Argini qui était trop petite), pour voir les costumes. Et, pour l'occasion, on avait fait faire à Andoni un uniforme d'Eton, c'est à dire des pantalons longs de drap noir et un court habit de soirée à queue de pie.

Pour nous, les deux filles, on avait fait faire des robes de soie bleu ciel, avec le cou dégagé et des manches courtes, ce qui représentait une « grande toilette », à une époque où les hommes et les femmes portaient des cols montant presque jusqu'aux oreilles toute la journée, et où les femmes dégageaient un peu leur cou pour les dîners et découvraient leurs épaules et leurs bras aux bals.

Notre mère accueillait les invités, belle comme une reine de conte de fées, vêtue, elle aussi, de soie bleu ciel, avec une longue traîne, une basque et un plastron tout brodés de fleurs et d'épis, une étoile de brillants sur la tête, enjouée et majestueuse à la fois, affable et accueillante vis-à-vis de tous, petits et grands. Notre mère recevait merveilleusement.

Toute la société la plus choisie d'Alexandrie se trouva réunie dans nos salons ce soir-là. Mme Adib et Mme Debourg, les deux beautés de l'Égypte, grecques toutes les deux, mariées à des étrangers (Mme Debourg était la sœur de Dimitri Psathis qui avait eu l'histoire comique avec le vieux Davies), elles portaient de grands chapeaux

84 La graphie exacte du nom nous est inconnue.

de velours noir et étaient très belles. Mme Debourg était costumée en Madame de Lamballe. Il y avait toutes les belles Grecques, Despina Constandi Sinadino, Ioulia Salvago, un peu petite mais très belle en Méphisto, Mme Rodocanaki, née Sinadino, les deux soeurs Eugénia et Margharita Zogheb, nées Sinano, et tant et tant d'autres, femmes mariées et jeunes filles, que je ne me rappelle pas. Il y avait aussi la superbe Marika Ambrouzi Zervoudaki, une beauté. Je ne me rappelle pas si la très jolie mère de nos amies Maggie et Fanny Sinadino était également présente. À peine eurent-ils construit leur maison près de la nôtre, dans le Quartier Grec, que survint un « krach » et tous les Sinadino perdirent leur fortune. Constandino et Mikè étaient riches par leurs femmes. Mais Thémistocle Sinadino perdit ce qu'il avait, et au-delà, et vendit sa maison, de même que Constandino qui avait construit lui aussi à côté de nous.

Il y avait aussi de très beaux hommes grecs. Je me souviens de Pandéli Salvago, élancé et très élégant, tout en velours et satin noir, avec une courte pèlerine noire (en Henri III de France ou Charles II d'Angleterre ? Je ne me rappelle plus), portant un grand chapeau de velours noir couvert de petits diamants. Rapidement, il en eut assez de son chapeau, il monta dans une chambre et le jeta, avec tous ses petits diamants, sous un lit. Quand notre mère l'apprit, son sang ne fit qu'un tour. Elle courut en haut, trouva le chapeau avec tous ses petits diamants, le mit sous clef dans son armoire, et le lendemain le fit porter chez lui. Il n'avait même pas songé à le réclamer en partant ce soir-là, tant il y avait d'indifférence pour leur richesse et de prodigalité chez les Grecs d'Alexandrie !

Deux messieurs, célibataires mais pas très jeunes, Pétros Krinos et Péricli Glyménopoulo, portaient des habits rouges avec des hauts-de-chausses noirs, des gilets blancs à jabots et des bas de soie noire avec des chaussures vernies à la Molière. Ils étaient tous les deux grands, très élégants, et faisaient beaucoup d'effet.

Je me tenais debout près de Glyménopoulo et je regardais les costumes, quand Krinos arriva tout à coup et dit à Glyménopoulo :

– On va jouer des quadrilles, maintenant. Nous allons faire un vis-à-vis avec les poussins qui portent la même robe.

– Magnifique ! répondit Glyménopoulo, et prenant ma main d'un geste impérieux, il la plaqua sur son bras.

Ces paroles et ce geste me contrarièrent, blessèrent mon amour-propre et me gâchèrent toute ma soirée. « Poussins » ! Et ils ne nous faisaient danser, Alexandra et moi, ces deux « élégants », que parce que nos robes bleues identiques s'accordaient à leurs habits rouges. D'ailleurs, petite comme je l'étais, j'avais douze ans, et grand et bien mis comme il était, lui, j'étais pendue à son bras, ma main levée très haut, et je sentais bien que j'étais comique. Mais comment aurais-je osé dire quoi que ce soit !

Nous connaissions toutes les danses. Tout petits, dès sept ou huit ans, nous nous joignions à une foule d'enfants de toutes les bonnes familles grecques d'Alexandrie, pour les « cours de danse », qui avaient lieu à tour de rôle tantôt dans une maison tantôt dans une autre, tous les hivers, l'après-midi. Trois ou quatre instruments jouaient des danses et nous avions pour maître à danser, un grand Italien dégingandé, blond et mince, Anfuso.

Anfuso ne nous apprit jamais un seul pas de danse, jamais il ne décomposa valses, polkas, quadrilles ou lanciers. Simplement, au moment où l'on jouait la musique, il nous attrapait par la taille, tantôt l'un tantôt l'autre et tournoyait au rythme de la musique. Nous suivions tant bien que mal jusqu'à ce qu'il nous abandonne au beau milieu de la salle pour en prendre un autre, tandis que, pris de vertige, nous cherchions une chaise pour nous asseoir. Anfuso ne nous apprit jamais à danser. Mais tous ses élèves devinrent des danseurs de premier ordre. Je me rappelle encore le plaisir que j'éprouvai un jour où, tournoyant avec lui, mes pieds prirent d'eux mêmes le rythme et je dansai la valse. Je l'avais apprise, sans savoir ni comment ni pourquoi, et ce fut à la fois une découverte et un plaisir. Ainsi, comme moi, avec le seul sens du rythme, toute la génération des élèves d'Anfuso apprit-elle à danser.

En apprenant à danser, nous faisions connaissance entre nous et nous nous jaugions mutuellement entre enfants grecs. Quelques grands, bons danseurs, daignaient aussi nous accepter comme partenaires, comme par exemple Léonis Scanavi (qui entra plus tard comme employé chez Choremi Benachi and Co.) tandis que certains petits ne daignaient pas danser avec nous. Ainsi John Sinadino (fils de Constandi), avec son large col blanc empesé qui encadrait son beau visage d'enfant au-dessus de son habit de velours noir, nous regardait-il avec mépris, moi qui avais huit ans alors qu'il en avait neuf et, sans écouter sa maman qui lui disait de me faire danser, se tournat-il vers l'une des grandes, les filles Casanera ou Nitsi, les fit danser, elles, me méprisant, moi « la petite ». Je le détestai alors, à cause de son dédain, sans savoir encore ce que signifie le « snobisme ».

Ainsi savions-nous danser et nous ne fîmes pas honte à nos cavaliers, Alexandra et moi, « les poussins », dans ce quadrille. Mais ils m'avaient fait perdre mon entrain et je ne le retrouvai plus. On me fit danser avec Alexandros qui était encore tout petit et les grands nous regardaient en riant. J'aurais voulu être six pieds sous terre.

J'entendis cependant certaines choses qui m'ouvrirent de nouveaux horizons et marquèrent une étape dans mon éducation. Il y avait une Mme Kleinmann, épouse d'un directeur de banque (Hollandaise ? Danoise ? Allemande ? je ne sais), qui portait une robe vert clair, très décolletée, dénudant largement les épaules et les bras. Je me tenais là tout près avec Mademoiselle Dufay, et un monsieur dit à Mme Kleinmann désignant d'un mouvement de sourcils ses blanches épaules :

– Jusqu'à quand nous montrerez-vous ces anciennes connaissances ?

Elle rit en secouant sa tête blonde. Mais moi, j'eus terriblement honte pour elle. Et quand Mademoiselle me dit « Voilà comment les hommes parlent aux femmes qui ne se respectent pas », je me jurai de ne jamais rien faire qui m'amène à déchoir dans l'opinion d'autrui. Ceci aussi marqua une étape pour moi.

Les costumes étaient tous jolis, les femmes belles, la bonne humeur régnait. La bonne humeur atteignit son comble lorsqu'on apporta en le traînant un immense berceau contenant l'énorme Dimitri Sakellaridi habillé en bébé, accompagné de Dodia, petit et noir, habillé en nourrice, un biberon à la main.

On appelait Dimitri Sakellaridi « Bébé » sans que je sache pourquoi. Il n'était ni petit ni jeune (je l'ai connu quand il avait les cheveux gris) ni sot. Au contraire, il avait beaucoup de jugement et c'était un puits de science.

Un tel puits de science que les moins instruits l'utilisaient comme dictionnaire à disposition. De la bouche même de Constandi Sinadino – qui, comme tous ses frères et sœurs avait beaucoup de charme, était un « grand seigneur », à la fois très populaire parce que généreux et fier, presque hautain, avec une haute idée de lui-même et de sa place dans la société, mais illettré, sans culture au point d'être ignare, malgré tout son vernis d'homme du monde – de sa bouche même, j'ai entendu l'histoire suivante.

Un certain savant anglais en voyage (je ne me rappelle pas son nom) passait par là au retour de Saqqara et Constandi, dont la maison était toujours grande ouverte même après le « crack », et qui recevait tous les gens importants de passage en Égypte, organisa pour lui au club Méhémet Ali un grand repas auquel n'étaient conviés que des messieurs.

L'explorateur racontait un de ses voyages d'étude (on parlait français) et dit :

– Et là, pour la première fois, j'ai vu un (*sic*) mandragore.

Le voisin de Constandi se pencha et lui dit à l'oreille :

– Que veut dire mandragore ?

– Quelque archiprêtre de cette nation où il se trouvait, répondit sans hésiter Constandi.

– Et ce qu'il y a de plus curieux, continua le chercheur, c'est qu'il (*sic*) n'avait pas la forme du corps humain.

– Ce n'est pas un prêtre, dit Constandi à son voisin.

Mais, intelligent et très malin, comprenant qu'il ne pouvait pas suivre le récit et qu'en revanche son ignorance risquait d'être découverte, il donna la parole à Dimitri Sakellaridi, son dictionnaire à disposition, en lui disant à haute voix :

– Sakellaridi, je parie cent sous que tu ne sais pas ce qu'est un (*sic*) mandragore.

Sakellaridi, qui comprit très bien la ruse de diable de Constandi, sourit et dit :

– Donne-moi les cent sous, je sais. Et il expliqua ce qu'est le (*sic*) mandragore, au grand soulagement de la plus grande partie de la tablée qui n'avait jamais entendu le nom de cet arbre étrange[85].

Donc, au bal de mon père, le corpulent et grisonnant Sakellaridi fit son entrée déguisé en bébé, mais après qu'on en eut beaucoup ri comme il convenait, les invités les plus forts eurent bien du mal à le sortir du berceau.

Minuit avait sonné et j'étais très lasse. Laissant Alexandra qui s'amusait autant que je m'ennuyais, je montai avec Alexandros qui avait très sommeil lui aussi, et nous nous couchâmes, lui dans la chambre des petits, moi dans la nôtre, celle que j'occupais avec Alexandra, où je m'endormis avec la musique qu'on jouait sur le palier de l'étage. Cela aussi fut un plaisir, s'endormir avec la musique.

85 La mandragore n'est pas un arbre mais une plante. Le nom est féminin et Delta le met au masculin par erreur.

Je me réveillai à sept heures du matin. Alexandra dormait profondément. Je m'habillai sans bruit et sortis dans la salle sur laquelle donnaient toutes les chambres. Le silence régnait partout. Je descendis dans les salons. Obscurité et solitude. Les planchers couverts de lino, blancs aux endroits où l'on avait jeté de la poudre (de savon) pour que ça glisse, étaient sales. Des lambeaux de dentelle déchirés et des fleurs artificielles effeuillées étaient éparpillés çà et là, tandis que sur les consoles et les cheminées les fleurs hier toutes fraîches laissaient tomber leurs pétales fanés, découvrant les fils métalliques fichés dans leurs tiges, achevant de donner la triste impression de délabrement qui suit une grande fête.

Par terre, dans les coins, au milieu de la poussière, dans la faible lueur déversée par le grand vitrail de l'escalier, je trouvai des perles, des paillettes, de faux petits diamants, du clinquant[86], tout un trésor tombé des costumes brodés des dames. J'en ramassai un peu. Mais l'impression de désolation était telle, dans la sombre maison endormie où l'on n'entendait ni un pas ni une voix, les fleurs fanées, les sols tachés et les restes de la fête répandaient une telle impression de solitude, de tristesse et de désagrégation que je ne pus le supporter et je partis en courant en haut, dans notre salle d'étude où, peu de temps après, vinrent me rejoindre mon petit frère et ma petite sœur.

Mais cette impression ne s'effaça jamais. Et plus tard quand, jeune fille, j'allais au bal, et plus tard encore, quand, mariée,

86 Le clinquant désigne des lamelles de métal brillant utilisées dans la parure des vêtements (comme les perles).

j'allais dans le monde, je ne pus jamais dans aucune occasion de s'amuser, me débarrasser du souvenir de l'aspect lamentable de la maison au lendemain d'un bal, avant qu'on ait nettoyé les traces de fête des humains.

Et comme le peintre (Leonardo da Vinci?) qui demandait dans ses prières : « Mon Dieu, débarrassez-moi de l'homme écorché! », je pouvais dire moi aussi : « Mon Dieu, débarrasse-moi des lendemains de fête humaine! »

Le déversoir secret tant de mes interrogations et contrariétés que de mes difficultés morales était Mademoiselle Dufay. Nous avons été élevés d'une façon rude selon laquelle les parents se tenaient à distance des enfants, il n'y avait pas de gestes tendres et il ne fallait pas que l'amour des parents pour leurs enfants soit perceptible. De ce fait, la solitude morale était terrible et, aux moments tragiques, intolérable.

Entre frères et sœurs, nous étions et sommes demeurés très liés. Mais chacun enfermé dans sa coquille.

Alexandra et moi avons grandi ensemble. Nous avions seulement deux ans et demi de différence, et nous avions la possibilité de partager tous nos secrets, pensées, chagrins, interrogations etc. Et pourtant nous ne le faisions pas. La différence entre nos deux caractères était très grande. Alexandra, sereine, bonne, tranquille, bon christianos, crédule, prenant les choses comme elles venaient, s'amusant facilement, contente de tout. Moi, révoltée, toujours troublée, tempêtant, prête à voir partout l'injustice, jalouse, grognon, torturée, assoiffée d'affection, de sacrifices, d'héroïsmes, de grands redressements et de grandes catastrophes, jamais satisfaite, voulant toujours les choses autrement qu'elles étaient, souvent affligée, plus encore indignée, rongée de scrupules, et de doutes.

Comment aurais-je pu m'entendre avec Alexandra? Je l'aimais terriblement et je l'admirais, tout comme j'admirais tout ce qui était à elle, sa coiffure, sa robe – la même que la mienne mais portée différemment – sa main, son pied, sa paire de ciseaux, sa broderie, la boîte ou le petit panier où elle la rangeait, ses petits trésors, ses jeux, ses poupées, tout ce qui était à Alexandra me semblait noble et beau, tandis que tout ce qui était à moi prenait à mes yeux un aspect commun et désordonné. Quand l'oncle Lucas et la tante Artémis vinrent chez nous, au moment où Argini faillit mourir, ils nous apportèrent à chacune un sac de peau avec dés, ciseaux, aiguilles, etc. et un petit panier clos par une fermeture de soie plissée, exactement les mêmes pour nous deux, à ceci près que le nécessaire d'Alexandra était vert foncé et le mien grenat. Rien ne put jamais m'ôter l'impression, même si je n'en disais rien, que les objets du nécessaire d'Alexandra étaient distingués alors que les miens avaient l'aspect de petites choses ordinaires. J'avais beau tenter de me persuader que j'avais tort, l'impression me resta que mes affaires personnelles étaient ordinaires.

Si dans mon ronchonnement, j'éclatais et disais mon chagrin à Alexandra, celle-ci me regardait tranquillement, avec ses grands yeux bruns pleins d'étonnement et disait :

– Où vas-tu imaginer tout ça?

Sa réponse me glaçait et je m'enfermais dans ma coquille. Comment Alexandra aurait-elle pu comprendre, elle qui ne percevait rien de cette fournaise et de ce bouillonnement juste à côté d'elle ?

À Andoni non plus je n'avais pas l'idée de faire de quelconques confidences. Il avait, depuis tout petit, le plus grand mépris pour les filles et une haute idée de la supériorité des garçons. Je l'admirais et je l'aimais beaucoup, mais j'aurais préféré qu'on me tuât plutôt que de lui dire mes pensées, mes sentiments, mes chagrins et mes doutes, dont il se serait moqué et qu'il n'aurait même pas bien écouté, si ce n'est pour me couper d'un « Pfff ! » dédaigneux qui blessait et faisait plus mal que le fait d'être battue.

Il ne restait qu'Alexandros. Argini, trop petite, ne comptait pas. Et Alexandros était beaucoup plus jeune que moi. Il n'avait que huit ans quand j'en avais déjà douze et demi. Mais j'en faisais ce que je voulais, il était toujours prêt à être compatissant, à prendre mon parti. Malgré son jeune âge, il sentait beaucoup de choses au-dessus de son âge et ses relations étroites avec moi, mes confidences, les « leçons » de morale, de justice, de dignité etc. que je lui donnais en toute occasion, qu'elles lui plaisent ou non, le pauvre, le rapprochaient de moi, le faisais mûrir au-delà de ses huit ans.

Mais Alexandros ne me suffisait pas. Alexandros recevait ce que je lui apportais mais ne me donnait rien. Or j'avais besoin d'être guidée dans mes questionnements inexpérimentés. Ce fut en Mademoiselle Dufay que je trouvai un guide et un soutien.

Plus tard, quand j'eus grandi, désormais jeune fille à marier, ma mère en vint à me dire avec amertume et à me reprocher que je m'étais trop liée avec Mademoiselle, que cet attachement m'avait éloignée de mes parents qui étaient par nature mes protecteurs, mes guides, mes amis. Mais c'était la vérité. J'étais beaucoup plus attachée à Mademoiselle qu'à mes parents.

Mais c'est à quoi les parents devraient songer quand leurs enfants sont encore petits. Il faut qu'ils les connaissent, qu'ils vivent à leurs côtés, avec eux, qu'ils inspirent à leurs enfants confiance et affection, et non la crainte ni même le seul respect. Qu'ils prennent l'éducation de leurs enfants en main, qu'ils guident l'âme et l'esprit, qu'ils soient un soutien et une aide face aux questionnements et aux milliers de problèmes auxquels ils se heurtent, mais qu'ils apportent aussi consolation à leurs chagrins enfantins, douceurs et délassement et soient toujours prêts à écouter leurs confidences, à pardonner leurs désobéissances, à encourager leurs bonnes dispositions, et surtout, avant toute chose, qu'ils prennent au sérieux leurs chagrins d'enfants, qu'ils ne s'en moquent pas, qu'ils ne les méprisent pas et qu'ils ne les mettent pas de côté non plus.

Dans son petit monde, l'enfant peut souffrir beaucoup. Écoutez-le, soyez compatissant, consolez-le, aidez-le, guidez-le pour sortir de son chagrin, éviter la sensibilité maladive et l'hypersensibilité. Mais ne le prenez jamais de haut, ne le rabrouez pas, ne le raillez pas. Sinon vous élevez un mur infranchissable entre vous et lui.

Vous, parents, ne laissez pas une nurse ou une maîtresse étrangère prendre sa confiance, prendre votre place dans le cœur de votre enfant. Vous l'éloignez. Vous faites de lui un étranger. Toute raillerie, toute parole méprisante de la part du parent, face à une joie, une douleur ou un chagrin d'enfant, ouvre dans son âme enfantine une plaie inguérissable qui, même cicatrisée avec le temps, ne s'effacera jamais, laissera toujours une fêlure douloureuse qui ne peut s'oublier.

Je ne me souviens pas d'avoir jamais entendu Andoni, enfant, se plaindre du manque d'affection dans notre maison. Inflexible, ne se plaignant jamais, fier, il alla son chemin pendant son enfance, d'école en école, de nourrice en maître, toujours enfermé dans sa coquille, dédaigneux, isolé.

Et pourtant très tendre au fond de lui-même, il a dû manquer d'affection. Alors qu'il avait déjà les cheveux blancs, il lui échappa une parole qui révéla un univers secret. Sa fille disait, qu'en comparant notre génération et la sienne, on aurait pu dire que l'ancien mode d'éducation était le meilleur. Je lui répondis : « Il était rude. Mais cela formait le caractère. » Et mon frère dit à voix basse : « Non. »

Il était assis à table, à ma droite, et peut-être fus-je seule à l'entendre. Je restai stupéfaite. Puis je lui demandai à voix basse : « Ne reconnais-tu pas que cette éducation, si triste qu'elle fût, formait le caractère? De force? » « Non, reprit-il doucement, avec une sorte de regrets dans la voix et dans le regard, elle était affreuse. Elle était sèche et dure. »

Pour moi, ces paroles furent une découverte. Ainsi, il avait souffert tout comme moi de notre éducation, sans affection et sans tendresse. Et il avait fallu que nous devenions vieux tous les deux pour qu'il me l'avoue.

Lui, dans ses écoles, ne trouva pas d'affection. Moi, je trouvai en Mademoiselle Dufay le renfort, la sympathie, la tendresse, la compréhension. Elle savait écouter et consoler. Mais cela se faisait aux dépens de nos parents, particulièrement de notre mère qui se tenait toujours plus éloignée au fur et à mesure que je me rapprochais de ma maîtresse, et que ma mère me manquait moins[87].

Peu à peu les rapports de la maîtresse et de l'élève se firent plus étroits ; mon anxiété diminuait de même que ma difficulté à m'exprimer. J'osais, je me confiais, j'avouais. Je lui faisait part de mes réflexions, je lui posais des questions sur des sujets dont je n'osais pas m'ouvrir à ma mère, je lui demandais son avis sur des questions dont je ne voulais pas que ma mère s'imagine seulement qu'elles me préoccupaient.

Une de nos cousines, Marieta Sareyanni, se trouvait être ma compagne la plus fréquente à la maison. Je n'avais pas de sympathie pour elle, mais elle avait à peu près mon âge et notre mère préféra toujours la fréquentation de membres de la famille à celles d'étrangers, même si cette fréquentation n'était pas toujours une réussite.

Marieta, bien qu'elle eût dix mois de moins, était bien plus avancée que moi, sur les questions de sexualité, par exemple, alors que ma sœur et moi étions des oies blanches. Elle, elle était instruite sur le sujet !

Un jour nous étions ensemble, Marieta, Constantino Dimosthéni Chorémi (mon cadet de deux ans) et moi. Mademoiselle était absente et Marieta s'empressa de nous raconter un roman qu'elle lisait en

87 Notons que dans le roman autobiographique de Pénélope Delta, *Enfants grecques*, c'est la nounou grecque de Despina qui est jalouse de Mademoiselle.

cachette de sa mère et qui s'intitulait *La Fille maudite*. Cette fille maudite avait, nous dit-elle, eu un enfant sans être mariée. Je l'interrompis, indignée :

– Une telle chose n'arrive pas!

– Si cela arrive! dit Marieta sur le ton de quelqu'un de bien informé.

Je protestai. Marieta insista et dit :

– Demande à Constantino.

Et Constantino confirma : « Oui, cela arrive. »

Je protestais que je ne connaissais aucune femme non mariée ayant des enfants. Et Marieta dit avec malice :

– Il faut avoir un amoureux et alors c'est possible.

Avoir un amoureux signifiait pour moi aimer quelqu'un! Je m'indignai et persistai à dire que ce n'est pas possible, pas possible, pas possible.

– Quelles sottises! m'exclamai-je enflammée. Regardez Helvétia qui aime Kartoulis depuis tant d'années et n'a pourtant pas d'enfants!

Les deux autres prirent peur et n'insistèrent plus, ils firent semblant d'avoir été convaincus.

Mais moi je demeurais troublée. J'avais l'impression qu'ils se taisaient mais n'étaient pas convaincus. Et la préoccupation de savoir si une femme non mariée pouvait ou non avoir des enfants ne quitta pas mon esprit.

Ce soir-là, je travaillais sur la table de la salle d'étude à la lumière des deux bougies, en attendant que notre père rentre et que sonne la cloche du dîner, et, tout en tirant mon aiguille, je ressassais la conversation de l'après-midi.

Nous étions seules, Mademoiselle et moi ; soudain je lui posai la question :

– Mademoiselle, peut-on avoir des enfants sans être marié ?

Elle me répondit tranquillement : « Non, mon enfant. »

– Marieta et Constantino disent qu'on peut.

Sans perdre ses moyens ni se fâcher, Mademoiselle me dit :

– Quelle bêtise ! Il faut toujours qu'on soit marié, que ce soit légalement ou illégalement.

Cette réponse m'allait très bien. Et à la première occasion je la resservis à Marieta.

– Mademoiselle dit qu'il faut être marié, légalement ou illégalement, pour avoir des enfants.

Marieta fut si effrayée de ce que j'avais rapporté cela à Mademoiselle, qu'elle changea de couleur.

– Tu n'aurais pas dû lui poser la question, dit-elle.

– Pourquoi ?

– Parce que je te l'ai dit comme ça, me répondit-elle.

Mais elle ne tint plus jamais semblable conversation ; et moi j'étais désormais convaincue que c'était une question de légalité, si oui ou non l'autorisation de mariage était valide, qui faisait un enfant légitime ou un bâtard.

Avant l'arrivée de Tom Davies, l'été 1886, nous étions allés avec notre mère et Mademoiselle à Chio. Notre père était en voyage d'affaires en Angleterre et au retour il passa par là et vint nous chercher.

Nous y allâmes sur un bateau russe, le *Tchikatchoff* qui était grand et beau pour l'époque. Mais nous fîmes un terrible voyage et nous fûmes tous malades, et la plus malade de tous fut Mademoiselle parce que, disait notre mère, elle avait mangé beaucoup de caviar avant le départ du bateau.

Tout le personnel du bateau était russe et ne parlait que le russe. Mademoiselle avait été préceptrice en Russie pendant trois ou quatre ans dans une famille russe, si bien que, pitoyablement malades comme nous l'étions, nous nous en remettions à elle pour demander à la femme de chambre qui un citron, qui une orange. Mais Mademoiselle était réfractaire à l'apprentissage des langues étrangères ! Elle fut institutrice pendant dix-huit ans chez nous et vécut encore au moins quinze ans dans nos maisons respectives sans apprendre un seul mot de grec. Et en Russie où elle resta trois ou quatre ans, elle n'apprit rien. Et quand nous sonnions et que la femme de chambre arrivait, la seule chose que Mademoiselle savait dire était : « Niet karoch ! » (pas bon[88]), c'est-à-dire que la mer était mauvaise, ce que nous savions tous.

Ce fut la cause de nombreuses taquineries vis-à-vis de la pauvre Mademoiselle, qui d'ailleurs en provoquait beaucoup, et en riait la première.

À Chio, nous nous trouvâmes beaucoup de cousins ensemble, une partie de la très nombreuse descendance des Chorémi. L'oncle Yanni y avait sa propriété. Sa fille Pénélope était mariée avec

88 Comme beaucoup d'étrangers à la langue russe, Mlle Dufay confond не (ne… pas) et нет (non). De plus, au lieu de la forme adverbiale хорошо (bien), elle utilise en effet l'adjectif masculin (bon) et, qui plus est, amputé de sa désinence, хорош(ий), donc avec un sens différent. Ainsi, au lieu de « pas bien », l'institutrice dit « pas bien fait de sa personne, pas joli ».

Papadaki (Thrasybule) et son fils aîné, Constantino, était au travail à Alexandrie. Mais ses deux plus jeunes fils, enfants de sa seconde femme, la belle tante Marieta (Diamantidi, veuve Mastrapa, cousine de mon père), Giorgis et Alékos, habitaient avec lui l'hiver à Athènes à l'angle des rues Koraïs et Stadiou, et l'été à Mésa ki, sa propriété de Chio, héritée du grand-père Chorémi.

Il avait acheté une autre maison au bord de la mer, en face de Cesme, Kato ki où vivait avec sa famille l'oncle Mikè, depuis qu'il avait été contraint de quitter Mansourah, à la suite de l'affaire Krokidas, et nous y retrouvâmes l'indiscipliné Stamos et sa grande sœur Catina.

Elle, nous la connaissions. Elle était venue à Alexandrie avec sa mère, l'été de l'arrivée de Mademoiselle Dufay, et elle était venue dans notre maison à Ramleh. Elle s'était fiancée à seize ou dix-sept ans avec un certain Argyri qu'elle aimait beaucoup. Mais on reçut de mauvais renseignements à son sujet, on rompit les fiançailles et on la ramena à Chio. Elle était encore très peinée de son mariage raté, parce qu'elle ne voulait pas rompre ses fiançailles, et elle n'accepta jamais l'idée qu'Argyri jouait aux cartes et menait une vie dissolue.

La maison que nous avions louée se trouvait à côté de Kato ki, celle de l'oncle Mikè, près du rivage, d'où l'on voyait Cesme. Dans sa jeunesse, l'oncle Yanni, qui était un excellent nageur, faisait un paquet de ses vêtements, l'attachait sur sa tête, se jetait à la mer et nageait jusqu'à Cesme, et souvent jusqu'à Smyrne. Il sortait de l'eau, s'habillait là-bas, allait à ses affaires et revenait à Chio à la nage. Il restait désormais aussi longtemps que possible à Chio en raison de la santé de Giorgis qui était un enfant délicat, très beau, au teint pâle, presque diaphane, et dont la mère était morte phtisique.

De tous les Chorémi, gens sévères, froids, renfermés, le seul à avoir de l'humour était l'oncle Yanni qui, de temps à autre, racontait de savoureuses histoires au sujet de lui-même et des gens originaires de Chio vivant en Angleterre.

Quand il était à Liverpool, à l'époque de la maison Choremi-Mellor (avant que mon père n'y entre et qu'elle devienne Choremi-Benachi à Alexandrie et, avec l'oncle Lucas, Davies-Benachi à Liverpool), il ne parlait pas bien l'anglais encore mais faisait des affaires avec les Anglais. Un jour, lors d'une discussion sur les prix, lors de laquelle l'Anglais demandait un autre prix que ce que l'oncle Yanni voulait, l'oncle fit le geste très grec de l'envoyer au diable de sa main ouverte[89]. L'Anglais vit le geste, se méprit sur son sens, et remuant lentement la tête en signe de dénégation, dit :

– No, Sir, I can't give five, I'm sorry but I really can't!

Et l'oncle riait et racontait souvent l'anecdote. Et il racontait la colère d'un autre Grec, qui était venu au bureau de mon oncle et lui dit, indigné, que les Anglais étaient sots, qu'il avait dit à quelqu'un : « He made the glasses nails and cut it mud[90] », et que ce sot n'avait rien compris.

89 Ce geste correspond, en Occident, à celui qu'on fait pour indiquer cinq, main ouverte, paume vers l'interlocuteur (cf. note 50, p. 129). D'où la réponse : « Non, Monsieur, je ne peux donner cinq, je suis désolé, mais je ne peux vraiment pas ! »

90 Traduction mot à mot d'une expression grecque signifiant : « Il a tout fichu en l'air et a déguerpi », et qui n'a aucun sens en anglais traduite mot à mot.

Et madame Skylitsi était allée dans une boutique acheter des boutons. Un employé riant sous cape l'avait renvoyée vers un autre et ce dernier lui dit : « No, mam, we don't keep them here. »

– Et pourtant c'était une boutique de mercerie, dit à son mari madame Skylitsi indignée, il est certain qu'ils avaient des boutons, mais ils sont si sots!

Et Skylitsi de l'interroger : « Comment le leur as-tu demandé? »

– Je leur ai dit : « Please, have you any bottoms[91]? » et au lieu de me servir ils riaient.

– Il vaut mieux que tu ne retournes pas dans cette boutique, lui dit son mari.

L'oncle Yanni raillait aussi les gens de Chio pour leur chauvinisme. Une dame âgée, Mme Frangopoulou, de Chio, un jour où il faisait froid à Liverpool, glissa sur la chaussée verglacée et tomba. Un jeune homme se trouvait là qui courut la relever, et le hasard voulut que ce fût un Grec. Toute émue, elle le remercia et lui demanda son nom. Celui-ci le lui dit tout en lui donnant le bras pour lui éviter une nouvelle chute. Séduite, elle lui demanda :

– À coup sûr, tu es un enfant de Chio?

– Non, lui répondit-il, de Mytilène.

– Quel dommage pour toi! lui dit Mme Frangopoulou, déçue.

L'oncle Yanni s'amusait beaucoup de telles anecdotes et quand il se trouvait avec mon père, ils en déroulaient d'interminables

91 « Avez-vous des derrières, s'il vous plaît? » D'où la réponse plus haut : « Non, Madame, nous n'en avons pas ici. » Mme Skylitsi confond *buttons* (boutons) et *bottoms* (derrières).

séries. Notre mère, en revanche, qui avait l'esprit de clocher, ne les appréciait pas du tout et protestait quand notre père en racontait de piquantes comme celle du soldat de Chio en sentinelle à qui on avait donné l'ordre de monter la garde, qui eut peur et dit :

– Mon général, là où que c'est que vous m'avez mis, j'va me faire prendre. Moi, j'ai fait mon devoir en vous l'disant. Et maintenant, faites-y donc c'que vous voulez.

Ou une anecdote comme celle de l'homme de Chio qui acheta un hareng et rentra chez lui pour le manger. Un autre, affamé, vint vers lui et lui dit :

– Où vas-tu avec ce hareng?

– Le manger, tiens!

– Et si tu le manges, tu n'auras plus de hareng.

– Et que veux-tu que j'en fasse, dis-moi?

– Que tu ailles dans ton champ le pendre à ton mastiquier et demain il aura fait des petits et tu auras toujours à manger.

L'homme de Chio (le premier, car le second aussi, le rusé, était de Chio) alla pendre son hareng à son mastiquier et se coucha sans manger. L'autre, le rusé, y alla, prit le hareng, et avec une corde suspendit par la patte un lézard au mastiquier. Le lendemain matin, le premier descendit dans son champ, ne trouva plus de hareng mais seulement le lézard, attaché par la patte, bien vivant et remuant et qui cherchait en vain à s'enfuir. L'homme le regardant pensivement lui dit :

– Qu'est que tu me caquettes là, mon beau? J'ai donné mes sous, je m'en va t'manger.

Notre mère était contrariée quand elle entendait cela parce qu'elle n'admettait ni sottise ni ruse chez quelqu'un de Chio.

L'oncle Yanni, au contraire, s'amusait beaucoup de ces histoires et incitait notre père à en raconter d'autres.

Il y avait aussi une anecdote alexandrine qui se déroula plus tard, que Kartoulis racontait et qui mérite d'être notée parce qu'elle montre l'humour propre aux gens de Chio. Mme Zervoudaki, vieille, petite, laide et méchante allait à Ramleh rendre visite à Mme Aslan, la belle-mère de Kartoulis. Le portail du jardin était fermé et la petite grosse qu'était Mme Zervoudaki n'atteignait pas le cordon de la sonnette. Un peu plus loin à l'intérieur, le jardinier de Mme Aslan, qui était de Chio, la regardait s'étirer et sautiller pour atteindre le cordon, perdant du temps à s'en amuser. Mme Zervoudaki le vit et, en colère, lui cria :

– Depuis le temps que je m'échine, tu me vois et ne viens pas m'ouvrir ?

D'humeur joyeuse, celui-ci lui répondit avec l'humour typique de Chio :

– Pourquoi ne mettez-vous pas une feuille de papier pour monter dessus et atteindre la sonnette ?

Et il lui ouvrit.

Mais, mauvaise et écumant de colère et de méchanceté, Mme Zervoudaki rapporta à Mme Aslan les paroles de son jardinier et ne se calma qu'au moment où Mme Aslan, qui ne voulait pas se fâcher avec elle, le chassa.

La maison que nous avions louée était proche de Kato ki et nous voyions beaucoup Catina. Elle était bien plus âgée que nous mais nous tenait souvent compagnie.

Nous allions ensemble à la mer où nous avions une cabine de bois pour nous déshabiller et nous rhabiller, et Catina nous apprenait à nager. Elle était gentille, empressée et obligeante avec nous, les loupiots et je l'aimais beaucoup. Mais j'étais gênée de l'insouciance avec laquelle elle se déshabillait devant moi. Elle enlevait son costume de bain et découvrait sa poitrine avant de s'envelopper dans son peignoir. C'était la première fois que je voyais un corps de femme nu, et, pleine d'embarras, je lui demandai : « N'as-tu pas honte, Catina? »

– Honte de quoi? me dit-elle, m'interrogeant à son tour.

Et voyant mon trouble, elle rit et me dit : « Pourquoi réagis-tu ainsi? N'as-tu jamais vu la poitrine d'une femme? »

Non, je n'en avais jamais vu. Et selon notre mentalité, ce que je voyais était terrible, au point que j'évitais de sortir de l'eau en même temps qu'elle et demeurais aussi longtemps que Mademoiselle qui, là où l'eau était peu profonde, en costume de bain avec un grand chapeau de paille attaché sous le menton, tenait Alexandros par les deux mains et plongeait jusqu'aux épaules puis se relevait, puis replongeait, tandis que nous nagions autour et plus loin, plongions au fond, faisions de grands plongeons et que Catina, qui nageait bien, s'éloignait jusqu'à ce qu'on ne voie plus que sa tête, comme une balle ronde au loin.

Plein de reconnaissance, Alexandros resté seul avec Mademoiselle lui disait :

– Quand je serai grand, je me marierai avec vous.

– Mais je serai vieille, répondait Mademoiselle qui avait les cheveux gris.

– Attendez-moi ! Ne devenez pas vieille ! Je vous en prie !

Et Mademoiselle lui disait en riant : « Je ne demande pas mieux. »

Chio était encore sous domination turque. C'était la première fois que nous voyions des soldats turcs et nous les haïssions. Et quand nous passions devant la caserne pour aller à Mésa ki et que les soldats faisaient l'exercice à l'extérieur, que le sous-officier donnait le rythme du pas en criant : « *Bir, iki, bir, iki*[92] », nous regardions ostensiblement de l'autre côté. Et nous regardions si consciencieusement du côté opposé que je ne me rappelle pas avoir jamais vu les uniformes des soldats. Je me rappelle seulement leurs fez rouges qu'on voyait de loin.

Cet été là à Chio fut l'un de nos bons souvenirs d'enfance. C'était une maison de campagne, simple mais spacieuse et pratique ; le jardin était petit, mais vert avec beaucoup de grands arbres et des allées recouvertes de petits galets blancs tout propres. Nous autres, enfants, nous nous régalions des petits fromages frais soufflés, pareils à de la crème, qu'on apportait chacun dans un petit panier de la taille d'un grand verre, et qui devaient être mangés le jour même – faute de quoi ils tournaient – avec du sel, du miel ou du sucre, comme on voulait ! De même nous nous régalions des pistaches, des amandes, des fruits de mer de toutes sortes, des superbes raisins, et des figues magnifiques (un matin ce fut notre Andoni le Fol[93] qui en reçut la livraison et il s'en prit deux ocques[94] avant de porter

92 « Une, deux, une, deux » en turc.

93 Delta donne ici à son frère le surnom qui le désigne dans le roman éponyme.

94 Mesure de poids, usitée notamment en Turquie et en Égypte, équivalant à un peu plus d'un kilo.

le reste à la maison où il se prit en plus une bonne semonce, si ce n'est une rossée, mais heureusement il ne fut pas malade).

Je me rappelle aussi un vin qu'achetait notre mère, un tonneau entier pour trois piastres l'ocque et que nous buvions à table, jusqu'à l'arrivée de notre père qui était connaisseur et qui l'ayant goûté, le fit mettre en bouteille et après en avoir emporté ce qui restait à Alexandrie, en envoya pour examen à Paris où il fut estimé à douze francs la bouteille.

Chio produisait de semblables merveilles mais un peu par hasard. Quand l'année suivante notre père voulut racheter le même vin, alors qu'on le lui avait vendu cinq piastres l'ocque, il s'avéra une pitoyable piquette.

Nous rentrâmes à Alexandrie et reprîmes notre routine avec les mêmes maîtres, les leçons, l'étude, le piano.

Notre professeur de piano, à Alexandra et moi, était monsieur Karatzas. Grand, mince, très beau avec la barbe et les cheveux gris, c'était le fils adultérin d'un lord anglais. Malchanceux toute sa vie, lui qui était un monsieur jusqu'au bout des ongles était marié avec la sœur pauvre de la riche Mme Tamvacou, qui ne voulait pas la voir, et père de trois enfants. Riche par le passé mais tombé dans la pauvreté, il était obligé de donner des leçons pour vivre.

Malade, sans le sou, il apprit que le lord anglais, son père adultérin, était arrivé au Caire et, désespéré, il se présenta à lui avec tous les documents prouvant sa naissance. Tout ému, le lord le reconnut et lui promit d'assurer sa subsistance. Mais avant qu'il ait eu le temps de faire quoi que ce soit, le pauvre Karatzas mourut à l'heure où ses tourments prenaient fin. J'avais environ dix-sept ans quand il mourut et nous le regrettâmes tous beaucoup.

Il était corfiote et avait des expressions et des façons personnelles qui nous amusaient énormément. Il nous taquinait beaucoup, riait, faisait l'enfant avec nous. Souvent, au milieu du cours, il demandait : « Τό ὕδωϱ, τοῦ... Vite ! » et vite je me disais : « Surtout que je ne dise pas τοῦ ὕδωϱος ! » et naturellement je disais « τοῦ ὕδωϱος », ce qui déclenchait rires et taquineries[95].

Un jour où nous jouions un morceau à quatre mains, Alexandra et moi (nous étions encore petites, c'était dans notre maison de Carlo Cesere), je me fâchai contre ma sœur et lui dis en italien : « *Brutta nera* », pensant que notre professeur ne comprendrait pas. Mais, étant corfiote, il parlait l'italien aussi bien que le grec et, me saluant d'une profonde révérence, il me dit : « *Bella bianca*[96] ! »

Que j'eus honte ! Que n'aurais-je pas donné pour retirer le *brutta nera* ! Mes frères et sœurs se chargèrent de moi et, pendant des années, chaque fois qu'ils voulaient calmer ma fureur ils m'appelaient « *Bella bianca madama* ».

Monsieur Karatzas jouait très bien du piano. Mais il nous donnait rarement l'exemple. Si ce n'est que, lorsqu'il nous apportait un nouveau morceau, il condescendait à nous le jouer pour nous en donner une idée. Il nous guidait de la voix et de la main.

95 Le professeur demande à l'enfant de donner le cas génitif d'un mot dont la déclinaison n'est pas la plus commune et provoque des erreurs. L'équivalent en français serait de demander à l'enfant : « un cheval, des… ? ».

96 *Brutta nera* : vilaine noire, *bella bianca* : belle blanche.

– De la force, ici, crescendo ! Pam ! Pam ! Diminuendo ! Doucement… *loukoumaki*.

Le « *loukoumaki* » avait ma préférence. Les andante et les pianissimo étaient ma spécialité, tandis qu'Alexandra jouait plus librement, avec davantage de brio et de vélocité dans les doigts.

L'oncle Giovanni Sareyanni, le mari de notre tante Méropi, qui avait vécu de nombreuses années à Naples et adorait la musique, venait souvent chez nous, au Quartier Grec, en fin d'après-midi, à notre heure d'étude du piano. Nous avions chacune deux heures d'étude par jour. Notre vieux petit piano, que nous avions dans la maison du Carlo Cesere, avait été transporté au troisième étage dans la grande pièce qui ouvrait sur toutes les pièces, chambres d'enfants, de bonnes, salle d'étude, salle de bains, et où aboutissait l'escalier de service. Sur ce piano nous étudiions nos gammes et nos exercices une heure chaque matin. Lors du déménagement dans la nouvelle maison, notre père acheta un nouveau piano, un demi-queue, un beau Blüttner, qui se trouvait dans le salon égyptien, à droite de l'entrée principale (le grand salon jaune était à gauche de la grande entrée de marbre qui avait des meubles de style pompéiens et aux murs des tableaux – horribles selon nos goûts à nous, les enfants). Sur ce beau piano on nous autorisait, quand notre mère était absente, à travailler nos morceaux, l'après-midi, lors de la deuxième heure d'étude. C'est là que nous trouvait souvent l'oncle Giovanni, tantôt Alexandra tantôt moi, et il s'asseyait silencieusement sur l'inconfortable canapé égyptien en velours et écoutait.

Et il écoutait une heure entière sans se lasser. Et il disait de sa voix grave, qui sortait de son épaisse barbe noire devenue grise quand nous l'avons connu :

– Alexandra joue mieux, à coup sûr, elle a plus d'agilité dans les doigts et joue avec davantage de maestria. Mais toi tu joues de façon plus douce.

Et quand, flattée, je lui demandais :

– Que voulez-vous que je joue, mon oncle ?

Il me répondait invariablement :

– *A la sera*[97].

C'était un morceau italien doux et mièvre de cette époque et, en le jouant, je me pâmais dans le doux, l'andante, le *loukoumaki* de M. Karatzas, et qui plaisait pourtant à l'oncle Giovanni.

L'oncle Giovanni était un type. Grand, gros, négligé, barbu, avec des yeux noirs oblongs aux paupières boursouflées, ni délicat ni très courtois, mais un excellent homme, philosophe, indifférent, égoïste, fainéant, plongé dans ses pensées et ne faisant aucun cas de son entourage. Il avait épousé, alors qu'il était déjà d'un certain âge, la plus insignifiante des sœurs de mon père. La tante Méropi, dans sa jeunesse, avait brisé des cœurs sans le savoir et sans que cela l'intéresse. À Naples elle était connue comme « la bella Greca ». Mais elle était indolente, négligée elle aussi, toujours à l'agonie, depuis ses vingt ans et bien qu'elle ait mis huit enfants au monde. Elle connut tous les malheurs et mourut à quatre-vingt-deux ou

97 Ici aussi l'italien utilisé par Delta n'est pas la forme standard (*alla sera*).

quatre-vingt-quatre ans, sans que ses cheveux noirs aient blanchi. Elle ne pouvait rien entendre de triste sans « se sentir défaillir », sans être noyée de larmes derrière un mouchoir qui n'en demeurait pas moins sec la plupart du temps, sans réclamer de l'aide, de l'éther, les sels, qu'on s'occupe d'elle. « Elle avait des montées d'angoisse », « son âme se pâmait », « elle ne pouvait pas, non, elle ne pouvait pas entendre de telles choses », que telle ou telle personne pourtant vivait bel et bien. Elle était de ces femmes qui défaillent au moment où il faut apporter de l'aide à autrui et absorbent l'attention des autres alors qu'il y a beaucoup à faire. Son mari, qui la connaissait, ne s'inquiétait ni de ses évanouissements ni de ses crises que Charcot, par exemple, aurait qualifiées d'hystérie et qui étaient alors à la mode. Quand, à la suite d'une contradiction ou d'un désagrément, notre tante faisait une « crise de nerfs » et tombait par terre raide ou secouée de spasmes, l'oncle Giovanni la laissait là, sortait de la pièce et fermait la porte. Irritée, notre mère, qui le voussoya toujours jusqu'au bout, lui disait :

– Comment pouvez-vous, Sior Giovanni, la laisser dans cet état ?

– Ne t'en fais pas, Virginia, lui répondait celui-ci sans se troubler, si tu la prends au sérieux ses crises de nerfs vont durer des heures, si tu la laisses seule, dans moins d'un quart d'heure elle aura repris ses esprits.

Et en effet, me racontait souvent ma mère, il ne s'écoulait guère de minutes avant que la tante ouvre la porte et sorte, belle et en pleine forme.

L'oncle Giovanni adorait ma mère. Elle était, disait-il, la femme avec toutes ses qualités : réfléchie, pragmatique, aimable, serviable, parfaite. Il n'entreprenait jamais rien sans lui demander conseil et sans se rendre à ses avis.

Ma mère n'était pourtant pas sans éprouver quelque chose de la « sensiblerie » de l'époque. Et je me rappelle l'avoir souvent vue étendue sur le fauteuil dans sa chambre, les pieds surélevés sur une chaise, en larmes, avec l'éther à côté d'elle ou sous le nez et Eugénia qui la rafraîchissait en lui donnant de l'air avec l'éventail et en la consolant :

– Vous êtes un couple, Madame, vous vous disputerez et vous vous aimerez de nouveau, lui disait-elle.

Ces angoisses, les larmes et les « sensibleries » de notre mère étaient stimulantes pour nous, ses enfants. Étant d'une autre génération, nous détestions ces manières de se dorloter, les pleurs et le fait de trouver refuge dans les migraines et les évanouissements à chaque contrariété, contradiction ou contretemps. La femme « sensible » de cette époque nous a, par réaction et répugnance, solidement forgés. Plus âgée encore et désormais jeune fille à marier, il m'arriva de m'occuper de ma mère lors de ses « angoisses » où « ça lui montait au cœur », jamais je ne le fis sans dégoût, le cœur révolté contre ces manières féminines d'échapper à la réalité et la dureté de la vie.

Mais, si ma mère avait de semblables faiblesses dans des moments sans importance, elle s'élevait en revanche jusqu'à l'héroïsme dans les moments de crise, quand on avait besoin d'elle, quand il fallait aider, se rendre utile, payer de sa personne. L'oncle Giovanni le savait et il l'estimait et l'aimait davantage que toutes ses autres belles-sœurs, par exemple la tante Marietta Mitaraki, la sœur de tante Méropi, qui était tout l'opposé de Méropi, avec un esprit équilibré, un caractère bien trempé, une force de volonté virile, la haine des faiblesses féminines de l'époque, mais qui manquait un peu d'indulgence et d'understanding[98].

Cependant, l'oncle Giovanni avait beau aimer notre mère, de temps à autre il lui arrivait d'échapper à son influence.

Quand l'oncle Giovanni épousa la tante Méropi, celle-ci découvrit qu'il avait un fils naturel. Il le tenait néanmoins à l'écart, rejeté, comme un petit esclave voire pire. Tante Méropi le recueillit, le prit chez elle et s'occupa de lui. Mais il n'était pas sur un pied d'égalité avec ses autres enfants. Ils le tenaient toujours un peu pour leur domestique. Et quand ils voyageaient en première classe, ils le mettaient toujours en deuxième ou en troisième classe.

Quand ils vinrent de Naples en Égypte, notre mère, indignée, leur démontra le caractère inadéquat de la chose. Je ne sais pas si l'oncle Giovanni adopta dans les règles ce fils, Alexandros, mais depuis lors il porta lui aussi le nom de Sareyanni, vivant sur un pied d'égalité avec ses frères et sœurs.

L'oncle Giovanni dirigeait l'usine d'égrenage du coton du village de Birket el-Sab, mais c'était son fils illégitime, Alexandros, qui faisait le travail à l'époque où nous étions encore de petits enfants et où les garçons de tante Méropi, Andoni et Oulyssis, faisaient leurs études à Athènes. Les autres, les grandes filles de tante Méropi, Éléni et Sophia, de même que ses enfants plus jeunes, Marieta et les autres encore plus petits, vivaient au village et descendaient chez nous de temps en temps, par tranches, toujours négligés et mal peignés.

98 « Compréhension. »

Jusqu'au jour où l'oncle Giovanni tomba gravement malade et mourut (nous vivions désormais dans notre nouvelle maison). Dès lors, tante Méropi demeura définitivement à Alexandrie, avec ses enfants à l'exception d'Éléni qui était déjà mariée au village et de ses grands garçons qui avaient commencé à travailler avec Alexandros.

Je ne sais pas si l'oncle Giovanni fut jamais indépendant financièrement, ni s'il avait fait de mauvaises affaires ou s'il avait perdu sa fortune. Mais je me rappelle la famille Sareyanni vivant toujours dans la gêne. Paresseux et philosophe, l'oncle n'était vraiment pas fait pour le travail. Je me rappelle les colères de mon père, qui lui reprochait « d'impardonnables erreurs », et l'air impassible et dégagé de l'oncle qui « laissait passer l'orage » sans protester. Et ensuite les paroles à voix basse et les conseils de ma mère :

– Mais, Sior Giovanni, pourquoi ceci et cela s'est-il encore produit?

Et je me rappelle la réponse systématique de l'oncle, avec son sourire impassible et jovial qui allait se perdre dans sa barbe fournie :

– Oh, Virginia, ne t'en fais pas! Qu'est-ce au regard de l'éternité?

Mais tante Méropi se plaignait que les enfants avaient besoin de chaussures, de vêtements, de cahiers et de livres.

– Oh, ma chère sœur, qu'est-ce que cela à côté de l'immortalité de l'âme? disait l'oncle avec indifférence. Et quand mon père se mettait à crier qu'il fallait tout de même que les enfants mangent, l'oncle répondait sans se troubler : « Eh bien, qu'ils mangent! » Et se tournant vers Alexandra ou vers moi, il demandait un peu de musique, l'*Invitation à la valse* qui était « le forte » d'Alexandra, ou *A la sera*, qui était mon morceau préféré.

C'était un terrible gros mangeur. Quand il mangeait chez nous, on préparait toujours une nourriture particulièrement abondante pour le rassasier. Quand notre mère lui disait qu'il était dangereux de manger autant, il lui disait :

– Ne t'en fais, pas. On ne meurt qu'une fois et au moins m'en irai-je rassasié.

Mais ce ne fut pas ce qui arriva. Il souffrit de dysenterie, l'intestin fut perforé et le malheureux mourut affamé.

Mon père les aidait déjà. Quand mourut l'oncle Giovanni, notre père donna pour toit à la famille une des deux maisons mitoyennes qu'il avait fait construire à côté de son propre jardin, en haut de la Rue Rosette et derrière chez l'oncle Dimosthénis, et l'oncle Lucas expédia de Liverpool sa belle salle à manger personnelle de style anglais à tante Méropi. Notre père paya les études de ses fils, et dota ses filles. L'oncle Lucas les aida peut-être aussi, je ne sais pas. Je sais seulement qu'un hiver l'oncle Lucas prit Sophia Sareyanni qui était une très belle fille, brune avec des yeux noirs et des joues roses, chez lui, à Liverpool et peut-être l'y a-t-il gardée une année entière. Mais à notre grand étonnement à son retour elle n'avait pas appris un mot d'anglais.

La tante Méropi n'était pas la seule de ses sœurs que notre père aidât. Quand mourut l'oncle Georgis Mitaraki et qu'il laissa la tante Marietta sans le sou, notre père la fit venir à Alexandrie, subvint à ses besoins, d'abord en la logeant dans la même maison que la tante Méropi, puis dans une petite maison séparée quand les deux sœurs ne s'entendirent plus. De fait, elles ne pouvaient pas vivre en bonne intelligence.

La tante Marietta, bonne maîtresse de maison propre au dernier degré, ordonnée, un peu originale peut-être mais d'un caractère très égal, sincère, soucieuse de la vérité, vouait une reconnaissance et une affection sans limite à notre père.

La tante Méropi, désordonnée, indifférente, négligée, pas très originale dans la tenue de sa maison, se plaignant et ayant toujours le cœur au bord des lèvres, donnait souvent sur les nerfs de sa sœur qui était plus solide moralement. Si bien que les deux sœurs demandèrent à être séparées, que la tante Marietta occupa une autre petite maison avec une domestique, près de chez notre père. Mais tout ceci se passa bien des années plus tard.

Entretemps, en 1886, Tom Davies était arrivé à Alexandrie. Il était grand, blond, joli garçon. J'avais douze ans et Alexandra quinze ans et nous le voyions comme un être supérieur à nous et très beau. Mais je ne voyais rien d'autre chez lui. Cependant, au fur et à mesure que les mois passaient, son attitude changea selon qu'il me parlait ou parlait à Alexandra qui avait deux ans et demi de plus.

Un jour où Mademoiselle était absente et où Alexandra et moi faisions de la couture pour la maison avec notre mère, on en vint à parler de Tom.

Que disions-nous et comment la conversation tomba sur ce sujet, je ne sais. Et personnellement, sans l'ombre d'une plainte mais comme le constat d'un fait, je dis :

– Mr. Davies me préfère Alexandra.

Notre mère toussa, resta interdite puis dit :

– Pourquoi préfèrerait-il Alexandra ? Votre père a deux filles, Argini ne compte pas encore, et Mr. Davies vous traite toutes les deux de la même façon.

Son ton plus que ses paroles éveillèrent ma curiosité. Je levai les yeux de mon ouvrage et dis :

– Non, il ne nous traite pas de la même façon, je le vois, je sais qu'il préfère Alexandra.

Ma mère et ma sœur échangèrent des regards et ma mère s'empressa de dire quelques paroles consolantes qui étaient inutiles. Jusqu'à ce moment, je n'avais pas compris. Les coups d'œil et les paroles embarrassées de notre mère m'ouvrirent les yeux. Quelque chose se tramait entre Alexandra et Tom.

De nouveaux horizons s'ouvraient dans mon imagination et mon esprit romanesque. L'amour faisait son entrée dans la maison. Alexandra aimait Tom et Tom aimait Alexandra ! Quel beau rêve ! Quel immense espace tout en rose pour mon imagination galopante !

Et silencieusement, sans le laisser paraître, je commençais à noter, à suivre des regards échangés, des sourires, des serrements de mains, des mines, des émotions, des rougeurs soudaines, des paupières baissées, toutes les phases du premier amour chez une jeune fille.

Alexandra avait à peine seize ans quand nos parents annoncèrent ses fiançailles avec Tom Davies, à la stupéfaction de la bonne société alexandrine.

Au même moment, deux autres mères échangèrent des annonces de fiançailles, celles d'Angélina Zervoudaki, plus âgée que nous, avec Othon Rangabé et celles de Pipika Zagarola (fille du brillant chirurgien, à peu près de l'âge d'Alexandra) avec le très beau et jeune docteur Valassopoulo.

Entre les trois mères, il y avait une sorte de rivalité pour être la première à fiancer sa fille et à l'annoncer.

Alexandra portait encore des jupes courtes et une natte dans le dos. On lui fit faire immédiatement une robe longue, mais elle reçut en jupe courte les premières visites de félicitations.

Notre maison fut pleine de remue-ménage, de visites, de mondanités. L'après-midi, il m'arrivait de me trouver là, moi aussi, pour accueillir les visites et pour aider à servir les collations.

Je me rappelle un après-midi où je me trouvais être à la salle à manger où l'on servait du thé, des glaces et des petits gâteaux, alors qu'était présent Mikè Vlasto, le frère de Despina Mikè Sinadino. Il était grand, brun, son visage était large, avec des yeux tout noirs, ronds comme des billes et exorbités, méprisant, laconique, sec. Il allait partir pour Athènes dans les deux jours et ma mère, à qui il était, semble-t-il, très sympathique, s'assit à côté de lui et lui dit :

– Si j'avais une autre fille à marier, je ne vous laisserais pas partir.

Je tressaillis en entendant ses paroles et me dis, tant était grande mon antipathie vis-à-vis de Vlasto :

– Dieu soit loué, je ne suis pas en âge de me marier !

Celui-ci sourit avec condescendance et ne tourna même pas la tête. Il avait bien autre chose en tête que la fille impubère de ma mère. En effet, il partit à Athènes où il se fiança immédiatement avec la fille de Zénobie Psycha, une fille de dix-huit ans avec une des plus belles dots de Grèce. Il souffrait de maladies inavouables et quand, jeune marié, il vint à Alexandrie pour faire se rencontrer sa femme et sa sœur, il eut une attaque de paralysie à la paupière et son œil demeura fermé. Il vécut malade et malheureux un certain nombre d'années, pendant lesquelles sa femme le soigna avec dévouement, comme une véritable infirmière, jusqu'à ce qu'il meure et qu'elle se remarie avec Alekos Diomidis.

C'est ainsi que les parents mariaient leurs filles en ce temps-là.

Cette époque des fiançailles d'Alexandra, qui durèrent presque deux ans, fut une période de mondanités inimaginables pour nous les enfants. Tout d'abord, les leçons d'Alexandra cessèrent et je demeurai seule en cours et à travailler dans notre salle d'étude. Andoni était toute la journée chez les jésuites et ne montait dans notre salle d'étude que pour son travail du soir. Alexandros, petit encore, ne suivait pas les mêmes leçons que moi. Argini était encore un bébé de cinq ans.

Mais les études d'Andoni ne durèrent pas longtemps non plus, parce que notre père le retira de chez les jésuites après toute une fâcheuse querelle avec ces hypocrites, et l'envoya à l'école en Angleterre.

Peut-être cette histoire se déroula-t-elle même avant les fiançailles d'Alexandra, mais en tout cas, c'était après le bal masqué de notre père.

Un certain père Michel, parmi les jésuites les plus actifs, se mit en tête de convertir Andoni, le fils protestant de la belle Mme Debourg et deux ou trois juifs. Le front de ces derniers, notamment, fut enduit de cendre lors de la sainte onction du Jour des Cendres, et les petits juifs rentrèrent chez eux, pieusement oints, au grand scandale de toute la communauté juive.

Le père Michel prit donc Andoni à part et avec mille façons doucereuses et marques d'affection, il lui apprit qu'aux yeux de Dieu les catholiques étaient les seuls à se trouver au sein de l'Église, que les protestants étaient en dehors de celle-ci, en route vers elle, de même que les juifs et les autres « mécréants », mais que les orthodoxes se tenaient à la porte de l'Église, prêts à y entrer, sous condition d'accepter quelques vérités catholiques, de petites différences sur le plan de la foi, mais aussi de reconnaître l'autorité du pape.

Andoni écoutait avec indifférence; cela entrait par une oreille et sortait par l'autre, et il poursuivait ses études sans accorder d'attention ni d'importance au prosélytisme du père Michel. Mais le frère, se méprenant sur le manque de réaction d'Andoni, crut qu'il était prêt à adhérer à la religion catholique et sortit ses armes. Il lui dit un jour que l'Église était prête à l'accepter en son sein, qu'il pouvait déclarer qu'il avait changé de foi, communier selon le dogme et le rite du catholicisme, mais de ne pas en parler encore à ses parents, tant qu'il était mineur, de leur déclarer qu'il était catholique quand il serait majeur.

Exaspéré, Andoni lui répondit seulement : « Bonsoir, mon père » et il partit.

Le lendemain matin, il n'alla pas à l'école, mais, à l'heure où nous allions dans la chambre de nos parents pour nos « salutations » habituelles, il vint aussi.

Il n'avait rien dit à aucun d'entre nous. Et quand notre père lui demanda, les sourcils froncés : « Que fais-tu encore ici à cette heure-ci ? », nous fûmes terrifiés par sa réponse qui nous sembla une terrible outrecuidance :

– Je ne vais plus chez les jésuites.

– Quoi, que dis-tu ? demanda notre père déjà irrité.

Et alors Andoni raconta toute l'histoire ainsi que la recommandation du père Michel de ne rien dire à ses parents avant sa majorité, ainsi que ce qu'avaient subi les juifs qui avaient été barbouillés de cendres et d'autres choses que je ne me rappelle pas.

Notre père prit feu et flamme. Il appela Mademoiselle Dufay et lui dit d'aller chez les jésuites, de parler au père préfet, de lui dire qu'il « exigeait » que le père Michel soit sanctionné, tandis qu'il allait lui-même trouver Girard, le consul de France, pour demander satisfaction.

Cela fit grand bruit dans la société alexandrine. D'autres parents s'insurgèrent aux côtés de notre père, M. Debourg, les Juifs, d'autres Grecs et quand Mademoiselle retourna auprès du père préfet pour demander ce qu'il en était advenu et si le père Michel avait été sanctionné, il lui répondit très laconiquement : « Il est parti » et refusa de donner d'autres explications.

Mademoiselle était très embarrassée. Elle nous disait :

– Les jésuites font du prosélytisme, c'est une chose connue. Si les parents ne veulent pas risquer la chose, ils n'ont qu'à ne pas y envoyer leurs enfants. Le père Michel s'est mis dans son tort quand il a dit à votre frère de ne pas en parler à ses parents.

– Comment ? protestions-nous, les faire changer de religion ?

– Ah, tant pis ! répondit Mademoiselle. Si cela ne plaît pas aux parents, il n'y a qu'à changer d'école !

– Mais s'il n'y en a pas d'autre ?

– Tant pis pour ceux qui n'en ont pas ! Il n'y a qu'à en faire de bonnes. La communauté grecque est assez riche pour en ériger.

Nouvelle gifle pour nous, nouvelle humiliation. La Communauté grecque, la plus importante d'Alexandrie, n'avait pas d'enseignants valables, ils étaient de si piètre qualité que les enfants de bonne famille n'allaient pas dans ces écoles. Les enseignants étaient envoyés par l'État, et l'État grec envoyait des enseignants d'une telle qualité et d'un tel niveau que les familles n'osaient pas leur confier leurs enfants.

Je me rappelle que notre mère disait et répétait :

– Je préfère que mes filles restent illettrées plutôt que de les confier à l'école de jeunes filles.

À cette époque tous les parents grecs pensaient ainsi, autant en ce qui concernait les filles que les garçons, et ils les envoyaient dans des écoles étrangères chez les « frères » ou chez les jésuites.

Depuis, les choses ont changé. Non seulement les enseignants se sont améliorés, mais les écoles ont acquis un meilleur niveau que celui des écoles d'État en Grèce, et tous nos neveux et nièces y ont fait leurs études et très bien appris le grec. Mais la réforme de nos écoles, de garçons comme de filles, profita à la génération suivante. À mon époque, filles et garçons évitaient les écoles grecques et toutes les familles qui avaient des filles mais n'avaient pas les moyens de les faire instruire à la maison, les envoyaient chez les religieuses catholiques, les Sœurs de Saint-Vincent de Paul, Mères de Dieu[99], et Sœurs de Sion. Toute une armée de prêtres et de religieuses catholiques avait inondé l'Égypte.

L'affaire d'Andoni et des jésuites ne se termina pas facilement ni comme le souhaitait notre père.

Au début, en raison du bruit et du scandale, les prêtres battirent en retraite, renvoyèrent le père Michel, tentèrent de calmer les esprits, de peur que d'autres parents ne retirent leurs enfants de l'école. Mais dès que l'effervescence cessa, ils se reprirent.

Notre père s'était entendu avec une public school près de Liverpool, celle de Rossall, pour y envoyer Andoni. Mais la direction demandait un certificat de bonne conduite de l'enfant, produit par l'école où il faisait ses études. Le père préfet refusa de donner le certificat. Notre père menaça de publier toute cette sale affaire dans les journaux. Le père préfet répliqua qu'il répondrait dans les mêmes journaux qu'Andoni avait quitté l'école parce qu'il était sur le point d'être renvoyé. Furieux, notre père dit : « J'ai ses bulletins de note comme preuve du contraire. » « Oui, dit le père préfet, mais nous dirons avoir découvert qu'il avait de mauvaises mœurs. »

Hors de lui, notre père fit appel au témoignage du consul Girard. C'était un ami et ils étaient très liés. Girard lui dit :

– Vous ferez bien de laisser tomber l'affaire. Vous n'aurez jamais le dernier mot avec ces hypocrites, ils sont trop roublards, et votre fils restera souillé d'une querelle en public.

99 Delta, qui utilise ici une forme de raccourci, aurait dû écrire les « Sœurs de la Mère de Dieu » qui depuis 1881 tenaient un pensionnat de jeunes filles à Alexandrie, au 63, rue Rosette, juste à côté de la villa construite par Bénaki en 1884, avant de s'installer dans un autre bâtiment, plus grand, en 1910.

Notre père lui dit : « J'en appelle à votre témoignage personnel, à vous qui avez suivi de près cette histoire depuis le début. »

Embarrassé, Girard lui répondit :

– Je ne peux pas plaider officiellement en votre faveur contre les jésuites, même si je sais qu'ils sont sournois et de mauvaise foi. À l'étranger, nous autres, consuls de France, sommes obligés de soutenir les prêtres de nos écoles, tout en sachant que ce sont des « scélérats ».

Et c'est ainsi que les Français à double visage, en territoire étranger, l'emportèrent une nouvelle fois sur un Grec dans son bon droit, parce qu'ils avaient derrière eux le poids de la France tandis que notre père ne trouva pas de soutien dans la puissance inexistante de l'État grec.

Heureusement, il avait les bulletins scolaires d'Andoni et après qu'on eut donné à la Rossall school les explications au sujet de la propagande jésuite et du refus de donner un certificat de bonne conduite, Andoni fut accepté et il partit, le pauvre petit, un garçon de quatorze ans, pas même quinze, et il se rendit par mer en Angleterre où l'oncle Lucas le prit en charge et le mit à l'internat de la Rossall school.

Cette histoire fut cause d'un certain refroidissement dans les relations de nos parents avec les Girard, mais aussi d'un déchaînement de notre professeur d'anglais, Mr. Williams, contre les Français « mangeurs de grenouilles » qui soutenaient des gens aussi vils hypocrites et calomniateurs que les jésuites et les frères. Et cette fois ils nous avait de son côté, contre Mademoiselle qui, bien qu'elle condamnât l'attitude du père préfet, était elle-même française et catholique et dépendait de Girard.

Je ne sais pas s'il faut que je relie, au moins en partie, à cette histoire, le manque de sympathie que nous éprouvions tous pour ce qui était français et catholique.

Notre maîtresse était française, la direction de nos esprits, notre développement intellectuel, notre formation, notre éducation se faisaient en français. La plupart de nos livres, tous nos manuels et la majeure partie de nos ouvrages distrayants étaient français. La seule langue que j'aie bien apprise est le français (car nous parlions, lisions et écrivions l'anglais mais les leçons du vieux Williams étaient de la blague). La seule littérature classique qu'on m'enseignait était la littérature française. La seule partie du monde dont j'entendais parler, à propos de laquelle je lisais et dont on me chantait les louanges était la France. Et pourtant, jamais, malgré toute l'affection que j'avais pour Mademoiselle, jamais je n'ai pu avoir de sympathie pour la France, ni pour l'esprit français, ni pour l'humour français et toute ma vie j'ai détesté le catholicisme, et plus tard, quand j'en eus connaissance, la grivoiserie française. Nos livres d'enfants – Bibliothèque Rose, Jules Verne, *Capitaine Corcoran* – nos illustrés – *Journal d'éducation et de récréation*, *La Poupée modèle*, *Journal des demoiselles* etc. – raillaient ce qui était anglais, enlaidissaient ce qui était allemand, portaient aux nues ce qui était français. Peut-être était-ce par esprit de contradiction que nous, nous avions de l'antipathie pour la France et les Français.

À cette époque, on ne pouvait ouvrir un livre français sans y rencontrer un Anglais ridicule, avec de grands favoris roux, des dents de cheval, avec des pantalons étroits à carreaux écossais et qui à chaque occasion poussait des « Aoh ! » sans aucun rapport avec la prononciation anglaise.

Dans nos livres anglais, nous ne trouvions jamais de Français ridicules, nous ne trouvions pas de Français du tout. L'histoire se passait entre Anglais, ignorant les Français. Et dans notre cerveau encore enfantin prévalait l'idée que c'était plus digne, que la sempiternelle raillerie contre l'Anglais cachait une haine ou une jalousie quelconque, inconvenante en tout état de cause.

De plus, nous connaissions de nombreux Anglais, il en venait souvent d'Angleterre pour affaires, des connaissances, des amis de notre père, Penington, Mellor, Cross et d'autres, tous gens de premier ordre, des messieurs très comme il faut, de grands seigneurs. Et puisque les hôtels d'Alexandrie étaient alors pitoyables, ils logeaient chez nous. Aucun d'eux n'avait quoi que ce soit de commun avec les caricatures de nos livres français, ces Anglais en pantalons écossais aux favoris roux et aux dents de cheval projetées en avant. Et les officiers anglais que nous voyions dans la rue, sur les champs de courses et aux bals quand notre père donnait des bals, étaient grands, de jolis garçons ou de beaux généraux courtois que nos parents invitaient quelquefois à dîner.

En outre, le caractère catholique de nos livres nous ennuyait ; les fidèles, les bondieuseries, les premières communions, les extases d'enfants et d'adultes, les confessions tragiques de mauvaises pensées et de mauvaises actions etc.

Pourquoi ont-ils de mauvaises pensées et font-ils de mauvaises actions, et se repentent-ils ensuite ? Petite, cela m'étonnait et m'intriguait déjà. Pourquoi faire une chose qu'on sait mauvaise. Et si on la fait sans savoir que c'est mal, pourquoi s'en repentir ? Comment se repentir d'avoir fait quelque chose sans savoir que c'était mal ? Je ne parvenais pas à faire entrer cela dans ma cervelle. Et avec l'opinion tranchée d'un enfant, je décidai que le repentir était une hypocrisie, et donc que tous les catholiques étaient hypocrites, menteurs, Saintes-Nitouches, méprisables.

Ma crise religieuse personnelle, que j'ai passée entre quinze et seize ans, n'avait aucun lien avec des confessions, des bonnes, des mauvaises actions ou pensées. Il s'agissait de doutes sur l'existence de Dieu. Les scrupules, le combat de l'âme, le bouillonnement intérieur, la « grande faim », l'inquiétude et l'introspection, la solitude morale… tout cela ne disparut pas avec l'enfance. Cela m'escortera jusqu'à la tombe et sera enterré avec moi, c'est mon compagnonnage, ma bénédiction et ma malédiction à la fois.

Du fait des fiançailles d'Alexandra, la vie de notre maison changea beaucoup, elle devint plus mondaine, et même moi, l'insignifiante écolière, j'assistais aux veillées.

La belle-mère de Tom était venue d'Angleterre, une gentille vieille Anglaise, une femme en or, toute en bonté et gentillesse, ainsi que la sœur de Tom, Lilie, une gracieuse jeune fille de vingt-trois ou vingt-quatre ans avec une peau très blanche, des cheveux roux, des yeux noirs et un caractère peu facile. La fille de l'oncle Yanni était venue aussi, avec son père. Tout ce monde habitait chez nous. Peut-être fut-ce à ce moment-là que l'oncle Yanni tomba gravement malade, à cause d'une phlébite, et que notre mère le soigna avec tant de dévouement, mais je ne puis l'assurer. En tout cas, tant qu'il était malade, madame Davies et Lilie n'étaient pas encore chez nous.

La fille de l'oncle Yanni était alors divorcée de Thrasybule Papadaki. Elle avait divorcé, selon ses dires, parce que Papadaki était jaloux, revêche, avait mauvais caractère et l'avait rendue très malheureuse. Les cousines racontaient sous cape une autre histoire. Les gens souriaient avec des sous-entendus. Plus tard, quand j'avais quinze ou seize ans, alors que je me trouvais en train de coudre aux côtés de ma mère et que celle-ci se trouvait d'humeur expansive – ce qui lui arrivait quand elle était dans ses bons jours ou, au contraire, quand elle avait du chagrin ou était contrariée, avait à se plaindre de quelqu'un – plus tard, dis-je, parlant de Papadaki et de la fille de son frère, ma mère dit à maintes reprises :

– On le disait étrange et bizarre. Moi, je ne sais pas. Je l'ai personnellement toujours trouvé très courtois et bon. Évidemment, il était beaucoup plus âgé que Pénélope et peut-être trop sérieux pour son caractère à elle… car elle était un peu folâtre, Pénélope.

Et notre mère accompagnait ses paroles d'un geste imitant le papillon.

– Si elle avait su s'y prendre, elle en aurait fait ce qu'elle voulait. J'ai la conviction qu'une femme avec un caractère comme le mien, par exemple, aurait été très gâtée avec lui. Mais Pénélope n'avait pas de cervelle et elle a gâché sa vie.

Une femme divorcée, dans ces années-là, n'avait pas de place dans la société. Les autres femmes la regardaient de travers, les hommes ne la respectaient pas, tous et toutes se comportaient avec inimitié vis-à-vis d'elle, elle était un paria de la société prude et hypocrite d'alors.

Pénélope Chorémi était non seulement divorcée mais très jeune et sans cesse empêtrée dans des affaires de cœur. Au moment où l'oncle Yanni fut gravement malade, il l'avait amenée à Alexandrie pour l'éloigner de James Aristarchi. Comme son père la surveillait de très près, elle cachait ses lettres d'amour dans ses « tournures ». C'était alors la mode des « tournures » qui bouffaient par derrière grâce à des baleines comme des cerceaux, attachées par des élastiques. Elles étaient de si grande taille qu'un jour nous avions assis Argini sur la tournure de notre mère et l'avions tenue là en équilibre le temps que notre mère boutonne sa robe devant le miroir.

Telle était la mode. Telle était aussi à l'époque l'absence totale de liberté pour la femme, au point que, mariée puis divorcée, non seulement Pénélope ne pouvait habiter seule, non seulement elle devait, bon gré mal gré, vivre avec son père, mais elle ne pouvait voir personne ni recevoir aucune lettre sans que cela passe par l'approbation de son père, qui avait le droit d'ouvrir son courrier, de fouiller ses armoires et ses tiroirs, de trouver ses papiers ou tout autre objet. Mon père aussi ouvrait le courrier de ma mère, et plus tard mon mari aussi ouvrait le mien, et ni lui, ni moi, ni ma mère à l'époque n'y trouvait rien à redire. Plus tard, la manière de voir les choses changea.

Mon grand-père Chorémi avait coutume de dire :

– Mieux vaut garder un boisseau de puces plutôt qu'une femme.

Pénélope donnait raison au précepte du grand-père, parce qu'aussi bien gardée qu'elle fût, elle avait d'interminables et innombrables histoires d'amour.

Elle était aussi complètement écervelée ! Un jour où son père était malade, à l'article de la mort, quand il fit sa phlébite chez nous, et alors que notre mère, brisée, écoutait ses dernières volontés tout en lui cachant son angoisse et ses larmes, on entendit derrière la porte des accords de guitare. Notre mère, complètement retournée, sortit avec l'idée de gronder un de ses enfants indiscipliné et vit la fille de l'oncle, qui, pleine de gaieté, était montée avec sa guitare après sa leçon (elle apprenait la guitare et la mandoline) et jouait devant la porte de son père mourant « pour le distraire ».

Il y eut à son sujet d'innombrables histoires tragicomiques que je n'ai pas le temps de retracer ici et qui, d'ailleurs, n'ont pas de rapport avec mes souvenirs immédiats. Mais dans ces premiers temps des fiançailles d'Alexandra, elle se trouvait elle aussi chez nous et provoqua plusieurs scènes avec son malheureux père et le mien.

Il y avait alors à Alexandrie un corps d'armée, « the Irish Fusiliers ». Parmi les officiers, il y en avait trois avec lesquels Tom était très lié et qui venaient souvent chez nous : le capitaine Macquinny et deux sous-officiers, Brown et Hall. Le premier, très bel homme, de grande stature, joyeux drille, avait noué des relations et des échanges en aparté avec Pénélope, tandis que Brown, un grand brun hâlé, était très amoureux de Lilie qui, à Liverpool, aimait Hayward (que le vieux Davies ne voulait pas pour gendre mais que Lilie finit par épouser), mais qui jouait à l'amoureuse avec Brown. L'autre, Hall, blond, fade, grand lui aussi, dégingandé, bon danseur et assez peu hardi, ne comptait pas.

Avec tout ce monde à la maison, nos parents recevaient beaucoup, et souvent, lors des veillées quelqu'un s'asseyait au piano et les autres dansaient. Un soir, je perçus de l'agitation et de la colère chez mon père ainsi qu'un grand émoi chez ma mère.

Le lendemain, j'appris par Mademoiselle, qui ne perdait pas une occasion de me donner une leçon de morale, que mon père avait surpris Pénélope et le capitaine Macquinny en train de s'embrasser derrière les fameux rideaux de velours brun de la salle à manger.

Je ne sais quels reproches et quels émois s'ensuivirent. Mais pour moi le retentissement fut terrible. Et Pénélope fit une chute indescriptible dans mon estime.

Elle était belle, Pénélope, et rieuse, aimant les parties de plaisir et amusante, et elle donnait beaucoup de vie à toutes ces veillées, proposait aux gens des jeux qui nous enthousiasmaient, nous autres les enfants, et nous l'aimions beaucoup. Mais embrasser un homme derrière un rideau!... Dans notre monde, de telles choses ne se faisaient pas! Et Pénélope sombra dans des abîmes de discrédit inconnus jusque là.

Brown me tapa dans l'œil à moi aussi. J'étais une fille impubère de quatorze ou quinze ans, très isolée moralement avec la tête pleine de romantisme et de grands sacrifices. Ce grand sous-officier hâlé, avec ses yeux tristes et une vague histoire affligeante de solitude au monde convenait merveilleusement à mes désirs romantiques de me sacrifier pour quelqu'un et à mon besoin de déverser quelque part mon trop plein d'affection dont personne ne voulait. Et je me répandais par écrit.

Tom chantait des chansons d'amour anglaises doucereuses et avait une belle voix chaude, et moi je les écoutais, toute alanguie, et je les chantais quand j'étais seule dans la salle d'étude et que notre mère ne m'entendait pas.

> *Tell me why, if you intended*
> *Thus to treat my love with scorn…*[100]

Et en cachette, en secret, j'essayais d'écrire moi aussi des vers romantiques. En vain, cependant. Les vers ne m'ont jamais réussi et je ne parvenais qu'à changer les rimes de vers connus et encore sans succès.

Au mariage d'Alexandra, Brown était le *best man* de Tom (c'est-à-dire le garçon d'honneur) et moi j'étais la demoiselle d'honneur d'Alexandra. En nous rendant à l'Église anglaise, nous nous trouvâmes nécessairement dans la même voiture, Brown et moi (j'imagine cependant qu'il y avait aussi Mademoiselle comme cerbère avec nous, même si je ne me le rappelle plus) et j'étais toute émue. Mais c'est mon dernier souvenir du bel Irlandais. Il se trouve que j'appris alors qu'il aimait Lilie et ma flamme s'éteignit avant de s'être allumée pour de bon, laissant derrière elle un souvenir ironique de quelque chose de tout à fait ridicule. J'avais quinze ans et demi quand se

100 « Dis-moi pourquoi, si tu as voulu traiter ainsi mon amour avec mépris… »

maria Alexandra qui venait tout juste d'en avoir dix-huit, mes parents ayant attendu son anniversaire pour que le mariage ait lieu après.

À partir de mes quatorze ans, s'éveilla d'autre part en moi la soif d'apprendre. Ma paresse enfantine me quitta et je me jetai à corps perdu dans l'étude. Je lisais dès que j'avais une minute de libre. Je lisais ce qu'on m'autorisait. Et je lisais avec frénésie.

Mais les lectures des filles étaient alors censurées, elles aussi, avec de sévères exclusions. Notre mère ne censurait pas nos lectures parce qu'elle ne lisait pas les langues étrangères et que pour les livres grecs, à part *Διάπλαση*, *Μικρά καλύβη τοῦ δάσους*[101] et *Αἰμίλιο*, nous n'avions pas de livres pour la jeunesse. Nos livres anglais, c'était Mr. Williams qui les choisissait, très enfantins, pour la plupart *Boys* et *Girls Annuals* et tous les classiques pour la jeunesse.

En français, en revanche, langue qui constituait ma principale source de lecture, Mademoiselle était un cerbère.

Toute la semaine, la lecture distrayante nous était interdite. Nous n'avions que le dimanche pour lire librement et, pour cette raison, l'église et le nettoyage de la cave qui nous prenaient toute la matinée, étaient des cauchemars. Tous les autres jours, si nous en avions le temps, nous lisions des livres instructifs.

L'après-midi, nous avions une heure consacrée à notre ouvrage. Pendant cette heure, Mademoiselle nous lisait de l'histoire ancienne et souvent le soir, quand notre père tardait à rentrer et que nous cousions à la lueur de nos deux chandelles, là encore elle nous

101 *Διάπλαση* (*Éducation*) et *Μικρά καλύβη τοῦ δάσους* (*La Petite cabane dans la forêt*) sont des périodiques pour garçons ou filles.

lisait quelque chose d'instructif. Il n'y avait que le jeudi soir où elle nous lisait des livres distrayants.

Cependant, elle ne nous autorisait même pas Dickens. Alexandra échappa tôt à sa surveillance. Mais moi qui me suis mariée à vingt et un ans, je n'avais lu jusque là que *Le Journal des Demoiselles* et *Marlitt*.

Notre mère ne voyait pas d'un bon œil cette frénésie de lecture. C'était avant tout une maîtresse de maison et elle voulait faire de nous aussi, ses filles, des maîtresses de maison. Notre père, au contraire, nous incitait à lire, il nous reprochait toujours de ne pas savoir assez de choses. Je ne me souviens pas d'avoir jamais entendu pour aucun d'entre nous un « très bien » de la part de notre père ou notre mère. Réprimandes et punitions pleuvaient, pour toute indiscipline ou omission. Mais quand nos parents ne nous disaient rien, nous savions que nous étions comme il faut. Nous n'avions jamais perçu de différence d'opinion au sujet de nos études entre notre père et notre mère qui toujours se montraient d'accord et ayant la même vision devant nous. Mais nous savions que tout désordre dans nos tiroirs ou notre tenue signifiait une semonce de notre mère et toute démonstration d'ignorance ou toute mauvaise note à un devoir, débouchait sur une réprimande de notre père. Inconsciemment nous les avions différenciés sans faire ni analyse psychologique ni critique de nos parents.

Quelquefois, par exemple, notre père me faisait lire un journal en anglais, *The Egyptian Gazette*, le soir si, après le repas, il était fatigué. Je ne posais jamais de questions si je ne comprenais pas, parce que je savais qu'il m'aurait dit, mécontent :

– Tu ne sais même pas cela? Mais qu'apprenez-vous donc?

Quelquefois, de son propre chef, il m'expliquait quelque chose, notamment à propos du commerce et j'écoutais avidement. Mais je ne posais jamais de questions. J'avais peur de révéler mon ignorance.

Au contraire, quand notre mère montait dans notre salle d'étude le dimanche matin, pour sortir du grand placard à trois portes, qui couvrait tout le mur gauche, le linge de maison nécessaire pour la semaine et qu'elle me trouvait en train de lire, cela lui déplaisait et elle m'envoyait accomplir une tâche ménagère quelconque.

– Je ne ferai pas de toi un sage Salomon, avait-elle coutume de dire. Je vous veux de bonnes maîtresses de maison.

De même, nous disait-elle, lorsqu'elle nous initiait à tous les mystères de la bonne tenue d'une maison, à la couture, la coupe, la cuisine, le rangement, à faire les lits, les aérer etc. :

– Mes enfants, je vous souhaite d'épouser des princes. Mais si vous avez un mari pauvre, que vous sachiez tenir votre maison à un bon rang.

Je me suis souvent rappelé ces paroles de ma mère quand je me suis mariée et qu'il me fallut, avec des moyens très restreints, tenir ma maison au même niveau que mes très riches frères, sœurs et parents. Notre mère nous avait donné de solides bases.

La couture était son point fort. Quand elle avait « à faire », c'est-à-dire qu'elle cousait quelque nouvel habillage pour la maison (et cela arrivait souvent), elle nous prenait près d'elle à l'heure consacrée à notre ouvrage et nous mettait à la coupe et à la couture sous ses yeux. De plus, quand il y avait des marques, des festons ou des jours à faire sur les vêtements de la maison, elle nous les donnait à la salle d'étude, de même que les rapiècements à faire et, la leçon à peine terminée, il fallait nous y mettre.

Alexandra se maria jeune et très tôt ne fut plus sous la direction de notre mère. Moi, je me suis mariée à vingt et un ans et, jusque là, surtout après mes dix-huit ans, quand je ne fus plus sous la direction de Mademoiselle Dufay, presque toute la journée, en tout cas tous les matins, je passais mon temps à coudre.

Dans ces années-là, les jeunes filles ne sortaient guère. À moins que notre mère n'envoyât Mademoiselle dans les commerces, auquel cas je l'accompagnais, je ne sortais jamais le matin. Notre promenade de l'après-midi, à pied ou en voiture, durait une heure à une heure et demie. Une fois mariée, Alexandra m'emmenait quelquefois en sortie. Plus tard, quand je commençai à aller dans le monde, nous rendions souvent visite à des connaissances, ma mère et moi.

Notre mère aimait à répéter un propos de la tante Margitsa Chorémi (la femme de Nicolis) qui ne mâchait pas ses mots : « Si tu ne colles pas ton derrière sur ta chaise, le travail ne se fait pas. » Notre mère le disait à voix basse, elle qui n'aimait pas les mots crus et évitait systématiquement, par tempérament, les vulgarités. Mais l'expression de la tante Margitsa illustrait si bien la conception que notre mère avait du travail de la maison et particulièrement de la couture qu'elle passait au-dessus de sa répugnance pour le mot vulgaire et qu'elle rapportait (elle citait) l'expression de sa belle-sœur.

Entre Mademoiselle et notre mère il y avait et il resta toujours une opposition sourde, inexprimée, le souci du ménage de l'une et son indifférence au développement intellectuel de la femme, le désordre de l'autre, son manque de propreté allant quelquefois jusqu'à la mauvaise odeur due à la malpropreté, mais aussi son besoin de vie intellectuelle.

Moi aussi, bien sûr, j'étais gênée par la malpropreté de Mademoiselle, les taches sur ses vêtements, sa façon de manger. Mais quand je montais du bas de la maison et entrais dans la salle d'étude, j'avais l'impression de respirer une autre atmosphère, une atmosphère supérieure, de me défaire des inquiétudes, des camisoles de force.

Quand j'eus quatorze-quinze ans, ma mère, à la demande de mon père qui voulait nous apprendre la valeur de l'argent, me donna deux livres anglaises par mois. Avec cela, je devais m'habiller, payer mes sous-vêtements, mes chaussures, mes chapeaux, acheter mes partitions de musique, mes couleurs pour ma peinture, mes crayons, mes cahiers, mes livres et faire face à mes menus plaisirs. Pour moi, qui n'avais jusque là jamais eu un sou, les deux livres étaient toute une fortune. Je n'ai jamais manqué d'argent, je n'ai jamais fait de dettes. Je tenais régulièrement mes comptes et je réglais ma dépense sur mes revenus.

En revanche, je faisais naturellement des économies sur mes robes, et je dépensais plus facilement mon argent dans les livres. Je me rappelle avoir économisé pendant des mois pour acheter un beau volume relié de poèmes de François Coppée que j'avais vu chez un libraire à une époque où François Coppée était pour moi « le » poète de mon âme.

Je passai par un certain nombre de semblables emballements stupides. François Coppée dura longtemps.

Une telle frénésie d'étude et de lecture m'avait saisie que la journée n'y suffisait pas et je lisais la nuit dans ma chambre.

Quand Alexandra se maria, notre mère fit descendre Argini dans ma chambre et nous dormions ensemble. Notre mère, peureuse de nature, nous ordonnait de fermer à clef la porte de notre chambre la nuit. Mais par l'interstice entre le sol et la porte, elle vit un soir de la lumière. Elle frappa à la porte, et quand je lui ouvris elle me demanda ce que je faisais au lieu de me coucher. Comment lui avouer que j'étudiais ! Je donnai une autre justification et échappai à la semonce. Argini dormait toujours avec une veilleuse, mais cette lumière ne me suffisait pas pour lire. J'achetai une lanterne sourde et, avec la crainte qu'Argini ne se réveille et ne le répète le lendemain matin, je lisais la nuit. Mais cela ne me suffisait pas non plus. J'achetai un réveil bon marché et je le mettais dans mon lit pour l'arrêter dès qu'il commençait à sonner, pour que ma mère, qui avait le sommeil très léger, ne l'entende pas de la chambre voisine, et je le mettais à sonner à quatre heures du matin.

J'avais autour de seize ans quand, par hasard, un dimanche après-midi où ma mère recevait, l'avocat Avlonitis conversa avec moi.

C'était un homme fait, de quarante à quarante-cinq ans, à la fois intelligent et cultivé. Que me trouva-t-il cet après-midi là pour tenir une aussi longue conversation avec moi, je ne sais. Mais le lendemain il m'envoya toute la collection des œuvres critiques de Jules Lemaître, avec une lettre pour notre mère qui ne me la montra pas mais qui semble lui avoir fait très plaisir puisqu'elle me donna les livres en me disant :

– Apparemment monsieur Avlonitis t'a parlé de tes études? Il a été très content, dit-il, de vos échanges et il te juge assez mûre pour lire ces livres.

Moi j'étais ivre de joie et de fierté. Ces livres que Mademoiselle me permit de lire m'ouvrirent de nouveaux horizons, ainsi que de nouvelles listes de livres à acheter et à lire. J'ai passé des nuits et des nuits à lire des critiques sur des œuvres que je ne connaissais pas, mais ces articles m'ouvrirent des portes pour la réflexion jusque là inconnues de moi et des terres vierges.

La vie de notre maison était la vie alexandrine ordinaire, peut-être un peu plus réglée sur la morale que celle des autres maisons, plus patriarcale, mais pas du tout intellectuelle. Notre père était complètement absorbé par son travail et les affaires de la Communauté, notre mère dans la tenue de sa maison, les bonnes œuvres et la vie sociale, les visites, les réceptions, les veillées et de rares bals. L'atmosphère de la maison était austère, aride, manquant de douceur, de communication, d'affection.

Entre nous, frères et sœurs, nous nous aimions beaucoup. Mais il n'y avait pas d'épanchements entre nous. Chacun vivait ses propres drames, enfermé dans sa coquille.

Seul Alexandros s'ouvrait à moi, mais sans pour autant que je m'ouvre à lui, excepté pour les lectures de « mes œuvres », car il était beaucoup plus jeune que moi et n'était pas en mesure de résoudre mes problèmes. Il n'y avait que Mademoiselle pour me soutenir, mais elle était en même temps une étrangère, une Française.

Une scène concernant Alexandros m'a profondément marquée. Notre père avait toujours, dans sa chambre, une boîte de chocolats et, quand les deux petits allaient dire « Bonjour » le matin, il leur donnait un chocolat à chacun et enfermait ensuite la boîte dans le troisième tiroir à droite de la toilette de notre mère, sans le fermer à clef. Aucun tiroir de la toilette, d'ailleurs, n'était fermé à clef, et dans le tiroir tout en haut à droite il rangeait son pistolet qui était toujours chargé. Plus tard, il m'arriva souvent de me le rappeler et de le tripoter.

Un jour, après le déjeuner, notre mère m'envoya chercher quelque chose dans sa chambre. La porte était ouverte et, ayant monté l'escalier, depuis la salle sur laquelle ouvraient toutes les chambres, je vis les deux petits devant la toilette. Alexandros tenait la boîte de chocolats et racontait quelque chose à Argini qui en mâchait déjà un, peut-être lui disait-il qu'il valait mieux ne pas en prendre un second de peur que les parents ne voient qu'il en manquait beaucoup. Je pénétrai dans la chambre et m'arrêtai dans l'embrasure de la porte sans rien dire. Alexandros me vit et se mit à rougir progressivement jusqu'à la racine de ses cheveux blonds. En silence, lentement, il referma la boîte, la remit à sa place et ferma le tiroir. Personne ne parlait. Argini, moins troublée mais inquiète elle aussi, nous regardait alternativement, Alexandros et moi, se demandant ce qui allait se passer.

Lentement les yeux d'Alexandros se remplissaient de larmes et ses larmes silencieuses tombaient sur son vêtement. Son visage exprimait une telle souffrance qu'il me fendit le cœur. Au lieu de le gronder, je m'approchai de lui et l'embrassai.

C'est alors qu'il éclata en sanglots. Il jeta ses bras autour de ma taille et, étouffé par les pleurs, il me cria :

– Argini n'y est pour rien, Argini est petite, c'est moi le voleur, c'est moi que tu dois punir, battre, ce que tu veux. Je suis le seul coupable !

Argini pleurait aussi maintenant, en voyant son frère pleurer, mais elle ne parlait pas. J'eus beaucoup de mal à consoler Alexandros qui n'oublia jamais cette scène et fut dès lors plus attaché à moi que jamais. Et je lui dis :

– Promettez-moi seulement que vous ne le ferez plus.

Et il faillit s'étouffer dans ses sanglots.

Pauvre Alexandros, si sensible ! Quel drame que ce chocolat mangé en cachette !

J'ai dit que notre maison n'était guère portée sur la littérature, guère intellectuelle. Notre père possédait une bibliothèque, mais c'était une bibliothèque déjà toute constituée, que l'oncle Lucas lui avait envoyée d'Angleterre en même temps que les meubles quand nous emménageâmes dans notre nouvelle maison. C'était une bibliothèque classique, sans grande valeur, sans aucune personnalité : Shakespeare, Byron, Figuier, des encyclopédies, deux-trois poètes grecs, Valaoritis (que ma mère me permit plus tard de conserver), Paraschos, quelques albums de caricatures, l'histoire de Tricoupis et de Paparrigopoulos, etc. Une fois par an on ouvrait ces bibliothèques et on époussetait les livres. Ma mère me confia ce travail à partir de mes quinze ans et c'était le travail de maison qui m'intéressait le plus. Notre mère me faisait la remarque que je mettais beaucoup de temps à faire ce nettoyage. J'ouvrais souvent l'encyclopédie aussi, pour mes études, et notre père m'autorisait la lecture du rébarbatif *Figuier* tandis que notre mère permettait que j'emporte Valaoritis dans la salle d'étude. Mais *Shakespeare* et *Byron*, *Mademoiselle* ne voulait même pas en entendre parler. Notre père me permettait aussi la lecture de Tricoupis et Paparrigopoulos. Mais j'éprouvais une telle antipathie pour tout ce qui était imprimé ou écrit en grec que j'ouvris seulement une ou deux fois Tricoupis, et le laissai de côté. Je n'ai lu en grec qu'après m'être mariée et avoir beaucoup évolué.

Notre maison avait alors du plancher dans toutes les pièces. Les parquets étaient rares et considérés comme un grand luxe. Il n'y en avait que dans deux maisons, chez M. Zervoudaki (que les Anglais avaient fait *Sir Constantine*, à la suite de la révolte d'Arabi, en remerciement de quelques facilités qu'il leur avait procurées) et chez M. Antoniadis qui, à la même époque et pour les mêmes raisons, devint *Sir John*. On racontait « aux dépens » de Mme Zervoudaki quelques anecdotes amusantes qui devaient l'honorer. Les gens étaient si peu habitués à marcher sur du parquet qu'à chaque instant revenait dans la conversation un nouveau récit sur la manière dont Mme Unetelle ou M. Untel avait fait une tragique culbute sur les parquets de Mme Zervoudaki qui « s'amusait à les faire briller » et était la cause du malheur de ses visiteurs qui glissaient et tombaient et qui finiraient par se tuer, ce dont elle porterait la responsabilité.

Chez nous, il y avait du plancher partout où il n'y avait pas de marbre. Deux fois par an, c'était le grand branlebas dans la maison, au début de l'hiver où les artisans spécialistes « carpetaient » la maison, c'est-à-dire qu'ils clouaient les « carpettes » (carpets) (des bandes cousues lé à lé) dans chaque pièce, emplissant la maison de coups de doloire, de désordre, d'allées et venues, dérangeant tous les habitants, les grands qui l'acceptaient patiemment et les petits, ravis du remue-ménage. De même l'été, on « levait » la maison, c'est-à-dire que les mêmes artisans déclouaient les tapis, les transportaient sur les terrasses où notre mère supervisait le regroupement lors duquel tous les hommes de la domesticité, blancs et noirs, et même arabes de la « *shuna* » les brossaient, y répandaient côté intérieur du poivre et du camphre enveloppés dans de petits carrés de tissu (tâche que nous effectuions nous aussi, les enfants), les pliaient, les enfermaient dans des sacs propres cousus et les transportaient dans une pièce-entrepôt où ils étaient entassés en attendant l'hiver suivant. En même temps, on décrochait tous les rideaux de la maison qui, bien brossés, bien pliés, disparaissaient au fond des innombrables placards de notre mère.

Et c'est alors que commençait le divin branlebas du lessivage. Toute la maison était lessivée. L'eau coulait à flots sur les sols, les savonnages écumaient, des serpillières épongeaient l'eau, séchaient les sols. Marigo régnait alors sur la maison.

Marigo, « la blatte » comme l'appelait avec fureur notre père qui détestait les lessivages, était un des piliers de notre personnel de maison. Notre père l'appelait « la blatte » parce qu'elle avait des cheveux roux, toujours attachés à la diable et épinglés sur le sommet de la tête. C'était une petite grosse avec de fortes jambes blanches, solide, infatigable à la tâche. Elle prenait la brosse de lessivage avec ses orteils et avec une énergie indescriptible, faisant aller son pied droit d'avant en arrière et se dirigeant du pied gauche, elle lessivait entièrement une grande pièce avant qu'on ait eu le temps de dire « ouf ! ».

Lors du grand lessivage, quand on enlevait les tapis, venait aussi une certaine Anneta (lavandière) pour deux francs et demi la journée, ce qui était alors un bon salaire journalier (Marigo aussi était lavandière) et elles lessivaient ensemble pour que le nettoyage soit fini une heure plus tôt.

Cette calamité du début de l'été, notre père la supportait, certes en étant mécontent et contrarié, mais au bout du compte il la supportait. En revanche, il ne voulait pas entendre parler d'autres lessivages. Notre mère souffrait de rhumatismes, disait-il, et toute humidité était nocive pour elle.

Mais comment tenir propres des planchers dans une maison pleine d'enfants et de domestiques ?

– Tant de petits pieds ! disait notre mère à juste titre. Comment maintenir la propreté ?

C'est ainsi que, chaque semaine, Marigo « la blatte » venait en cachette et réussissait en deux jours à lessiver toute la maison. Elle arrivait dès six heures du matin et entrait chez nous comme un voleur dans la crainte que notre père ne la voie par la fenêtre si par hasard il était levé. Elle commençait le lessivage par le troisième étage, notre salle d'étude, la chambre des petits, celles de la domesticité, les sous-sols, jusqu'au départ de notre père pour le bureau. Et alors, Marigo abandonnait tout et dégringolait au rez-de-chaussée pour faire la salle à manger, la bibliothèque, les salons ou au premier pour faire les chambres à coucher, les salles, les escaliers.

Toute la maisonnée conspirait pour cacher à « Monsieur » cette activité criminelle. Mère, domestiques, enfants, nous étions tous initiés et ligués pour garder le secret. Là où les volets étaient toujours fermés, de peur qu'une mouche ou une petite poussière ne rentre, ces jours-là les fenêtres étaient ouvertes en grand et le soleil pénétrait à l'intérieur. Les mouches, notre mère les chassait plus tard, avec les femmes de chambre, en agitant des linges blancs en direction d'une seule et même fenêtre restée ouverte et elle fermait celle-ci dès que la dernière était partie.

Mais il arrivait, par temps humide, que les planchers ne sèchent pas. Dans ce cas, toute la domesticité s'attelait à la tâche. Les casseroles étaient abandonnées, la repasseuse montait aussi, tous les fers allaient et venaient et les sols étaient « repassés » comme des nappes ou des draps. Quand notre père arrivait, à midi (c'est-à-dire entre une heure et deux heures en été), tous les meubles étaient revenus à leurs places et on ne voyait plus aucune trace d'humidité.

Mais s'il arrivait que notre père rentrât plus tôt, c'était un drame. Il arrivait que notre mère, dans sa terreur, soulève toute seule la table octogonale de la bibliothèque que deux femmes déplaçaient avec difficulté, et la transporte depuis l'entrée jusqu'à sa place règlementaire au centre de la bibliothèque.

D'autres fois, elle recourait à la ruse ; elle descendait dans la fournaise du jardin, elle qui ne pouvait supporter le soleil, et devant l'étonnement de notre père, le lançait dans une discussion sur un arbre ou un rosier jusqu'à ce qu'on lui fasse signe, de l'intérieur de la maison, que tout était en ordre dans les salons et tous les planchers secs.

Mademoiselle détestait le lessivage qui dérangeait souvent le cours des leçons. Par ailleurs, la saleté des planchers ne la gênait pas beaucoup, tandis qu'elle craignait l'humidité. Cependant elle ne parlait pas, elle ne rapportait pas auprès de notre père. Quant à nous, les enfants, nous étions de fervents conjurés pour cacher à notre père le nettoyage secret de notre mère. Et quand approchait l'heure où devait arriver notre père, l'un d'entre nous montait la garde à la fenêtre et dès que la voiture du bureau apparaissait à l'angle du jardin, avant qu'elle ne tourne dans la rue voisine, l'alerte était donnée et toutes les mesures prises.

– Le seul mensonge que j'aie jamais fait à Manoli, disait ma mère quand on lui parlait des lessivages.

Mais plus tard, quand les parquets entrèrent dans toutes les maisons, et alors que nous avouions la conjuration du lessivage, y compris en présence de notre père, il dit :

– Et vous pensiez que j'étais dupe, que je croyais que du début à la fin de l'été les planchers restaient propres sans être lessivés ! Mais je faisais l'imbécile tant que je ne voyais pas de trace d'humidité. C'était ce qui m'importait. Et mes cris servaient mon objectif.

L'été précédant le mariage d'Alexandra, en 1889, notre père nous emmena en famille voir l'Exposition universelle à Paris. Pour moi, ce voyage fut une suite de révélations et de découvertes. Tout d'abord, j'entendais dans la rue une langue que je comprenais (aucun d'entre nous, si ce n'est Argini plus tard, ne s'est jamais soucié d'apprendre l'arabe, nos Arabes parlant tous plus ou moins l'italien ou le grec). Les cris matinaux des marchands ambulants étaient pour moi source de joie, d'enchantement, de plaisir, comme une belle musique.

Notre père, par souci d'économie, avait réservé des chambres dans une pension que nous avait recommandée le frère de Thémistocle Sinadino, l'autre Constandi, qui habitait à Saint-Cloud avec sa famille. J'ai oublié le nom de la rue de cette pension, mais elle était dans le centre et de là nous nous rendions facilement à l'Exposition[102].

Les enchantements et les découvertes commencèrent dès Marseille ; musées, églises, bâtiments. Mais dès le premier moment il y eut aussi des contrariétés et des déceptions.

Avec nous se trouvait naturellement Argini, fillette de six ans, sans nurse et habituée à beaucoup de câlins et d'attentions. Quand nous allâmes à Paris, Alexandra, fiancée, sortait avec notre mère, allait chez la couturière (la fameuse Monget Choll) qui lui cousait son trousseau et, le soir, allait au théâtre avec les parents. Nous, Alexandros, Argini et moi, nous allions où on nous le permettait, avec Mademoiselle. Mais Argini, petite, se fatiguait vite, se salissait, faisait des accrocs. Mademoiselle n'accepta jamais de laver et

102 Elle s'appelait la rue Clément Marot et nous logions au numéro 7. (Note postérieure de P. Delta dans la marge.) Dans le journal *Le Matin* du 3 juillet 1893, on trouve cette annonce : « 7, rue Clément-Marot. Pens. de famille élégante et confortable. Excellente table. Bonnes chambres. Ascenseur. » C'est aujourd'hui un hôtel.

d'habiller Argini ni de recoudre ses vêtements. Si bien que tous ces soins retombaient sur moi.

Argini me coûta beaucoup de larmes et de grincements de dents à Paris et ensuite à Liverpool et Llandudno où nous passâmes l'été en famille avec l'oncle Lucas. À Paris, il était prévu que j'aille avec nos parents écouter Lassal dans Hamlet. Mais Argini pleura, disant qu'elle ne voulait pas dormir toute seule, et notre mère me dit de rester avec elle. Ils ne m'emmenèrent pas voir les fontaines lumineuses de l'Exposition parce qu'Argini voulait les voir aussi et, puisqu'il n'était pas question qu'elle sorte le soir, on me laissa avec elle pour la consoler[103].

À Liverpool, nous nous retrouvâmes au milieu de la famille de Tom, toute une troupe de cousins à lui, filles et garçons, tous plus sympathiques les uns que les autres. À Birkenhead, où nous logions dans un hôtel avec un jardin et beaucoup d'herbe (grass), ces cousins venaient nous voir, les Webster, les Jones, les Smith, et c'était pour nous une vraie fête. Mais soudain Argini faisait une chute et maculait ses genoux de boue. Je faisais l'imbécile. Mais la voix de ma mère m'appelait :

– Pénélope, ne vois-tu pas que ta sœur s'est salie? Monte la nettoyer!

Ou bien elle faisait un accroc à sa robe. « Pénélope, monte raccommoder la robe d'Argini! » Ou bien les rubans de son chapeau

103 Dans ses *Mémoires 1899*, Delta souligne la haine que suscita chez elle l'obligation de jouer les nounous pour Argini : « J'étais en quelque sorte devenue la domestique de ma petite sœur », p. 35.

se dénouaient, ou bien elle avait un trou à son bas. Ou bien elle était fatiguée, montait et voulait de la compagnie dans sa chambre.

– Pénélope, viens en haut, j'ai besoin de toi !

L'appel de ma mère était ma crainte permanente parce que presque toujours suivait la semonce.

– Tu ne t'occupes pas de ta sœur ! Tu ne penses qu'à t'amuser et à jouer. Que je sois obligée de te le dire à chaque fois, une grande fille comme toi !

Garçons et filles étaient grands, de quatorze à dix-huit ans, et nous jouions aux fagots, à la course, au tennis, le jardin était un vrai bonheur avec ses pelouses et ces jeunes Anglais sympathiques. Et la voix de ma mère interrompait la partie :

– Le gong du déjeuner va sonner et tu n'as pas encore nettoyé les genoux d'Argini !

Oh ! ces genoux d'Argini qui devaient être nettoyés le midi et le soir et souvent dans l'intervalle ! Penchée en avant au-dessus de la cuvette pleine d'eau chaude, je savonnais furieusement ces pauvres genoux qui ne passaient pas un bon moment entre mes mains et je serrais les dents pour retenir les larmes que la rage me faisait monter aux yeux et que je ne condescendais pas à laisser voir à Argini.

Quand vinrent les vacances d'été d'Andoni, nous partîmes avec lui ainsi que tante Artémis et ses deux enfants, Alexandra et Andoni, et son bébé Argini, et nous nous rendîmes dans une propriété qu'avaient louée notre père et l'oncle Lucas, Tin-Y-Coed, près de Llandudno au Pays de Galles.

Quelle région de rêve que le Pays de Galles, pour nous, les Égyptiens, avec ses montagnes, la mer, les forêts, la verdure et le phénomène de la marée que nous vîmes pour la première fois quand nous allâmes à Llandudno, où la mer se retirait jusqu'à l'horizon, et revenait à la vitesse d'un cheval au galop, si vite que, chaque année, il y avait des accidents dans la baie de Llandudno où se noyaient des nageurs qui se trouvaient très loin sur le sable quand l'eau remontait, tempétueuse, avec de grandes vagues.

Tin-Y-Coed était un paradis avec son potager, ses serres, ses fraises, ses poules et ses vaches. L'oncle Lucas restait à Liverpool pour ses affaires et venait à chaque fin de semaine. Une fois, il resta une ou deux semaines. Nous l'adorions. Très beau, grand, fin, avec une peau très blanche et une barbe châtain clair prématurément blanchie, il n'avait pas l'air belliqueux de notre père, mais il était beau, lui aussi, avec ses yeux bruns, pleins de bonté et de douceur et son doux sourire. Sa présence calmait l'atmosphère de notre maison, toujours peu ou prou chargée d'orages pour nous, les enfants.

Il était tombé amoureux de la nièce de notre mère, la fille de la tante Cléopatra, Artémis Aviérino, et l'avait épousée. Tante Artémis était petite et pas très bien faite. Mais elle avait une très belle tête, avec une abondante chevelure frisée châtain, des yeux gris, des cils et des sourcils bien noirs. Elle souffrait de l'estomac et peut-être cela aggravait-il son caractère naturellement revêche. Ayant une mère née Chorémi qui battait ses enfants avec le battoir pour la lessive, elle avait grandi elle aussi avec une éducation dure et sèche, et ses enfants, les deux grands, Alexandra (nous l'appelions Yaya[104]

104 En grec, « Yaya » désigne aussi la grand-mère.

comme l'avait appelée le premier son frère Andoni quand il commençait à parler) et Andoni, recevaient de nombreuses volées pour des broutilles. Mais même avec l'oncle Lucas elle était dure, revêche, hargneuse, acariâtre, lamentable, alors que celui-ci l'adorait.

– Elle est un peu nerveuse, disait-il après une quelconque scène inadmissible, mais Artémis a beaucoup de tête ! Et puis elle souffre tellement de l'estomac !

– Moi, si elle était ma femme, je la battrais, disait mon père à ma mère, je ne peux supporter son éternelle geignardise !

Mademoiselle Dufay avait pris un congé et demeurait avec les siens en France tant que nous étions en Angleterre. Et en dehors des leçons de grec que nous donnait notre mère, à Andoni et moi, et un peu d'étude qui devenait irrégulière, nous passions nos journées dehors.

Mais même cette leçon donnée par notre mère n'avait pas lieu régulièrement et, quand elle avait lieu, elle se limitait à une dictée que nous recopiions après la correction. Cependant, comme notre mère n'avait ni compétence ni habitude en matière d'enseignement, cette leçon pouvait durer une demi-heure, si elle était interrompue, ou des heures entières si elle n'avait rien d'autre à faire, pour le plus grand ennui d'Andoni qui ne parlait pas mais écrivait vite, sans faire attention et avec une indifférence dédaigneuse.

Je me rappelle particulièrement une dictée, extraite d'un manuel scolaire quelconque, la dispute d'Agamemnon et Achille. Notre mère lisait et dictait et nous écrivions depuis un long moment quand soudain elle demeura interdite mais ne songea pas à changer la phrase, se contentant de baisser la voix et achevant la phrase d'Agamemnon d'un air gêné : « … et il ne monta jamais dans son lit, comme cela arrive toujours entre hommes et femmes. » Et elle ferma son livre avec une toux sèche, gênée.

Lassée par une longue dictée, je n'avais personnellement rien remarqué. Mais le ton de notre mère baissant la voix éveilla ma curiosité, d'autant plus qu'à la correction en lisant deux fois à voix haute, elle la baissa à nouveau au même endroit, comme si elle avait honte et lisait d'un air gêné : « … et il ne monta jamais dans son lit, comme cela arrive toujours entre hommes et femmes. »

C'était l'heure du déjeuner quand Andoni eut fini et ferma son cahier dédaigneusement, et nous allâmes ensemble nous laver les mains.

– Andoni, pourquoi Agamemnon dit-il qu'il arrive toujours que les hommes aillent dans les lits des femmes ? lui demandai-je.

Mais Andoni ne me répondit même pas. Hautain silencieux, il se lava les mains et me laissa à mes interrogations.

De Liverpool, étaient venues nous voir à Llandudno quelques familles grecques. Je me rappelle notamment deux visites à Tin-Y-Coed, une dame Skrini qui vint avec son fils Alek, un enfant unique cajolé antipathique, qui ne savait pas un mot de grec et qui, quand nous nous moquions de lui, nous répondait : « I don't know and I dont care either[105] », et nous le couvrions de huées. Deux filles Galati vinrent aussi avec leurs parents, l'une grande, mélancolique,

105 « Je ne sais pas et je n'en ai rien à faire. »

silencieuse, triste, la petite, Zénobie, provocante, insolente, ne cessait de quereller sa sœur et de se moquer d'elle. La grande fit un accroc à sa robe et éclata en sanglots, et Zénobie ne cessait de lui faire peur : « Tu vas voir ce que Maman va te faire ! » Et nous, consternées, nous ne savions que faire pour dissimuler l'accroc qui, même raccommodé serait visible. La mère Galati, à ce que nous dit tante Artémis, traitait très différemment ses deux filles, affectionnait Zénobie qui était plus belle et maltraitait la grande. Elle la maltraitait à un tel point que nous apprîmes un jour, plus tard, que devenue une jeune fille de seize ou dix-sept ans, elle se jeta un jour par la fenêtre et se tua.

Il se produisit aussi un événement important à Tin-Y-Coed. Un jour, à midi, alors que nous mangions, tous assis autour de la table, nous entendîmes les pas de quelqu'un qui courait et soudain s'ouvrit la petite fenêtre par laquelle la cuisinière passait les plats dans la salle à manger et on entendit une voix affolée :

– The house is on fire![106]

Il s'ensuivit une grande confusion. Les hommes (l'oncle Lucas se trouvait être là) coururent dehors pour prendre la mesure de ce qui se passait et se précipitèrent à nouveau à l'intérieur, grimpèrent l'escalier quatre à quatre en direction du grenier qui brûlait. Ma sœur Alexandra de même que les enfants de tante Artémis eurent très peur et on les envoya dehors, dans le jardin, reprendre leurs esprits, avec notre Alexandros et Argini, tandis que tante Artémis courait chercher son bébé, Argini elle aussi, et le descendait vite vite au jardin.

106 « La maison brûle ! »

Toutes les femmes avaient perdu leur sang froid. Seule notre mère, comme dans tous les moments critiques, se reprit, oublia sa peur et regarda ce qu'il y avait à faire.

Andoni et moi, électrisés, enflammés, ne voyions que le côté sportif de l'affaire ; nous cherchions un rôle à jouer. Tandis que notre père et notre oncle avec les jardiniers et les garçons vachers organisaient une « chaîne » et que les seaux d'eau passaient de main en main jusqu'en haut dans le grenier, notre mère vidait les placards, Andoni et moi donnions[107]

107 Le texte s'interrompt brutalement ainsi, au milieu d'une phrase.

Index locorum

Les noms de lieu indiqués ici en gras sont ceux qui apparaissent dans le manuscrit de Pénélope Delta. Lorsque le nom apparaît sous différentes graphies à Alexandrie, dans les textes en caractères latins, celles-ci sont données en parallèle. Les graphies d'un même nom peuvent être assez nombreuses du fait de la translittération du grec ou de l'arabe.

Arab Garden : Nous n'avons pas trouvé de lieu désigné officiellement ainsi. D'après DELCHEVALERIE 1870, parmi les jardins accessibles au public et proches du canal Mahmoudieh, on connaît le Bravay, appartenant au khédive et « tracé en partie à la française, en partie à l'arabe » et le jardin Larking, appartenant au gouvernorat d'Alexandrie et dont « on reconnaît le style français dans le tracé des routes principales et le genre arabe dans tout le détail du jardin ». Il est possible que Delta désigne par « Arab Garden » l'un de ces deux jardins, d'ailleurs assez proches l'un de l'autre.

Birket el-Sab : Localité du Delta, « village », au sud de Tanta, où l'entreprise Choremi, Benachi & Co. avait une usine d'égrenage.

Canal Mahmoudieh : Le canal antique reliant Alexandrie au Delta fut curé et prolongé par Méhémet Ali pour apporter de l'eau potable à la ville et recréer une voie navigable. Inauguré en 1821, il prit le nom du sultan Mahmoud. Au cours du XIXe siècle, de belles villas d'agrément furent construites sur ses rives. On pouvait se promener le long du Canal ou en bateau.

Castella Καστέλα : Cette colline du Pirée est l'antique Munichie et tient son nom de Castella de ses fortifications. Entre le XIXe et le XXe siècle, elle s'est couverte de belles maisons néoclassiques construites pour les riches Athéniens qui y venaient l'été en villégiature. Elles sont notamment l'œuvre de l'architecte des grands bâtiments néoclassiques athéniens, Ernst Ziller, qui y avait sa propre villa où séjourna le roi Georges Ier avant d'en acquérir une autre, construite par le même architecte.

Cherif Pacha/Sherif-Pasha (rue) : Cette rue portait le nom d'un ancien ministre. Elle s'appelle aujourd'hui rue Salah Salem, mais reste encore connue aussi sous le nom de rue Cherif. C'était et cela reste une grande rue commerçante d'Alexandrie.

Club Méhémet Ali/Mohamed Ali : Le Club khédivial, situé rue Rosette, devint ensuite le club Méhémet Ali. Ce bâtiment, bien conservé, abrite aujourd'hui le Centre de création, ses spectacles et ses expositions.

Église anglaise : L'église Saint-Marc, sur la place des Consuls/place Méhémet Ali, était réservée aux Anglicans. Il y avait, sur la même place, une autre église protestante, Saint-André, pour les Français et les Allemands.

Gabari : Le quartier doit son nom à un ascète du VIe siècle. Il est construit sur la nécropole antique située largement à l'ouest de la ville. Dès la fin du XIXe siècle, s'y trouvait une gare de marchandises et un champ de courses.

Jardin Antoniadis : Vers 1860, Sir John **Antoniadis** demanda à l'artiste français Paul Richard de lui construire dans le quartier de Nouzha, vers le canal Mahmoudieh, une très belle villa dans un parc magnifique où il s'installa avec sa famille jusqu'à sa mort en 1895. Anthony, fils de Sir

John, fit don de cette propriété à la Municipalité d'Alexandrie en 1918. C'est encore aujourd'hui un jardin ouvert au public.

Jardin du khédive/Nouzha : Ce parc est voisin des jardins Antoniadis. Aménagé par le khédive Ismaël, il était laissé à l'abandon à l'époque où Pénélope Delta était enfant. Grâce aux travaux entrepris par la Municipalité, il offrait, au début du XXe siècle, les agréments d'un beau jardin public avec un kiosque à musique, des espaces réservés aux jeux, aux pique-niques. Aujourd'hui il abrite un parc zoologique.

Kafr el-Zayat : Localité du Delta, « village », à l'ouest de Tanta, Kafr el-Zayat, était un centre de production et de traitement du coton. La maison Choremi, Benachi & Co. y avait créé une usine d'égrenage.

Kifissia Κηφισιά : Villégiature pour gens aisés au nord d'Athènes, très tôt desservie par le train (sur l'ancienne ligne créée pour les carrières de marbre). Comme d'autres familles, les Bénaki y avaient des villas en plus de leurs maisons au centre d'Athènes. Pénélope et Stéfanos Delta s'installeront à Kifissia en 1916, lorsqu'ils quitteront définitivement l'Égypte. Kifissia fait aujourd'hui partie intégrante de l'agglomération athénienne et constitue une banlieue chic.

Mansourah/Mansura/Al Mansoura : Ville située dans la partie orientale du delta du Nil, connue entre autres pour son industrie textile.

Moharem Bey/Moharrem Bey/Muharam Bey : Ce faubourg au sud d'Alexandrie doit son nom à Moharrem bey, le premier amiral de la flotte égyptienne, qui combattit notamment à la bataille de Navarin. Originaire de Kavalla, il s'installa en Égypte au service de Méhémet Ali dont il épousa la fille. Il occupa plusieurs fonctions dont celle de gouverneur d'Alexandrie jusqu'à sa mort en 1847.

Place Méhémet Ali/Mohamed Ali/Place des Consuls : Créée par Méhémet Ali en 1834 et séparant la ville turque et la ville européenne, cette place s'étend au nord de la ville, près du port oriental, et est prolongée perpendiculairement jusqu'à la mer par les Jardins français. Le premier consul de Grèce à Alexandrie, Michel Tossitza, suivi par d'autres diplomates, y fit construire sa grande demeure, à l'emplacement de la future Bourse. En 1873, ornée de la statue équestre du fondateur de la nouvelle Alexandrie, œuvre du sculpteur français Jacquemart, la place prit le nom de Méhémet Ali. Cette statue, première représentation humaine dans un lieu public en pays musulman, survécut aux émeutes et aux bombardements anglais de 1882 qui détruisirent tous les bâtiments de la place à l'exception de l'église anglicane. Reconstruite, cette place constituait à la fin du XIXe siècle, le centre économique de la ville et l'on y trouvait, outre la Bourse, des banques, des tribunaux, mais aussi des boutiques, des cafés et des restaurants. La place devint El-Tahrir (place de la Libération) en 1952 et aujourd'hui on la désigne souvent sous le nom du quartier, Mancheyya (« le renouveau »).

Porte Rosette : La porte de la ville dans la direction de Rosette, dite porte de Rosette (bab Rachid), ou porte de l'Est, fut détruite à la fin du XIXe siècle de même que les murailles adjacentes. On combla peu à peu les fossés et il ne resta que le nom.

Ramleh (« Les Sables ») : Station balnéaire à l'est d'Alexandrie, encore noyée dans les sables lorsque Pénélope était enfant et que son père y louait pour l'été une des premières villas. Ramleh devint, grâce au chemin de fer, un haut lieu de la bourgeoisie cosmopolite, d'abord comme villégiature, puis comme quartier résidentiel. Le casino de San Stefano en était l'un des points névralgiques, de même que la « promenade », les bains et le théâtre. Les Bénaki y eurent plusieurs villas.

Rosette (**rue**) : Artère principale est-ouest de la ville d'Alexandrie depuis l'Antiquité, la rue de la Porte de Rosette, dite aussi rue Rosette est devenue par la suite la rue Fouad, rue Gamal Abdel Nasser, et aujourd'hui la rue El-Horreya.

Rossall (**école**) : École privée anglaise fondée en 1844, située à Fleetwood (Lancashire).

Tel el-Kebir : À la fin du soulèvement de 1882, en septembre, Arabi pacha s'est retranché avec ses troupes à Tel el-Kebir, à une centaine de kilomètres au Nord du Caire. Il y sera définitivement défait par le général **Wolseley**.

Index nominum

Les noms propres indiqués ici en gras sont ceux qui apparaissent dans le texte ou les notes. Lorsque le nom apparaît sous différentes graphies à Alexandrie dans les textes en caractères latins, celles-ci sont données en parallèle. Notons que les noms grecs se déclinent et que bien souvent la forme utilisée dans les textes en caractères latins n'est pas celle du nominatif. Pour les femmes, le nom de famille, en grec, est au génitif et souvent repris tel quel en caractères latins. Les graphies d'un même nom propre peuvent être assez nombreuses du fait de la translittération du grec, instable y compris chez un même auteur. Les prénoms, comme dans la vie quotidienne à l'époque, sont aussi utilisés dans leur forme française ou anglaise (par exemple : Stéfanos/Stéphanos/Étienne, Ioannis/Jean/John). Le nom de famille est donné aussi en grec.

Anastassiadi Αναστασιάδης **Périclès** (1870-1950) et **Angélina** : Enfants d'Aristide P. Anastassiadi, membre de la Bourse d'Alexandrie. Périclès étudia à l'étranger avant de succéder à son père. Peintre amateur, il était ami de Cavafy dont les archives ont conservé une partie de leur correspondance. Il était également membre de l'Association en faveur des Études grecques (qui publiait la *Revue des Études grecques*) dans les années 1910.

Antoniadis Sir John, Αντωνιάδης Ioannis : Très riche négociant grec de Lemnos et sujet britannique, personnage très en vue à Alexandrie. Vers 1860, il se fit construire dans de magnifiques jardins une belle villa où il s'installa avec sa famille jusqu'à sa mort en 1895. Anthony, fils de Sir John, fit don de cette propriété à la Municipalité d'Alexandrie en 1918. Une de ses sœurs, Éléni Antoniadi (1861-1893), épousa **Pandéli Salvago** dont elle eut trois enfants. Son autre sœur Eugénia Antoniadi (1874-1917) fut une amie d'enfance de Pénélope. Elle épousa Michel **Negreponte**, divorça en 1905 et se remaria avec Constantin Bibesco-Bassaraba de Brancovan, le frère d'Anna de Noailles.

Aristarchi Αριστάρχη **James** : Si l'on en croit l'article de Gaston Deschamps paru dans la *Revue des deux mondes* en 1892, James Aristarchi, né dans une grande famille de Samos, avait fait ses études à Paris, Oxford et Zurich, avant de devenir ingénieur chargé de l'Archipel et notamment de Chio qu'il aurait visitée en sa compagnie.

Aviérino/Avierino Αυγερινός : Pandaléon Aviérino et **Cléopâtre**/Kléopatra Chorémi, tante de Pénélope Delta, eurent un fils, **Costi** (1862-1898) qui épousa la nièce d'**Emmanuel Bénaki**, **Alexandra Kalambokidi**/Calambokidi. Il mourut d'érysipèle, remplacé dans l'entreprise dès 1897 par Stéfanos Delta, le mari de Pénélope. Sa sœur, **Artémis**/Artémida, épousa **Lucas**/Loukas **Bénaki**, l'oncle de Delta.

Avlonitis Αυλωνίτης : Dans l'*Egyptian Directory* (sorte de bottin) de 1912-1913, on trouve un certain Demosthène Avlonitis, avocat à la Cour, au 5 de la rue de la Gare de Ramleh à Alexandrie. Peut-être s'agit-il de l'avocat qui s'était intéressé aux lectures de Pénélope vers 1890? Il avait alors une quarantaine d'années mais pouvait être encore en activité une bonne vingtaine d'années après.

Bénaki Emmanuel/Manolis/Benachi/Benacchi Μπενάκης (1843-1929) : Le père de Pénélope Delta, son unique frère **Lucas**/Loukas **Bénaki** (1847-1896) et leurs sœurs **Marietta**, **Méropi** et **Argini**, naquirent de commerçants réfugiés à Syra après les massacres de Chio (1822) dont la famille était originaire. Emmanuel partit très jeune pour l'Angleterre puis l'Égypte où il devint directeur d'une usine de coton appartenant aux **Skylitsi**, avant de se lancer dans ce commerce avec son frère à Alexandrie en 1868. Deux ans plus tard, il épousa Virginia C. **Chorémi** (1848-1828), originaire de Chio, et devint l'associé du frère de celle-ci, **Yannis** C. **Chorémi** dans la maison **Choremi, Mellor & Co.** qui devint, après 1876, quand Yannis Chorémi et Mr. Mellor se retirèrent des affaires, **Choremi, Benachi & Co.** Le siège en était à Alexandrie et il y avait une succursale **Davies, Benachi & Co.** à Liverpool, où s'installa **Lucas Bénaki**. Après avoir passé également près de deux ans à Liverpool avec femme et enfants (quand sa fille Pénélope était toute petite), et tout en effectuant de fréquents déplacements en Europe, **Emmanuel** vécut jusqu'en 1910 à Alexandrie, où il devint rapidement un membre éminent de la Communauté grecque et de la grande bourgeoisie cosmopolite. Les frères et sœurs de Pénélope étaient **Alexandra** Davies puis Chorémi (1871-1941), **Andoni/Andonis** (1873-1954), **Constantinos** (1875-1877), **Alexandros** (1878-1922) et **Argini** Salvagou (1883-1972). La famille occupa d'abord un étage de l'immeuble appartenant à Carlo Cesere,

rue Sésostris, près de la rue Chérif Pacha, en face de l'okelle, propriété et habitation de Constantin **Zervoudaki**, dans laquelle l'entreprise **Choremi, Benachi & Co.** avait ses bureaux. En 1884, **Emmanuel Bénaki** se fit construire une grande maison dans le Quartier grec près de la porte de Rosette. Sur les terrains contigus, il en bâtit d'autres pour loger ses frères et sœurs, ses enfants, ses neveux et nièces dont bon nombre travaillaient dans l'entreprise. En 1901, à la mort de Constantin Salvago, lui aussi membre du conseil d'administration de la Banque de Grèce en Égypte, il lui succéda comme président de la Communauté grecque et resta président honoraire après son installation en Grèce. Il fut également membre de la Municipalité et de diverses instances commerciales ou mondaines de la ville telles que la Chambre de commerce hellénique d'Alexandrie, des compagnies d'assurances ou le distingué **club**/cercle **Méhémet Ali** dont il fut également président. Impliqué dans les œuvres de bienfaisance de la Communauté, il finançait des écoles, des orphelinats, des soupes populaires. Installé définitivement à Athènes, il fut élu député puis maire d'Athènes après avoir été ministre de l'Économie du gouvernement **Vénizélos** de 1911 à 1912. Désormais, son fils aîné, **Andoni**, le remplaçait à Alexandrie. Celui-ci ne vint à son tour en Grèce qu'en 1926. Grand amateur et collectionneur d'antiques et d'objets d'art, **Andoni** Bénaki créa le fameux musée athénien dans la maison de ses parents, non loin du Parlement et du Jardin national, et en fit une fondation. Pour les autres membres de la famille Bénaki, se reporter aux arbres généalogiques.

Canaris Κανάρης Constantin (1790-1877) : Cet officier de marine originaire de l'île de Psara s'illustra pendant la guerre d'Indépendance et incendia la flotte turque au large de Chio en 1822 en représailles au massacres perpétrés dans l'île. Un poème de V. Hugo est intitulé « À Canaris ».

Chatzipétros/Hatzipétros Χατζηπέτρος (le père) : Il s'agit vraisemblablement d'Euthimios Chatzipétros (1833-1890). Son père, Christodoulos, (1799-1869) était un général qui avait participé à la guerre d'Indépendance. Tout comme son père, Euthimios avait servi le roi Othon jusqu'à le suivre en Bavière, avant de revenir poursuivre sa carrière en Grèce. En 1878, il devint chef de bataillon et aide de camp du roi Georges Ier. Ses fils, Constantinos et Christos devinrent successivement députés de Trikala au début du XXe siècle.

Chorémi/Choremi Χωρέμης : Famille de Chio. **Yannis**/Ioannis/Jean (1827-1897), n'était pas l'aîné des grands frères de **Virginia**, la mère de Pénélope Delta, mais il se comporta davantage en patriarche que **Nicolis**/ Nikolaos (1825-1894). Il fonda en 1858 la maison de commerce **Choremi, Mellor & Co.** à Alexandrie, après avoir vécu à Istanbul, puis quinze ans à Liverpool. En Égypte, il prit son beau-frère **Emmanuel Bénaki** comme associé. Retiré des affaires en 1876, il s'installa à Athènes, dans une belle maison à l'angle de la rue Koraïs et de la rue du Stade. Il avait également une propriété à Chio où il faisait vivre plusieurs de ses frères désargentés, dont **Stamatis** (1826-1900) et **Andonis** (1844-1902) qui avait « mal tourné ». De son premier mariage, avec Chariclléa **Zerlendi** (1834-1869), Yannis Chorémi avait deux enfants. Son fils, **Constantinos**/Constandinos I. **Chorémi**/Choremi (Liverpool 1862-Alexandrie 1934), épousa **Alexandra Bénaki** veuve **Davies**, la sœur de Pénélope. Arrivé à Alexandrie en 1883 après ses études, il occupa une place de plus en plus importante dans l'entreprise familiale dont il fut plus tard président jusqu'à sa mort. Durant cette brillante époque, il créa des succursales en Europe (dont Genève et Paris) et en Amérique. Vers la fin de sa vie, il aurait fait de mauvaises affaires qui auraient peut-être hâté sa fin. **Mikès** (1832-1895), le père du deuxième **Constantinos Chorémi** (1870-?), habitait Chio. Le troisième **Constantinos Chorémi** (1876-1932) était le fils de **Dimosthénis** (1838-1907). De même qu'il y avait trois Constantino parmi les cousins Chorémi de Pénélope, trois de ses cousines étaient appelées Catina (de Katérina). Outre **Catina Kalambokidi** du côté Bénaki, il y avait, dans la génération de Pénélope Delta, deux **Catina Chorémi**, l'une fille de **Nicolis** et l'autre de **Mikè**. La fille de **Yannis Chorémi**, **Pénélope** Chorémi/**Photiadi**, (Liverpool 1861-Lausanne 1937), épousa en premières noces, en 1882, **Thrasybulos** ou Dimitrios (?) **Papadakis** avec lequel elle vécut à Paris. Elle divorça et se remaria avec Étienne **Photiadis** dont elle eut trois fils. **Yannis Chorémi** eut deux autre fils, **Giorgis** (1876-1968) et **Alékos**/Alexandros (1879-1940), nés de son second mariage, avec **Marieta Diamantidi** (1844-1881). Pour les autres membres de la famille Chorémi, se reporter aux arbres généalogiques.

Corpi Κόρπης Stamatis (1865-?) : Sa mère était une fille Diamantidi et sa grand-mère maternelle l'une des deux sœurs d'**Andonis Bénaki**, grand-père de Pénélope, qui les racheta toutes deux dans un harem après le massacre de Chio en 1822. **Stamatis** en 1884, arriva de Montpellier à Alexandrie, en compagnie de **Constantinos I. Chorémi**. **Marieta Diamantidi**, sa tante, épousa en secondes noces **Yannis Chorémi**.

Cromer Lord/Evelyn Baring (1841-1917) : Officier de l'armée britannique, commissaire britannique de la Caisse de la dette en Égypte en 1877, puis, consul général au Caire en 1883, il œuvre à la mainmise anglaise sur le pays. Il reçoit, avec la pairie, le titre nobiliaire au nom de Cromer en 1901. Il quitte l'Égypte pour raison de santé en 1907, mais écrit *Modern Egypt* où il relate la période qu'il y a vécue.

Davies/Davis **Thomas** : Associé anglais de la maison **Choremi, Benachi & Co.** à Liverpool où la succursale porte le nom de **Davies,**

Benachi & Co. Tom/Thomas Foulques **Davies**, son fils, également associé, vint à Alexandrie en 1886 et épousa trois ans plus tard **Alexandra** Em. **Bénaki**, sœur aînée de Pénélope, dont il eut deux enfants, Dorothéa/Dora/Dolly et Tommy. Il serait mort à Alexandrie le 13 décembre 1899 selon le *Liverpool Mercury* du 16 décembre de la même année.

Debourg : Famille alexandrine d'origine française. M. Henri Debourg aurait possédé une huilerie à Alexandrie. Sa femme, **Mme Debourg**, était la sœur de l'élégant **Dimitri Psathis** qui fut, dans sa jeunesse, employé de l'entreprise **Choremi, Benachi & Co**. En 1866, une rubrique mondaine du *Figaro* la décrit comme « une des [femmes] les plus gracieuses de la colonie française (d'Alexandrie) ». Leur fils, Eugène, né en 1873, apparaît dans l'*Egyptian Directory* de 1913, souvent aux côtés de M. Salvago et C. Chorémi, dans différents conseils d'administration (dont celui de l'Egyptian Salt and Soda Company dont il était l'administrateur délégué). Il figure sur un monument aux morts des Français d'Égypte de la Première Guerre mondiale, mais ce pourrait être une erreur. Selon sa fiche matricule (Archives départementales des Bouches-du-Rhône, matricule 1340 bis, classe 1898), il aurait été démobilisé le 4 mars 1919 et ne serait donc pas mort pour la France : erreur à Alexandrie ou dans l'armée française? Les documents sont contradictoires.

Délighiannis Δηλιγιάννης Théodore (1820-1905) : Ministre des Affaires étrangères en 1862 puis ambassadeur de Grèce à Paris et représentant de la Grèce au Congrès de Berlin, avant de devenir l'adversaire politique de Charilaos Tricoupis et cinq fois Premier ministre. Il mourut assassiné au cours de son dernier mandat. Il ne faut pas le confondre avec son cousin Nicolas qui fut également ambassadeur à Paris et Premier ministre de Grèce, de janvier à juin 1895.

Diomidis Διομήδης Alexandre/**Alékos** (1875-1950) : Avocat, homme politique et directeur de banques, qui fut ministre de Vénizélos, la première fois ministre de l'Économie avant la Première Guerre mondiale puis des Affaires étrangères juste après. Lui-même fut Premier ministre de Grèce en 1949.

Dufay, Mademoiselle : Victorine Dufay, institutrice française des enfants Bénaki, arrivée dans la maison en 1884.

Georges Ier de Grèce (1845-1913) : Guillaume de Schleswig-Holstein-Sonderbourg-Glücksbourg, prince du Danemark, choisi comme roi des Hellènes après la destitution du roi « bavarois » Othon en 1863, sut peu à peu se faire apprécier par le peuple grec, bien qu'il n'en parlât pas la langue. Mais son règne correspond au difficile essor du jeune État grec, entre les défaites de la guerre gréco-turque de 1897 et les victoires des guerres balkaniques. Le roi fut assassiné à Thessalonique par un anarchiste en 1913. Marié à la princesse russe Olga, il avait eu de nombreux enfants dont Constantin qui lui succéda.

Girard Pierre : Né d'un père guadeloupéen ancien normalien et qui fit une brillante carrière de proviseur et d'inspecteur général, Pierre **Girard** était directeur du personnel du ministère des Affaires étrangères en 1881 et fut consul suppléant à Alexandrie en 1885 avant d'être nommé à Jérusalem puis au Caire entre 1889 et 1891. Il occupa ensuite le poste de consul de France à Alexandrie pendant près de vingt ans. En décembre 1913, *Le Lotus*, bulletin de l'Académie du collège Sainte-Catherine à Alexandrie, lui rend hommage et salue sa récente affectation à La Paz, après quatre années au consulat de France à Hambourg.

Glyménopoulo Γλυμενόπουλος **Péricli** (1851-1906) : Entrepreneur et négociant qui fut président de la Municipalité d'Alexandrie et fit à la

Maximou Μαξίμου : Famille de négociants grecs qu'on trouve notamment dans le commerce du coton en 1913. Il s'agirait d'une branche de la famille romaine Massimo qui se serait installée à Chio au XVIe siècle. **Loxandra** Maximou était la femme d'**Andonis Bénaki** et la grand-mère de Pénélope Delta. Nous n'avons rien trouvé sur les Maximou d'Alexandrie et la jeune **Argyro**.

Mellor Joseph : Associé anglais, à Liverpool, de **Yannis Chorémi** et Emmanuel **Bénaki** dans la maison de commerce du coton Choremi, Mellor and Co. Cecil Mellor, son fils né vers 1865, également associé, travaillait avec son père. Fin 1892, il fut question de mariage entre ce dernier et Pénélope. Devenu fou, il se suicida en 1896.

Menasche/Menasce Félix : Membre de la grande famille juive Levi-Menasce/Menasche. Le surnom Menasche (hébreu Menashe, arabe Menasha), aurait été ajouté au nom de Lévi puis s'y serait substitué. Jacoub Menasche, qui s'installa à Alexandrie en 1871, était le grand-père de Félix, Jacques, Alfred et Élie. Leur père, Behor, baron de Menasche, fut président de la Communauté juive d'Alexandrie, tout comme Jacques qui occupa cette charge pendant vingt-quatre ans. La famille fit construire la synagogue de la place Méhémet Ali en 1873. En 1885, Félix, Jacques et leurs frères, Alfred et Élie, fondèrent les écoles Menasche, en souvenir de leur père, et en 1890 ils bâtirent l'hôpital Menasche à Moharrem Bey où la famille vécut avant de venir, en 1906, s'installer dans le Quartier grec, rue Rosette et alentour. La grande villa d'Alfred Menasche construite en 1922, rue des Pharaons dans le Quartier grec, fut achetée en 1927 par Naguib Ayoub bey et son épouse Mary Tawil, puis devint en 1962 le siège de la bibliothèque Thomas Jefferson et en 1979 l'American Cultural Center. Une petite-fille de Félix, Claude, fut la troisième femme de Lawrence Durrell.

Mitaraki/Mitarakis Μηταράκης : La famille Mitarakis est également une grande famille de Chio. **Georgis Mitarakis** épousa **Marietta**, une des sœurs d'**Emmanuel Bénaki**.

Moschato : Le Dr Moschato était aussi considéré comme un mauvais médecin par Cavafy qui rapporte dans son journal avoir dit à son ami malade Mikè Ralli « que c'était de la folie de lui faire confiance ».

Negreponte/Negroponte Νεγρεπόντης : Grande famille de la bourgeoisie alexandrine issue de Vénitiens de l'Eubée dont une branche s'était installée à Chio et se réfugia en Égypte après 1822. Jean Negreponte (1838-1876) et sa femme, Despina Calliope Negreponte/Sinadinou (1850-1923), habitaient l'appartement en dessous de celui des Bénaki chez Carlo Cesere. Jeune veuve, elle se remaria avec un fils de Ferdinand de Lesseps et mourut à Paris. Leur fils, Michel Negreponte (1872-1914), qui avait connu Stéfanos Delta en Thessalie, était capitaine de réserve de l'armée hellénique et épousa Eugénia **Antoniadi** dont il divorça en 1905. L'année suivante, il devint le dernier mari de Jeanne Hugo (1867-1941), l'unique petite-fille de Victor Hugo, qui avait été l'épouse du journaliste et politicien Léon Daudet puis de l'explorateur Jean-Baptiste Charcot et qui est enterrée dans le caveau des Negreponte au cimetière de Passy.

Paparrigopoulos Παπαρρηγόπουλος **Constantin** (1815-1891) : Historien, professeur à l'université d'Athènes. Auteur de l'*Histoire de la nation hellène des temps les plus anciens jusqu'à nos jours* (*Ἱστορία τοῦ Ἑλληνικοῦ Ἔθνους*), ouvrage qu'il publia en plusieurs tomes de 1860 à 1874. Il affirme la continuité entre la Grèce antique, l'Empire byzantin et la Grèce moderne, qui sera un des éléments de la Grande Idée et que Pénélope Delta développe dans ses romans pour la jeunesse.

Paraschos Παράσχος : Achille Paraschos (1838-1895) est un poète romantique de l'École athénienne. Il s'appelait Achille Nasakis Νασάκης ou Nasikoglou Νασίκογλου. Sa famille, originaire de Chio, s'était réfugiée à Nauplie après les massacres de 1822. Son œuvre poétique, qui exprimait les angoisses et les espoirs du Grec moyen, était très populaire et on en récitait souvent des extraits.

Photiadis Φωτιάδης : Famille phanariote. Ioannis Photiadis (1851-1892) fut gouverneur de Crète et ministre ottoman à Rome puis Athènes. Son fils, Étienne/Stéfanos Photiadis (1854-1918), que Pénélope déclare son « cousin », épousa d'abord Éléni Baltazzi dont il eut un fils, Vassili, peintre et écrivain, représentant de la Grèce à l'Unesco, un autre, Constantin, professeur de lettres à la Sorbonne et un troisième, Alexandre, professeur à l'École polytechnique d'Athènes. Leur fille, Smaragda dite Bibica Photiadi (1879-1940), devint religieuse catholique. **Pénélope Photiadi**, seconde femme d'Étienne Photiadis, est la fille de **Yannis Chorémi**.

Psycha Ψύχα : **Zénobie** Psycha était née Salvagou (elle était la sœur de Constantin Salvago, le beau-père d'Argini, la petite sœur de Delta) et avait épousé Georges Psycha en 1869. Leur fille Ioulia épousa **Mikè Vlasto** puis, en secondes noces, Alexandre/**Alékos Diomidis**.

Ralli Ράλλη : Cette très ancienne famille serait issue d'un noble normand installé à Byzance au XIe siècle et aurait contracté des mariages avec des Byzantins. Une branche de la famille s'était installée à Chio. Les Ralli d'Alexandrie étaient de riches négociants. Mikè **Théodore Ralli** était un ami très proche de Cavafy qui tint un journal relatant la maladie et la mort du jeune homme en 1889. Son cousin germain, Mikè Constantin Ralli, était l'époux de Popsy **Rodocanachi**. Ioulia Ralli épousa Constantin Salvago.

Rangabé Ραγκαβής : **Othon** Rizo Rangabé (1857-1915) était l'un des fils de l'homme de lettres phanariote Alexandre Rangabé (1809-1892) qui fonda la Société archéologique d'Athènes. Il épousa Angeliki/Angélina Zervoudaki qui mourut, en 1888, à Paris, à l'âge de vingt ans. Ingénieur civil, Othon fut directeur des chemins de fer de la région du Fayoum et mourut au Caire.

Rodocanaki/Rodocanachi Ροδοκανάκης : Famille de la grande bourgeoisie grecque d'Alexandrie. **Mme Rodocanaki**, dont parle Pénélope Delta, est sans doute Cléopâtre **Sinadinou** (1847-1896), épouse de Pandia M. Rodocanaki.

Salvago Σαλβάγος : Une des grandes familles grecques, venues de Chio et Syros, installées à Alexandrie et y ayant fait fortune, d'abord dans le commerce des céréales puis dans celui du coton et dans la banque. Ils étaient cinq frères et sœurs : Constantin (1846-1901, époux de **Ioulia Ralli**), fondateur de l'entreprise et président de la Communauté grecque d'Alexandrie de 1900 à sa mort l'année suivante, Ioulia (épouse de Pandia Ralli), **Zénobie** (épouse de Georges **Psycha**), Nicolas et **Pandéli** (époux d'Éléni **Antoniadi**, fille de **Sir John**). Mikè/Mikès (1875-1948), fils de Constantin, succéda à son père dans le négoce et fut également président de la Communauté de 1919 à sa mort. On le retrouve dans différentes instances commerciales d'Alexandrie (Alexandria & Ramleh Railway Company, National Insurance…) aux côtés d'autres membres de la haute bourgeoisie. Il épousa **Argini Bénaki**, la jeune sœur de Pénélope Delta, et habitait dans le même secteur du Quartier grec. Leur maison, devenue aujourd'hui le Centre culturel russe, garde au moins en partie son décor d'origine. Les Salvago sont, comme les Bénaki, connus non seulement pour leur fortune mais aussi pour leurs œuvres de bienfaisance (écoles, hôpital, etc.) et leur nom figure encore sur certains bâtiments de la Communauté grecque d'Alexandrie.

Sareyanni Σαρεγιάννης : **Giovanni Sareyanni**, qui vécut longtemps à Naples, avait un fils naturel, **Alexandros**, quand il épousa, à un âge déjà mûr, une sœur d'**Emmanuel Bénaki**, la belle **Méropi**, dont il eut huit enfants. Il dirigeait l'usine d'égrenage du coton de Birket-el Sab. Quand il mourut dans les années 1880, Méropi et ses plus jeunes enfants vinrent habiter Alexandrie. **Éléni** était déjà mariée, **Andonis**, **Oulyssis** et Alexandros travaillaient au « village ». **Emmanuel Bénaki** aida sa sœur. **Lucas Bénaki** fit venir à Liverpool une des filles, **Sophia**. **Marieta** était plus jeune, mais il y avait vraisemblablement encore d'autres enfants après elle.

Scanavi Σκαναβής : Famille grecque d'Alexandrie, originaire de Chio, dont les membres avaient fui en 1822, notamment vers Trieste, Vienne ou la Russie. **Léonis Scanavi**, plus âgé que Pénélope, était élève chez le même professeur de danse que les enfants **Bénaki**. Il devint employé de la maison **Chorémi, Benachi & Co.**

Seymour : Frederick Beauchamp Seymour (1821-1895) était un amiral britannique qui commanda la flotte anglaise de la Manche puis celle de la Méditerranée. Il dirigeait la flotte franco-britannique qui vint mouiller à Alexandrie en mai 1882 pour soutenir le khédive **Tewfik** contre le soulèvement d'Orabi. Il reçut l'ordre de faire bombarder la ville par les navires de la Royal Navy, en juillet, après le retrait des Français. À la suite des opérations en Égypte, il fut fait baron.

Sinadino/Synadino Συναδινός : Grande famille de la bourgeoisie alexandrine, originaire de Chio, très liée aux Bénaki et dont de nombreux membres apparaissent tout naturellement dans les mémoires et souvenirs de Pénélope. Pour différencier les deux fils de Constantin Sinadino et Marigo Rodocanachi, on distinguait les « Sinadino d'en ville » (Ioannis) et ceux « de Ramleh » (Augustinos). L'aînée des huit enfants de Ioannis (1820-1890) et

Polyxeni A. **Skylitsi** était **Cléopatra Rodocanaki**. Une de ses sœurs, Despina Calliope (1850-1923), mariée à Jean **Negreponte** en 1869, est la mère de Jacques et Michel Negreponte. Leur frère **Constandi**/Costandi/Constantin **Sinadino** (1848-1902) et sa femme, **Despina S. Ralli**, avaient vécu dans l'immeuble **Zervoudaki** où la société **Choremi, Benachi & Co.** avait ses bureaux, rue Sésostris. Ils eurent deux fils, Ioannis/**John** (1872-1930) et **Steffy** (1875-1925). Constantin Sinadino était connu comme banquier et négociant. Il était membre de la Société archéologique d'Alexandrie. Un de leurs frères, Ambroise/**Ambrousi**, avait une fille, **Polyxéni** dite **Polly**, qui était beaucoup plus jeune que Pénélope. Un autre frère est Nicolas Sinadino (1861-1914). Il est répertorié comme commis principal à la Bourse khédiviale en 1913. Quant à leur frère **Mikè**/Michel **Sinadino** (1855-1919), il fut président de la Communauté grecque après le départ d'Emmanuel Bénaki et de la Bourse d'Alexandrie. Il avait épousé **Despina Vlasto** qui fonda avec Pénélope Delta l'œuvre de bienfaisance Mélissa. Leur fille, Maria Sinadinou, épousa **Alexandros** Em. **Bénaki**, le jeune frère de Pénélope. Du côté des « Sinadino de Ramleh », **Thémistocle Sinadino** et sa femme, Batou « Elisa » A. Ralli (1850-1925), avaient trois filles, **Maggie**, née en 1873, l'amie intime de Pénélope, qui se maria en 1898 avec Nicolas Ioannis **Skylitsi**, Marie, femme de Ioannis Mitaraki et **Fanny** qui épousa Edward Minotto. Leur fils, **Augustino Sinadino** (1875-1959), époux d'Eurydice Constandinidi, dirigea la succursale de la maison **Choremi, Benachi & Co.** à Boston de 1907 à 1920, puis, revenu en Égypte, serait devenu président de la dite société en 1935, à la mort de Constantin Chorémi. Le frère de Thémistocle s'appelait également **Constandi**/Costandi **Sinadino** et pour le distinguer de son cousin, on l'appelait « **Sinadino de Saint-Cloud** » puisqu'il habitait cette localité près de Paris.

Sinano/Synano Συνανός : Famille grecque ayant du sang français et danois. La fille du marchand danois Christian Alexandersen, Eugénie, avait épousé Jean Siméon Synano/Sinabo originaire du Dodécanèse. Devenue veuve, elle vint à Alexandrie avec ses enfants. Un de ses fils, Aristide Sinano, né à Smyrne en 1820, et Marie Victoire Tricon, dite Marietta, fille d'un médecin français de Smyrne venu en Égypte, eurent quatre enfants dont **Marguerite**, **Eugénia**/Eugénie, et Christian qui tous trois épousèrent des enfants Zogheb.

Skylitsi/Skilitzi/Schilizzi Σκυλίτση : Famille d'archontes de Chio, dont certains membres se sont installés et ont fait fortune à Syra, Marseille, Smyrne et même, pour un temps, en Bulgarie. Une branche de la famille fait partie des grands négociants alexandrins. J.P. Skylitsi faisait le commerce du coton d'Égypte avec l'Angleterre et c'est chez lui que commença la carrière d'Emmanuel **Bénaki**. Stéfanos Skylitsi, mort à dix-neuf ans, était un condisciple et un ami très proche de Cavafy qui lui dédia un poème. L'amie intime de Pénélope Delta, **Maggie Sinadinou**, épousa Nicolas I. Skylitsi.

Sophronios Σωφρόνιος : Stavros Meïdantzoglou Σταύρος Μεϊδαντζόγλου, né à Constantinople vers 1798-1802, fut notamment métropolite de Chio en 1839, puis patriarche œcuménique entre 1863 et 1866 avant de devenir patriarche orthodoxe d'Alexandrie de 1870 à 1899 sous le nom de Sophronios.

Tamvaco Ταμβάκος : Famille originaire de Chio où naquit Nicolas Tamvaco (1814-1896). Il vint très jeune en Égypte pour y travailler et se lança dans l'exportation de graines de coton. Il fit fortune et élargit le champ de ses activités au négoce de l'huile, aux assurances et à différentes compagnies de navigation internationales. Difficile de savoir qui est exactement la « madame Tamvacou » dont Delta fait mention. Sa bru?

Tchikatchoff : On trouve un paquebot *Tchikhatchoff* ou *Tchihatchoff*, du nom d'un amiral russe de l'époque, construit en Grande-Bretagne pour Odessa, mais en 1892! Ce paquebot fut saisi à Marseille par le gouvernement français pendant la Première Guerre mondiale et l'on ne sait s'il fut rendu aux Russes par la suite ou désarmé à Marseille en 1925. Delta se serait-elle trompée sur le nom du navire de 1886?

Tricoupis Τρικούπης Charilaos : Homme d'État qui fut sept fois Premier ministre entre 1875 et 1895 et qui mourut en 1896 à Cannes où il s'était retiré avec sa sœur Sophia et un cousin. Leur père, Spyridon, auteur d'une *Histoire de la Grèce*, avait également été brièvement Premier ministre.

Valaoritis Βαλαωρίτης : Aristotélis Valaoritis (1824-1879) fut un des principaux poètes grecs de la période qui suivit la guerre d'Indépendance. Natif de Leucade, il fit ses études à l'Académie ionienne avant de faire son droit à Paris. Il voyagea beaucoup mais fut aussi un ardent défenseur du rattachement de l'Heptanèse à la Grèce à la suite duquel il devint le premier député de Leucade au parlement grec.

Valassopoulo Βαλασσόπουλος/Βαλασόπουλος : Le Dr Aristide Valassopoulo est cité par Cavafy comme faisant partie des médecins qui tentèrent en vain de soigner Mikè Ralli en 1889. En 1899, il était médecin-chef de l'Hôpital grec d'Alexandrie où il identifia un premier cas de peste. En 1901 il publia à Paris *La Peste d'Alexandrie en 1899 au point de vue clinique, épidémiologique, etc.* Il mourut en 1923. Son fils Georges (1890-1972) fit ses études à Cambridge, devint également médecin à Alexandrie et fut un ami de Cavafy dont il traduisit en anglais un certain nombre de poèmes.

Vaquez : Le Dr Henri Vaquez (1860-1936) fut un cardiologue parisien réputé. Il était interne à l'hôpital Saint-Antoine.

Varenhorst : Le Dr Auguste Varenhorst, qui n'était pas autrichien mais originaire de Hanovre, s'installa à Alexandrie dès 1855. Il fut le médecin de Saïd pacha et des khédives Ismaïl et **Tewfik** et soigna aussi la famille de Cavafy qui, en 1889, aurait voulu le faire venir auprès de son ami Mikè Ralli qui se mourait. Il dirigea l'hôpital des Diaconesses à Moharrem Bey (devenu l'Hôpital anglo-suisse en 1918, aujourd'hui hôpital universitaire El-Hadara) et reçut le titre de pacha en 1885.

Vénizélos Βενιζέλος 'Ελευθέριος (1864-1936) : Élefthérios Vénizélos est un homme politique crétois. Acteur de l'intégration de la Crète dans l'État grec, il devient Premier ministre en 1909. En révisant la Constitution et en s'entourant de libéraux tels qu'Emmanuel **Bénaki**, il pousse vers la modernité le jeune État grec, en dépit des soubresauts d'agonie de l'Empire ottoman et des bouleversements dus à la Première Guerre mondiale. Il joue un rôle international lors de l'élaboration des traités qui suivent celle-ci en défenseur de la Grande Idée d'une « Grèce des cinq mers et des deux continents ». Mais après sa défaite électorale, son exil volontaire et la désastreuse marche des Grecs, conduits par le roi Constantin, sur Ankara, la « Grande Catastrophe » voit les Grecs d'Ionie fuir devant les massacres. Après l'armistice de 1922 et le traité de Lausanne (1923) signé par Vénizélos, vient une période très instable qui l'amène à des allers et retours entre le pouvoir et l'exil qui devient définitif en 1935. Malade, il meurt à Paris en 1936, quelques mois avant que Métaxas n'instaure la dictature en Grèce.

Vlasto Βλαστός : Famille dont les différentes branches de Crète, de Constantinople et de Chio se sont établies tout autour de la Méditerranée, en Europe, puis aux quatre coins du monde, s'alliant aux grandes familles Ralli,

Rodocanaki, Sinadino… À l'époque de Delta, plusieurs membres étaient à Marseille, d'autres à Liverpool ou Londres, d'autres encore en Égypte.

Wolseley : Le général Garnet Joseph Wolseley (1833-1913) était un officier anglo-irlandais de l'armée britannique. Il servit notamment en Crimée, en Inde, au Canada, en Égypte et au Soudan. En août 1882, après le bombardement d'Alexandrie, il prit le canal de Suez, débarqua ses troupes à Ismaïlia et mena la bataille décisive de Tel el-Kebir contre Orabi. Il fut alors élevé au titre de baron, avant de poursuivre sa carrière dans d'autres parties du monde, dont l'Afrique du Sud.

Zagarola Ζαγκαρόλα : Dans les archives de la Comunauté grecque, on note en 1884 la nomination au poste de directeur de l'hôpital d'un docteur Ζαγκαρόλα (Τσαγκαρόλα). C'est sous cette seconde orthographe qu'en 1889, Cavafy le cite parmi les médecins intervenant lors de la maladie de Mikè Ralli. Une origine italienne du nom expliquerait-elle ce flottement dans sa transcription?

Zalokostas Ζαλοκώστας : Le poète Georges Zalokostas (1805-1858) était né en Épire et fit ses études en Italie avant de s'installer avec sa famille en 1821 dans le Péloponnèse où il participa à la défense de Missolonghi. Influencé par le néoclassicisme italien et les poètes de l'Heptanèse, dont Solomos, il commença par écrire en démotique avant de se tourner vers la catharévoussa. Ses poèmes en démotique ont traversé les générations et sont entrés dans les manuels scolaires.

Zerlendi/Ζερλέντης Chariclέa (1834-1869) : Première femme de **Yannis Chorémi**. On ne sait rien de sa sœur **Artémisia** dont parle Delta. La famille Zerlendi, originaire de Chio elle aussi, était installée à Alexandrie à l'époque de Delta. Curieusement, Delta orthographie le nom « Τσερλέντη » comme si elle translittérait un nom italien qui devrait être Cerlenti. À l'époque certains noms grecs étaient quelquefois italianisés (Benacchi). Mais dans les bottins alexandrins du début du siècle suivant, on trouve Zerlendi.

Zervoudaki/Zervudachi/Zervoudachi Ζερβουδάκης : Grande famille de négociants en coton à Alexandrie, originaires de Chio, considérés par les Cavafy et les Ralli comme prétentieux. **Constantinos** Zervoudaki (1822-1895) habitait et possédait, rue Sésostris, l'okelle où la société **Choremi, Benachi & Co.** avait ses bureaux et en face de laquelle se trouvait l'immeuble appartenant à Carlo Cesere, où la famille d'Emmanuel Bénaki vivait avant de s'installer dans le Quartier grec. Les Zervoudaki avaient aussi une grande villa à Ramleh où une rue et une impasse portent leur nom. De la villa même, il ne reste aujourd'hui qu'une demi-ruine, à côté du Centre de télévision. **Angélina**/Angeliki, fille de Constantin, épousa **Othon Rangabé** et mourut à Paris à l'âge de vingt ans. Elle avait une sœur, Alexandra, surnommée **Missy**. Jenny Zervoudaki était née Rodocanaki et avait épousé un autre fils de Constantin, Georges Zervoudaki (1862-1912). Ce banquier, ainsi que son frère **Ambroise,** qui se serait alors suicidé, fit faillite en 1911 et fut condamné à deux ans de prison. Il y mourut, peut-être se suicida-t-il aussi. **Marika Ambrouzi Zervoudaki**, née Marie Kaliarchi, était la femme d'Ambroise.

Zogheb : Grande famille syro-libanaise d'Alexandrie. Les comtes pontificaux de Zogheb étaient catholiques. Ils s'étaient fait construire un palais rue Rosette, en 1877, par l'architecte français Gouron. Joseph de Zogheb et son épouse, Catherine Dahan eurent dix enfants. Trois d'entre eux, Jacques, Georges et Marie, épousèrent respectivement trois frères et sœurs **Sinano**, **Marguerite**, **Eugénia**/Eugénie, et Christian. Un de leurs fils, Alexandre Max de Zogheb, publia à Paris en 1909 des *Études sur l'ancienne Alexandrie*. Un autre, Charles, fut longtemps amoureux de Pénélope Delta quand elle était encore jeune fille.

Arbres généalogiques

Arbre généalogique de la famille Chorémi
(cf. archives familiales Zannas et Chorémi)

Constantinos Chorémi (1796-1878)

+ Perdika prise en 1822 avec leurs deux enfants à Chio, par les Turcs

+ Pouloudia Louloudi mère de tous les enfants cités ici (1808-1883)

- **Nicolis Nikolaos C. Chorémi** (1825-1894)
  + Maria Pylarinou (dite Margitsa)
    - **Katérina N. Chorémi** (1850-1857)
    - **Alexis N. Chorémi** (1852-1854)
    - **Constantinos N. Chorémi** (1852-1860)
    - **Kalliopi N. Chorémi** (1854-1896)
      + Ath. Argyroudis
      + Alex. Antonopoulos
    - **Helvétia N. Chorémi** (1856-1858)
    - **Stamatis N. Chorémi** (1857-1908)
    - **Katérina N. Chorémi** (dite Catina) (1859-1944)
      + Alex Assimakopoulos
    - **Helvétia N. Chorémi** (1862-?)
- **Stamatis C. Chorémi** (1826-1900)

Constantinos Chorémi (1796-1878)
+ Perdika prise en 1822 avec leurs deux enfants à Chio, par les Turcs
+ Pouloudia Louloudi mère de tous les enfants cités ici (1808-1883)

- **Yannis C. Chorémi** (1827-1897)
  + Chariciéa Zerlendi (1834-1869)
  - **Pénélope I. Chorémi** (1861-1937)
    + Thrasybulos Papadakis (divorce)
    + Étienne/Stéfanos Photiadis
  - **Constantinos/Constandinos I. Chorémi** (1862-1934)
    + Alexandra Em. Bénaki (sœur de Pénélope Delta)
  - **Stéphanos I. Chorémi** (1865-1869)

  + Marieta Diamantidi (1844-1881) (nièce d'Andonis M. Bénaki)
  - **Giorgis I. Chorémi** (1875-1876)
  - **Giorgis I. Chorémi** (1876-1968)
    + Ida Felice
    + Alex. S. Mitaraki (1898-1983)
  - **Alexandros/Alekos/Alek I. Chorémi** (1879-1940)
    + Éléni Ninitsa
    + Helvétia Tamvacou (1882-1965)
- **Georgios C. Chorémi** (1830-1832)
- **Mikès C. Chorémi** (1832-1895)
  + Maria Kartoulis/Cartouli (dite Mariogas)
  - **Virginia M. Chorémi** (1867-1877)
  - **Katérina M. Chorémi** (dite Catina) (1868-?)
    + N. Tsamis
  - **Constantinos M. Chorémi** (1870-?)
    + Maria Skoufou-Othonaiou
  - **Stamatis (Stamos) M. Chorémi** (1872-1911)
- **Cléopatra/Kléopatra Chorémi** (1837-?)
  + Pandaléon Aviérino (1823-1905)
  - **Artémis P. Aviérinou** (1855-1896)
    + Lucas/Loukas Bénaki
  - **Andréas P. Aviérino** (1856-1900)
  - **Erato P. Aviérinou** (1857-1892)
    + D. Nicolaïdis
  - **Polixéni P. Aviérinou** (1859-1898)
    + Ioannis Sarikas
  - **Katérina P. Aviérinou** (1860-1860)

Constantinos Chorémi (1796-1878)

+ Perdika prise en 1822 avec leurs deux enfants à Chio, par les Turcs

+ Pouloudia Louloudi mère de tous les enfants cités ici (1808-1883)

- **Dimosthénis Chorémi** (1838-1907) + Jeanne Pitsipiou (dite Jenny)
  - **Constantinos P. Aviérino** (dit Costi) (1862-1898) + Alexandra G. Kalambokidi
  - **Stamatis P. Aviérino** (1868-?)
  - **Constantinos D. Chorémi** (1875-1876)
  - **Constantinos D. Chorémi** (1876-1932) + Argyro Vlastou (dite Sissy)
  - **Aristidis D. Chorémi** (1876-1950)
  - **Yannis D. Chorémi** (1877-1952) + Éléni Coupa
  - **Pénélope D. Chorémi** (1878-?) + A. Sareyanni
  - **Alexandros/Alek D. Chorémi** (1880-?) + A. Angelou
  - **Ekaterini/Kathy D. Chorémi** (1882-?) + Andonis Tréhakis
  - **Michaïl D. Chorémi** (1887-?) + E. Kindinekou
- **Aristidis C. Chorémi** (1840-1855)
- **Virginia C. Chorémi** (1842-1842)
- **Andonis C. Chorémi** (1844-1902)
- **Virginia C. Chorémi** + Emmanuel Bénaki
  - *Voir arbre généalogique p. 340-341*
- **Katina C. Chorémi** + Psaras
  - **Téréza** + Vamvari
  - **Maritsa** + Andreadi

Arbre généalogique de la famille Bénaki
(cf. archives familiales Zannas)

Andonis M. Bénaki (1800-1867)
+ Loxandra Lozi Maximou

- **Emmanuel A. Bénaki** (1843-1929)
  + Virginia Chorémi (1848-1928)
  - *Voir arbre généalogique p. 340-341*
- **Lucas/Loukas A. Bénaki** (1847-1896)
  + Artémis Aviérinou (1855-1896)
  - **Alexandra L. Bénaki** (1879-1902)
    + **Andonis Em. Bénaki**
  - **Andonis L. Bénaki** (dit Psomaki) (1881-1964)
    + Despina Tziphou (dite Pussy)
  - **Argini L. Bénaki** (1888-1978)
    + Théocharis
  - **Alexandros L. Bénaki** (1891-1963)
    + Daulet Rassin
- **Marietta A. Bénaki**
  + Georgis Mitaraki
- **Méropi A. Bénaki**
  + Giovanni Sareyanni
  - **Éléni G. Sareyanni**
  - **Oulyssis/Odysseus G. Sareyanni** (dit Ulysse) (?-1892)
  - **Marieta G. Sareyanni**
  - **Sophia G. Sareyanni** (1870-1913)
  - **Andonis G. Sareyanni**
  - **Alexandros G. Sareyanni** (enfant naturel de Giovanni Sareyanni)

Andonis M. Bénaki
(1800-1867)
+ Loxandra Lozi Maximou

Argini A. Bénaki
(1848-1883)
+ Georges Kalambokidi/Calambokidi

Alexandra G. Kalambokidi
+ Constantin Aviérino
+ Andonis Vratsano

Katérina G. Kalambokidi
(dite Catina)
+ Alékos Amira (divorce)
+ Costi Angélopoulos

Clio G. Kalambokidi
+ Yannis/Ioannis/Jean Koutsi

Loukia G. Kalambokidi
+ Pavlos Yannopoulos

Alékos G. Kalambokidi

Yannis G. Kalambokidi

Manolis G. Kalambokidi
(dit Bananaki)

Descendance d'Emmanuel et Virginia Bénaki
(cf. archives familiales Zannas et textes de P. S. Delta)

- **Emmanuel A. Bénaki** (1843-1929)
  + Virginia C. Chorémi (1848-1928)
  - **Alexandra Em. Bénaki** (1871-1941)
    + Tom Davies (mariage1889) (†1899)
    + Constantinos I. Chorémi (1862-1934) (mariage 1900)
    - **Dorothea Davies** (1891-1958) Dolly
      + Léon Mélas (1892-1952)
    - **Tommy Davies** (1895-1952)
      + Beatrice Bucheton (dite Bee)
  - **Andonis Em. Bénaki** (1873-1954)
    + Alexandra L. Bénaki (1879-1902)
    + Éléni Constandinidi (1883-1972)
    - **Emmanuel A. Bénaki** (1899-1975)
      + Thamar Frantzy
    - **Constantinos A. Bénaki** (1905-1962)
      + Lola Tsoukatou
      + Titika Vachlidi
    - **Irini A. Bénaki** (1912-2001)
      + Pavlos Kalligas (1903-1937)
  - **Pénélope Em. Bénaki** (1874-1941)
    + Stéfanos G. Delta (1863-1947)
    - **Sophia S. Delta** (1896-1977)
      + Michaïl Mavrogordatos (1891-1972)
    - **Virginia S. Delta** (1897-1980)
      + Alexandros Zannas (1892-1963)
    - **Alexandra S. Delta** (1900-1988)
      + Andreas Papadopoulos (1897-1963)
  - **Constantinos Em. Bénaki** (1875-1877)

- **Emmanuel A. Bénaki** (1842-1929) + **Virginia C. Chorémi** (1848-1928)
  - **Alexandros Em. Bénaki** (1878-1922) + Maria/Mary Mikè Sinadinou (mariage vers 1903)
    - **Virginia Al. Bénaki** (1904-1964) + G. Romanos + N. Tombatzis
    - **Mikès Al. Bénaki** (1910-1984) + Irène Alderson (1913-1975)
    - **Despina Al. Bénaki** (1917-1996) + Théodoros Cozzika/Kotsikas (1899-1965)
    - **Manolis Al. Bénaki** (1919-1991) + Jenny M. Chorémi (1918-2014)
  - **Argini Em. Bénaki** (1883-1972) + Mikè C. Salvago (1875-1948) (mariage en 1901)
    - **Constantinos M. Salvago** (1902-1963) + Angeliki Kiki (1908-1997)
    - **Ioulia M. Salvagou** (1906-2008) + Georgios V. Mélas (1894-1985)

Chronologie

En italique, figurent les événements politiques ayant eu lieu en Égypte, lieu de résidence de Pénélope Delta.

1874 Pénélope Em. Bénaki naît le 12/24 avril à Alexandrie.
Sa sœur Alexandra est âgée de trois ans et son frère Andonis d'un an.
► *Crise financière. Le khédive Ismaïl vend les parts égyptiennes du canal de Suez aux Anglais qui en ont désormais autant que la France.*

Les premiers souvenirs à Liverpool

1874 Emmanuel Bénaki s'installe à Liverpool avec sa famille.

1875 Naissance de Constantino Em. Bénaki, frère de Pénélope.
► *Création des Tribunaux mixtes pour juger les problèmes intercommunautaires.*

1876 La famille d'Emmanuel Bénaki à Liverpool.
► *Création de la Caisse de la dette.*
Constitution de la Commission mixte du Commerce et de la Municipalité provisoire.

L'enfance alexandrine

1876 Yannis C. Chorémi et Mr. Mellor se retirent des affaires. Choremi, Mellor & Co. devient Choremi, Benachi & Co., la succursale de Liverpool devient Davies, Benachi & Co.

Retour à Alexandrie de la famille d'Emmanuel Bénaki.

Naissance de Mikè C. Salvago, futur beau-frère de Pénélope.

► *Faillite de l'Égypte : le khédive suspend ses paiements mais le sultan reçoit son tribut.*

La Commission de la dette publique, créée au Caire, est placée sous contrôle financier franco-britannique.

1877 Mort du petit Constantino Em. Bénaki, frère de Pénélope.

Été à Ramleh.

Voyage à Chio.

► *L'Égypte est dirigée par un conseil de trois ministres, chacun étant respectivement français, anglais et égyptien.*

Le khédive paie la dette en pressurant la population.

Nubar pacha, ex-ministre disgracié, suggère à Londres un protectorat en Égypte.

1878 Naissance d'Alexandros Em. Bénaki, frère de Pénélope.

Mort de C. Chorémi, grand-père maternel de Pénélope.

► *Une nouvelle commission franco-anglaise, présidée par de Lesseps, condamne le gouvernement du khédive Ismaïl et impose Nubar pacha, avec l'Anglais Wilson aux finances, le Français Blignières aux travaux publics. Échec du gouvernement Nubar pacha nommé par le khédive. Colère des officiers égyptiens mis en demi-solde. Explosion nationaliste menée par Orabi (officier égyptien, fils d'un chef bédouin).*

1879 Été au Pirée (Castella).

Pénélope attrape le typhus.

Naissance d'Alexandra L. Bénaki, cousine et future épouse d'Andonis Em. Bénaki, frère de Pénélope.

► *Le khédive gouverne avec Chérif pacha et une chambre de notables qui réclame des pouvoirs semblables à ceux des parlements européens et une modification de la dette avec baisse des intérêts.*

Juin : abdication du khédive Ismaïl sous pression de la Porte, des Anglais et de l'Europe.

Son fils Tewfik lui succède.

Un parti national secret contre les étrangers est créé.

Retour des jésuites en Égypte après une absence d'un siècle et création du collège de la Sainte-Famille au grand dam des frères des écoles chrétiennes

1880 Été à Gratz (Autriche).

► *Commission financière internationale. Juillet : loi en vue de la liquidation de la dette. On économise sur le personnel indigène (dont celui de l'armée).*

Début de la construction du nouvel Hôpital grec.

1881 Été au Pirée (Castella).

► *Janvier : soulèvement militaire parce qu'un officier indigène est remplacé par un Circassien. Orabi contraint le khédive à changer de ministère. La Turquie dépêche deux représentants à Alexandrie.*

9 septembre : Orabi marche sur le palais et revendique des réformes pour l'armée.

1882 Début d'été à Ramleh. En juillet, la famille d'Emmanuel Bénaki fuit les violences de la révolte d'Orabi et se réfugie pour quelques mois en Grèce (Athènes). Andonis reste à Athènes tout l'hiver, interne à l'école Voulgaris.

► *Orabi est ministre de la Guerre.*

Révolte d'Orabi contre l'ingérence étrangère. La France hésite à intervenir aux côtés des Anglais.

Bombardement anglais. Alexandrie est détruite.

1883 Naissance d'Argini Em. Bénaki, soeur de Pénélope.

Mort de Pouloudia Louloudi-Chorémi, leur grand-mère.

La famille fuit le choléra et séjourne quelques mois à Athènes. Andonis retourne en internat à l'école Voulgaris.

► *Occupation anglaise : Lord Cromer dirige le pays qui ne paie plus tribut à la Porte. Mais le statut officiel reste inchangé, les héritiers de Méhémet Ali gardent le trône. Choléra à Alexandrie.*

1884 Bénaki construit sa maison dans le Quartier grec

Arrivée de l'institutrice française, Mlle Victorine Dufay, chez les Bénaki. Andonis Em. Bénaki est scolarisé chez les jésuites à Alexandrie.

► *Révolte soudanaise.*

Les Anglais ne peuvent rétablir l'ordre.

L'Égypte perd le Soudan.

1885 *Conférence de Paris à propos du canal de Suez.*

► *Le nouvel Hôpital grec d'Alexandrie est achevé.*

G. Averof président de la Communauté grecque.

1886 Voyage à Chio.

Argini sauvée de la coqueluche par le Dr Kartoulis.

Tom Davies arrive à Alexandrie.

Bal masqué chez les Bénaki.

► *Débuts de l'Alexandria General Produce Association (Association des cotonniers).*

1887 Andonis Em. Bénaki, externe chez les jésuites à Alexandrie. Objet d'un prosélytisme inacceptable aux yeux des Bénaki, il est retiré et envoyé à l'école de Rossall en Angleterre.

Fiançailles d'Alexandra Em. Bénaki avec Tom Davies.

► *Projet d'accord entre la Porte et les Anglais qui prévoient leur retrait sous trois ans avec retour éventuel en cas de danger.*

Le roi de Grèce reconnaît officiellement par décret la Communauté hellénique d'Alexandrie.

1888 ► *La convention de Constantinople déclare le canal de Suez ouvert à tout bâtiment en temps de guerre comme de paix.*

1889 Voyage en famille à Paris, Liverpool et au Pays de Galles.

Octobre : mariage d'Alexandra et Tom Davies.

► *Les Français ayant refusé le projet anglo-turc de 1887, les Anglais restent en Égypte.*

1890 *Alexandrie : création de la Municipalité.*

► *Le Sporting club d'Alexandrie est fondé par les Britanniques. Deuxième boom du coton.*

1922 Dernier séjour de Pénélope Delta à Alexandrie, lors du décès de son jeune frère Alexandros.

1931 Pénélope Delta, qui vit désormais en Grèce, commence la rédaction de ses souvenirs d'enfance qu'elle intitule « Premiers Souvenirs ».

1941 Mort de Pénélope Delta, qui se suicide le jour où les Allemands entrent dans Athènes.

1980 Publication à Athènes de *Πρῶτες ἐνθυμήσεις* (*Premiers Souvenirs*) de Pénélope Delta, texte établi, annoté et présenté par son petit-fils Pavlos Al. Zannas.

Indications bibliographiques

Delta 1980

P.S. Delta, *Πρῶτες Ἐνθυμήσεις* (*Premiers Souvenirs*), Athènes, 1980.

Delta 2002

P.S. Delta, *Ὁ Μάγκας/Voyou*, édition bilingue, texte traduit du grec et préfacé par M.C. Navet-Grémillet, Paris, 2002.

Delta 2013

P.S. Delta, *Alexandrie capitale de la douleur. Mémoires 1899* (comprenant le *Journal d'une femme*), présentation, traductions et notes M.C. Navet-Grémillet, *Littérature Alexandrine* 1, Alexandrie, 2013.

Awad 1987

M.F. Awad, « Le modèle européen : l'évolution urbaine de 1807 à 1958 », *in* Ilbert (éd.) *Alexandrie entre deux mondes, Revue des mondes musulmans et de la Méditerranée* 46, 4e trim. 1987, p. 96-109.

BASCH, EMPEREUR (éd.) 2007

S. BASCH, J.-Y. EMPEREUR (éd.), *Alexandria ad Europam, Études Alexandrines* 14, Le Caire, 2007.

EMPEREUR 2001

J.-Y. EMPEREUR, *Alexandrie, hier et demain*, Paris, 2001.

GOGNY 2019

D. GOGNY, *Archives d'Orient. Les notables alexandrins, des héritiers sans héritage (1882-1985)*, *Alexandrie Moderne* 2, Alexandrie, 2019.

HAAG 2008

M. HAAG, *Vintage Alexandria, photographs of the city, 1860-1960*, Le Caire, 2008.

ILBERT 1987

R. ILBERT, « Bombardement et incendie, juillet 1882 : un témoignage » *in* ILBERT (éd.) *Alexandrie entre deux mondes, Revue des mondes musulmans et de la Méditerranée* 46, 4e trim. 1987, p. 156-167.

ILBERT 1996

R. ILBERT, *Alexandrie 1830-1930, histoire d'une communauté citadine*, Le Caire, 1996.

ILBERT, JOUTARD (éd.) 1984

R. ILBERT, P. JOUTARD (éd.), *Le miroir égyptien. Actes des rencontres méditerranéennes de Provence*, 17-19 janvier 1983, Marseille, 1984.

Ilbert, Yannakakis (éd.) 1992

R. Ilbert et I. Yannakakis (éd.), *Alexandrie 1860-1960, Autrement. Série Mémoires* 20, Paris, 1992.

Lançon 2021

D. Lançon, *Alexandrie 1882. Une ville dans la guerre. Images, récits et discours d'époque*, *Alexandrie Moderne* 3, Alexandrie, 2021.

Navet-Grémillet 2019

M.-C. Navet-Grémillet, *L'Alexandrie de Pénélope Delta (1874-1941), face cachée d'un écrivain grec*, *Études Alexandrines* 47, Alexandrie, 2019.

Collection *Littérature Alexandrine*

1. Pénélope S. Delta. *Alexandrie, capitale de la douleur. Mémoires 1899*, 2013.
2. Christian Ayoub Sinano, *L'esprit d'Alexandrie*, 2018.
3. Romolo Garbati, *Mon Aventure dans l'Afrique civilisée*, 2018.
4. Pénélope S. Delta. *Premiers Souvenirs*, 2024.